SOCIAL WORK LAW
LEGAL SYSTEM AND PRACTICE

ソーシャルワーク法

法 制 度 と 実 践

西村 淳／丸谷浩介 [編著]
JUN NISHIMURA / KOSUKE MARUTANI

日本評論社

はしがき

　社会福祉や社会保障は何のためにあるのだろうか。おそらくそれには生きていくこと・健康であること・幸せであること・安心して生活できることなどの答えがあるだろう。

　戦後から経済成長期のように人の幸せが一定方向を向いていた時代には、何が生活上のリスクであり、それに対応して必要となる財やサービスがどのようなものであるのかは、共通の認識があった。そこで社会福祉に関する法は、社会的ニーズに対応してもっぱら給付を行うための法として成立発展してきた。しかし生活様式や働き方が多様化し、多様性が尊重される今日の社会では、誰にも共通する価値を見出すことが難しくなっている。人々が抱える困難が複雑化するに伴い、給付やそのための費用負担も複雑化した。そこで気付くのである。確かに給付メニューは増えた。しかしそれを誰がどのように使えば、私たちは幸せになることができるのかという、給付に至る支援のあり方について、社会保障法学は十分探求してきたであろうか？

　また、ソーシャルワークは人々の生活課題を発見し、解決し、それを緩和するための営為である。ソーシャルワーカーは専門的技術を用いて、人々に寄り添い、社会資源を駆使して人々の問題解決を試みる。近年、生活問題が多様化し深刻化するとともに、ソーシャルワークの重要性が高まっている。一方、ソーシャルワークは法制度によって実践の枠組みを与えられ、法制度を用いて実践するものであるため、ソーシャルワーカーには法の知識が不可欠である。特に、多様化に対応して法制度が急激に変わる昨今にあっては、社会資源にはどのようなものがあるか、どのように支援に用いていくべきかについての法制度を理解していくことの必要性は、一層高まっているといえよう。

　本書の執筆者は地域も世代も多様な「イギリス社会保障法研究会」の構成員の一部である。この研究会が定期的にイギリス社会保障法の最新動向を検討する中で、法律学と社会福祉学を架橋し、福祉現場におけるソーシャルワ

ーク実践に役立つ法のあり方を論ずる "Social Work Law" という学問領域があることを知り、日本でもそのような試みが必要であるとの確信を持ち、研究を重ねてきた。その成果の一部は2023年5月の日本社会保障法学会で「ソーシャルワークに法はどう向き合うか——イギリス法の経験から」と題したミニシンポジウムとして結実した（『社会保障法』第39号掲載）。本書はそれに続く成果であり、日本における法制度と実践を架橋する、これまでになかった全く新しい試みである。

◆

　本書は、社会福祉学や法律学を学ぶ学生だけでなく、広くソーシャルワークや社会福祉の実践に関心がある学生、また現場のソーシャルワーカーや福祉の実践に携わる人にも手を取ってもらいやすいように工夫している。社会福祉士・精神保健福祉士国家試験の「権利擁護を支える法制度」「ソーシャルワークの基盤と専門職」「ソーシャルワークの理論と方法」「福祉サービスの組織と経営」といった科目の学修にも参考になるように目を配った。さらに、現代の社会問題群に対していかに向き合うか、について関心がある一般の方にも手を取っていただきたいと考えている。

　本書は研究書の理論水準をもった教科書、あるいは教科書として使うことができる理論書として編まれたため、いくつかの工夫をしている。

　実際に生じている具体的な問題から理論を学習することができるよう、まず第1部「各論」の各章で、各分野の代表的なソーシャルワーク実践と法制度について学習する。その知識理解の上に法とソーシャルワークの関係についてのより一般的な理論を、第2部「総論」の各章で学習するようにした。

　各論では冒頭に【事例】で具体的問題を提示し、事例解決につながる【法制度】を説明する。そして法制度をつかさどる【ソーシャルワークの担い手】を説明する。その担い手がどのような【ソーシャルワークのプロセス】で問題解決をするのかをみたあと、実際に生じるであろう【トラブルとその解決】を示すことで、法制度と実践の全体像を示す。続いて、残された問題は何か、将来の【課題と展望】を考える。また、本書のすべての章に共通する構成であるが、〈コラム〉でイギリスではどうか？　ということを中心に扱い、日英の比較を行っている。さらに学修を深めるための〈参考文献〉も

あげている。

　ソーシャルワークはすべての人の幸福を願う。本書の形式的な面では、本文を UD フォントで作成し、あらゆる人にとって視認性が高まるように工夫をしているつもりである。政策文書などでも UD フォントが使われるようになってきているが、書籍で、しかも表紙装丁から UD フォントを使用するのは大きな決断であった。

◆

　このような法とソーシャルワークの架橋の試みが奏功するかについては読者の判断を仰ぐしかないが、この小著が端緒となってソーシャルワークの法的研究が深まることと、ソーシャルワークの実践に役立つことを期待している。

編者

西村　淳

丸谷浩介

＊　本研究は JSPS 科研費22H00789、23K22061の助成を受けたものです。

目次

はしがき　i

法令略記一覧　vi

第1部　各　論

第1章　児童虐待に関するソーシャルワーク法 ……………………… 2

第2章　子育て支援に関するソーシャルワーク法 ……………… 18

第3章　障害者に対するソーシャルワーク法 …………………… 30

第4章　医療に関するソーシャルワーク法 …………………… 46

第5章　精神保健福祉に関するソーシャルワーク法 ………… 60

第6章　高齢者に対するソーシャルワーク法 ………………… 75

第7章　地域で生活するためのソーシャルワーク法 ………… 86

第8章　日本で暮らす外国人に対するソーシャルワーク法 … 100

第9章　犯罪をした者に対するソーシャルワーク法 ………… 114

第10章　生活保護に関するソーシャルワーク法 ……………… 132

第11章　生活困窮者に対するソーシャルワーク法 …………… 148

第 2 部　総 論

第12章	日本の法 …………………………………………	166
第13章	ソーシャルワークと法 …………………………	182
第14章	ソーシャルワークと権利擁護 …………………	194
第15章	ソーシャルワークの資格と人材 ………………	207
第16章	ソーシャルワークの倫理と規範 ………………	220

索引　233

法令略記一覧 (五十音順)

介護保険法＝介保

介護保険法施行規則＝介保則

学校教育法施行令＝学教令

警察官職務執行法＝警職

公益通報者保護法＝公益通報

更生保護法＝更生保護

更生保護事業法＝更生保護事業

高齢者虐待防止法＝高虐

高齢者の居住の安定確保に関する法律＝高齢者住まい

国家行政組織法＝国家行政組織

行政事件訴訟法＝行訴

雇用保険法＝雇保

再犯の防止等の推進に関する法律＝再犯防止

児童福祉法＝児福

児童虐待の防止等に関する法律＝児虐

児童福祉法施行令＝児福令

児童福祉法施行規則＝児福則

社会福祉士及び介護福祉士法＝社会福祉士及び介護福祉士

社会福祉法＝社福

出入国管理及び難民認定法＝入管

障害者基本法＝障害基

障害者の雇用の促進等に関する法律＝促進

障害者の日常生活及び社会生活を総合的に支援するための法律＝障害総合支援

障害を理由とする差別の解消の推進に関する法律＝障害者差別解消

心神喪失等の状態で重大な他害行為を行った者の医療及び観察等に関する法律＝医療観察

法令略記一覧

身体障害者福祉法＝身障

生活困窮者自立支援法＝生困

生活保護法＝生保

生活保護法施行規則＝生保則

精神保健及び精神障害者福祉に関する法律＝精神

精神保健福祉士法＝精神保健福祉士

地域雇用開発促進法＝地域雇用開発促進

地域における医療及び介護の総合的な確保の促進に関する法律＝地域医療介護

知的障害者福祉法＝知福

地方自治法＝地自

犯罪をした者及び非行のある少年に対する社会内における処遇に関する規則＝社会内処遇規則

保護司法＝保護司

母子保健法＝母子保健

民生委員法＝民委

老人福祉法＝老福

労働基準法＝労基

労働契約法＝労契

労働組合法＝労組

第1部 各 論

第1章
児童虐待に関するソーシャルワーク法

事例

　中学校から、通告があった。担当の先生から話を聞くと、Ａさん（14歳）は、隣の市から引っ越してきて、9月からこの中学校に転校してきたが、父Ｂさんがたびたび学校に怒鳴り込んでくることがあり、そのうち無断欠席が続くようになったという。たまに登校した際も、不衛生な状態である。今回は、健康診断の後に、医師から体にタバコを押し付けられたような火傷を見つけたため、注意が必要であるとの指摘を受け、虐待のリスクが高いのではないかと考え、通告に至ったという。

　関係者からの聞き取りの結果、Ａさんが虐待を受けているおそれがあると判断した児童相談所のソーシャルワーカーＳさんは、Ａさん宅を訪問した。母Ｃさんが在宅していたが、自宅は物が散乱しており、掃除も行き届いていない様子である。母Ｃさんと話をすると、Ａさんは、なかなか親の言うことを聞かず、Ａさんの様子に、父Ｂさんも不機嫌になり、怒鳴ったり物を投げたりすることもあるという。母Ｃさんとしては父Ｂさんを怒らせないようにするのに精一杯だという。

　Ｓさんは、母Ｃさんが父Ｂさんとの関係にも苦労していることから、学校に通えるようにするためにも、一度家から離れ、児童養護施設で生活のリズムを安定させてはどうか、と提案したところ、後日、相談の上、児童養護施設に入ることになった。

　最初は不安げであったＡさんも、施設入所後、学校に通えるようになり、このまま施設で生活しながら中学を卒業し、高校への進学も考えたいと話している。しかし、父Ｂさんが、Ａさんを家庭に返すよう施設に怒鳴り込んでくるようになった。

I 法制度

　児童虐待が疑われるケースでは、子育て家庭を支援するだけでなく、家庭に介入し、子どもの安全や生命を守るために保護することもある。このような場合であっても、原則として保護者の同意に基づいて家庭の調査や保護、介入などが行われるが、状況によっては保護者の同意を得られなくても、行政権によってまたは裁判所の承認の下で強制権を発動することがありうる。その際に、法的な根拠となるのが児童福祉法や児童虐待の防止等に関する法律である。児福法は、すべての子どもを対象とした法律であり、1947年に制定された。子どもは、子どもの権利条約の精神にのっとり、適切に養育され、生活が保障され、愛され、保護されること、その心身の健やかな成長および発達ならびに自立がはかられること等を保障されるという理念に基づいて制定されている（児福1）。一方、児虐法は、児童虐待の防止に関する施策を進めるため、2000年に制定された比較的新しい法律である[1]。児童虐待への対応の場面では、この2つの法律が大きな役割を果たしている。

　また、虐待をする親は、保護の対象となる子どもとの関係において、親権を有していることが多く、その親権に対する制限の関係から民法に規定される親権停止や親権喪失の制度が利用される場合もある。

II ソーシャルワークの担い手

1 児童相談所とソーシャルワーカー

　支援を必要とする家庭と児童虐待等により介入・保護が必要な家庭との間にはグラデーションがあるが、より積極的な家庭への介入が必要とされる事例では、児童相談所が中心的な役割を担うことになる。児童相談所は、地理

1）「児童虐待防止法」という名称の法律は、1933年にも制定されているが、児福法が制定された際に児福法34条に旧児童虐待防止法の禁止事項が規定されるに伴い、廃止された。

第1部　各論

的条件、人口（基本としておおむね50万人以下）、交通事情その他の社会的条件について政令で定める基準を参酌して都道府県が設置しなければならないとされている（児福12）。また、指定都市以外にも個別に政令で指定する市（児童相談所設置市）や、政令で指定する特別区も児童相談所を設置することができる（児福59の4①）。児童相談所は、市町村と適切な協働・連携・役割分担を図りつつ、子どもに関する家庭からの相談に応じ、子どもの問題またはニーズ、子どもの置かれた環境等を的確に捉え、個々の子どもや家庭に適切な援助を行い、子どもの福祉を図るとともに、その権利を擁護することを主たる目的として設置される行政機関である。

　虐待事例においては、児童相談所のソーシャルワーカーが、子どもに関わるさまざまな職種の専門家と連携しながら家庭に関わる。たとえば、**事例**では、Aさんが中学生であるため、中学校で接する教員やスクールソーシャルワーカー、健診でAさんの虐待リスクを指摘した医師、福祉サービス等が必要な状況であれば、市区町村の担当課の職員と連携しながら対応する可能性がある。児童相談所におけるソーシャルワークの担い手としては、主に児童福祉司があげられる。児童福祉司は、①都道府県知事の指定する児童福祉司等養成校を卒業、または都道府県知事の指定する講習会の課程を修了した者、②大学で心理学、教育学もしくは社会学を専修する学科等を卒業し、指定施設で1年以上相談援助業務に従事したもの、③医師、④社会福祉士、⑤社会福祉主事として2年以上児童福祉事業に従事した者であって、厚生労働大臣が定める講習会の課程を修了したもの、⑥これらと同等以上の能力を有する者であって、厚生労働省令で定めるもののうちから任用しなければならないとされている（児福13）。児童福祉司は、各児童相談所の管轄区域の人口3万人に1人以上配置することを基本とし、人口1人当たりの児童虐待相談対応件数が標準的な自治体の人口1人当たりの件数より多い場合には、上乗せを行うこととされている（児福令3①）。さらに、児童福祉司およびその他の相談担当職員の指導・教育にあたる指導教育担当児童福祉司（児童福祉司スーパーバイザー）がいる。児童福祉司スーパーバイザーは、児童福祉司としておおむね5年以上勤務した者のうち、厚生労働大臣が定める基準に適合する研修の課程を修了した者でなければならない（児福13⑥）。児童福祉司ス

第1章　児童虐待に関するソーシャルワーク法

ーパーバイザーは、児童福祉司5人につき1人を配置することとされている（児福令3②）。その他、里親養育支援体制の構築および里親委託の推進を行う里親養育支援児童福祉司を各児童相談所に1名（児福令3①二）、市町村相互間の連絡調整や担当区域内の子どもに関する状況の通知および意見の申出その他児童相談所の管轄区域内における関係機関との連絡調整などを行う市町村支援児童福祉司については、都道府県は、都道府県の区域内の市町村（特別区を含む。）の数を30で除して得た数、指定都市は1名を配置することを標準とする（児福令3①三）。

2　保護先とソーシャルワーカー

　保護された後、**事例**のように施設に入所した場合には、施設に配置されている家庭支援専門相談員（ファミリーソーシャルワーカー）が、保護者などへの支援を通じて、子どもの家庭復帰等を支援したり、施設を退所した後の相談に応じたりする。里親に委託された場合には、里親支援専門相談員（里親支援ソーシャルワーカー）が、児童相談所の職員や地域の里親連絡会等と連携して、里親を支援することもある。ファミリーソーシャルワーカーおよび里親支援ソーシャルワーカーは、①社会福祉士もしくは精神保健福祉士の資格を有する者、②児童養護施設等（里親を含む）において児童の養育に5年以上従事した者または③児童福祉司資格を有する者でなければならない（子発0218第8号令和4年2月18日「家庭支援専門相談員、里親支援専門相談員、心理療法担当職員、個別 対応職員、職業指導員及び医療的ケアを担当する職員の配置について」）。

3　こども家庭ソーシャルワーカーの新設

　また、2022年の児童福祉法改正により、こども家庭福祉の現場にソーシャルワークの専門性を十分に身につけた人材を配置するため、新たに「こども家庭ソーシャルワーカー」という認定資格が創設された（⇒**第15章**参照）。こども家庭ソーシャルワーカーとしての資格を取得するためには、**図表1**にあるようなルートがある。

5

第1部　各論

図表1　こども家庭ソーシャルワーカー資格取得までのルート

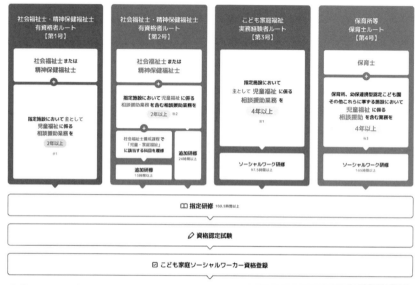

出典：こども家庭ソーシャルワーカー認定資格　特設サイト

Ⅲ　ソーシャルワークのプロセス

　児童虐待に対応するケースでは、次頁の図表2にあるようなプロセスを通じて相談援助が行われる。

1　入り口：発見・通告
　事例では、中学校の教員から虐待の疑いがあるとして児童相談所に通告があったが、児福法では、要保護児童を発見した者は、福祉事務所または児童相談所に通告しなければならないと規定されており、保護者に監護させることが不適当であると認められる子どもを発見した者はすべて、この通告義務を負うとされている（児福25）。一方、児虐法にも、早期発見の責務が規定されているが、特に、「学校、児童福祉施設、病院、都道府県警察、婦人相談所、教育委員会、配偶者暴力相談支援センターその他児童の福祉に業務上

第1章　児童虐待に関するソーシャルワーク法

図表2　児童相談所における相談援助活動のプロセス

出典：厚生労働省『児童相談所運営指針』

関係のある団体及び学校の教職員、児童福祉施設の職員、医師、歯科医師、保健師、助産師、看護師、弁護士、警察官、婦人相談員」は、児童虐待の早期発見の責務を負う者として例示的に列挙されている（児虐5）。虐待通告は、守秘義務に違反しないが、通告者が通告を躊躇することのないよう、刑法134条の秘密漏示罪、その他の守秘義務に違反しないことが法律上、明らかにされている（児虐6③）。なお、通告義務違反については、罰則はない。ただし、子どもを救助・保護すべき法的義務のあるものが通告義務を怠ったときには、保護責任者遺棄（刑218、219）、不作為による傷害（刑204、205）が成立する可能性はある[2]。

2　調査・アセスメント

児童相談所は、虐待の疑いがあるという通告を受けた場合、必要に応じてその子どもの状況を把握しなければならない（児福25の6）。その際、直接、目視により子どもの安全を確認することを基本とし、他の関係機関によって把握されている状況から緊急性が低いと判断される場合を除き、48時間以内に安全確認を行うことが望ましいとされている（児童相談所運営指針）。

一般に、相談援助活動において、「調査・アセスメント」は、当事者との

---

[2] 柑本美和「要保護児童の保護措置等」磯谷文明ほか編『実務コンメンタール児童福祉法・児童虐待防止法』（有斐閣、2020年）277頁。

第1部　各論

信頼関係に基づいて行われるため、客観的な事実の把握や確認だけでなく、相談者の訴えを傾聴し、受容的な態度で進められる。しかし、虐待が疑われる事例の場合、保護者自身は相談や支援を受けることに対して拒否的であることもあり、子どもに会わせることを拒否することもある。このような場合には、子どもの安全確認や緊急保護が優先される。

　保護者が調査やアセスメントに対して拒否的である場合、次のような法的な根拠に基づいて調査をすることができる。まず、児童相談所は、児童委員または子どもの福祉に関する事務に従事する職員を派遣し、子どもの住所または居所への立入調査をさせることができる（児虐9、児福29）。その際、必要があれば警察の援助を求めることもできる（児虐10）。裁判所の令状なしに行われる行政調査である立入りの場合、原則として、鍵やドアを壊す等の物理的な破壊行動をとることや保護者が明確に拒否し、物理的に立入りを阻止しているようなときに、それを排除して入室するといったことまではできない。警察官が立ち会う場合に想定されているのは、保護者等が児童相談所職員等に暴行脅迫等を行おうとしたときに、注意、勧告、指示等を行うこと、子どもの身体生命等に危険が及び、急を要する場合に、その行為を制止すること（警職5）、危険が切迫し、やむを得ない場合に、合理的と判断される限度で住居に立入りをすることとされている（警職6）。

　保護者による加害行為が行われようとしており、子どもの生命身体への危害が切迫しているような場合には、警察官が状況に応じて実力を行使することも考えられるが、ネグレクトのように子どもの状況の把握が難しいケースもある。このようなケースにおいては、保護者に対し、子どもを同伴して出頭することを求めることができる（児虐8の2）。出頭要求をする場合には、保護者に対し、出頭を求める理由となった事実の内容、出頭を求める日時および場所、保護者の氏名、住所、および生年月日、同伴すべき子どもの氏名および生年月日、その他必要な事項を記載した書面によって告知しなければならない。

　出頭要求を受けた保護者または立入り調査の対象となった子どもの保護者が正当な理由なく立入りまたは調査を拒み、妨げ、または忌避した場合に、児童虐待が行われているおそれがあるときには、再出頭要求をすることがで

8

きる（児虐9の2）。再出頭要求の内容や方法については、出頭要求と同じだが、保護者がこれにも応じない場合、臨検・捜索を検討することとなる。なお、以前は再出頭要求の実施が臨検・捜索を行うための要件とされていたが、2016年法改正により、要件ではなくなったため、危険性が高いケースにおいては、再出頭要求を行わずに、臨検・捜索を行うことができるようになった。

　臨検とは、対象となる子どもの住所または居所に強制的に立入ることをいい、捜索とは、強制力をもって対象となる子どもを探し出すことをいう。臨検・捜索は、裁判官の令状に基づき、家庭内への強制的な立入りを認める制度である（児虐9の3）。憲法35条が規定する住居の不可侵との関係上、司法権の関与が不可欠であると考えられ設けられた制度である。許可状の請求にあたっては、児童虐待が行われている疑いがあると認められる資料、臨検させようとする住所または居所に子どもが現在すると認められる資料、保護者が立入りまたは調査を拒み、妨げ、または忌避したこと、および出頭の求めに応じなかったことを証する資料を提出しなければならない。

3　介入

　調査・アセスメントの結果、または在宅での支援の継続が難しいと判断された場合には、子どもを児童福祉施設に入所させ、または里親に委託し、家庭から分離することがある。

　このような措置は、**事例**のように虐待が疑われる場合であっても、親権者等の同意を得た上でなされるのが原則である（児福27④）。しかし、虐待のリスクが高く、子どもの安全が脅かされる場合には、親権者等の同意を得ずに子どもを保護することもある。児童相談所は、緊急に子どもを保護する必要がある場合、「一時保護」といわれる措置をとることができる（児福33）。一時保護は、緊急性の高いケースにおいて、原則として2か月という短期的な期間において実施される。このようなケースでも、今後の関係性や支援の継続性の観点からは、親権者等の同意を得ることが望ましいが、子どもの最善の利益を守るために保護の必要性が高いにもかかわらず、親権者等の同意を得られない場合には、一時保護を開始した日から7日以内または事前に裁判官に対し一時保護状を請求する必要がある（児福33③）。2022年児福法改

第1部　各論

正以前は、児童相談所長が必要と認めるときには、裁判所の審査なしに一時保護をすることができるとされていたが、暫定的・一時的とはいえ、子どもを親権者から分離して行動の自由を制限することになる措置であるため、司法審査が導入されることとなった。また、一時保護は原則として2か月とされているが、この期間を延長する必要があるときには家庭裁判所の承認を得なければならない。

　一時保護は、子どもにとっても保護者にとっても影響の大きな措置であるため、子ども・保護者の意見、意向[3]を確認し、措置後の対応についても丁寧に説明を尽くす必要がある（一時保護ガイドライン）。特に、子どもの最善の利益を考慮し、子どもの意見または意向を勘案して措置を行うためには、子どもの年齢、発達の状況その他の事業に応じて、意見聴取措置をとらなければならない（児福33の3の3四）。

4　保護

　子どもを家庭から分離して保護する方法としては、里親や小規模住居型児童養育事業を行う者への委託と児童福祉施設への入所とがある。保護された子どもが入所する児童福祉施設には、乳児院、児童養護施設、児童心理治療施設、児童自立支援施設等がある（児福27①三）。

(1)　里親への委託

　里親には、養育里親（児福6の4①一）、養子縁組里親（児福6の4①二）、親族里親（児福6の4①三）があり、さらに困難な課題を抱える子どもを養育する専門性の高い専門里親（児福則1の36）がある。特に、**事例**のように虐待を受け、心身に有害な影響を受けた子どもについては、可能な限り専門里親に委託することが望ましい。児童相談所運営指針によると、里親に子どもを委託する場合においては、子どもの最善の利益を確保する観点から、子どもや保護者等の意向、意見を十分尊重しつつ、子どもと里親の交流や関係調整を十分に行った上で委託の適否を含め判断を行うことが必要とされてい

---

3) 意向とは、「意思というまでには至らない志向、気持ち」をいい、乳児や障害児など、言葉による意見の表出が困難な子どもについては、その泣き方や表情、しぐさや身振り等の言動等から意向を汲み取るという非言語コミュニケーションを図ることなども含まれる。

10

る。また、その子どもがこれまで育んできた人的関係や育った環境との連続性を大切にし、可能な限り、環境の変化を少なくする等、その連続性をできるだけ保つことができる里親に委託するよう努めることが求められている。

児童相談所の里親担当者は、定期的に訪問する等により、「里親が行う養育に関する最低基準」が遵守され、適切な養育が行われるよう、子どもの養育について必要な相談等の支援および指導を行うこととされている（児童相談所運営指針99頁）。この定期的な訪問による相談等の支援は、児童相談所の里親担当者や委託された子どもの担当者に加え、里親支援事業の里親等相談支援員や、児童養護施設および乳児院に置かれる里親支援専門相談員と分担連携して行われ、定期的に会議を行い情報の共有がなされる。特に、里親に委託された直後は、手厚い支援が必要とされ、委託直後の2か月間は2週に1回程度、委託2年後までは毎月ないし2か月に1回程度、その後はおおむね年2回程度、定期的に訪問するほか、里親による養育が不安定になった場合などには、これに加えて必要に応じて訪問することとし、子どもの状況を踏まえ、3～4か月に1回程度、援助指針（援助方針）や自立支援計画の見直しを行うこととされている。

(2)　小規模住居型児童養育事業への委託

小規模住居型児童養育事業とは、里親型のグループホーム（ファミリーホーム）として自治体で行われていた事業を法定化したものである（児福6の3⑧）。家庭に近い住居で5～6人の子どもが共に生活し、子どもの自主性を尊重し、基本的な生活習慣を確立するとともに、豊かな人間性および社会性を養い、自立を支援することが目的とされている。養育里親の経験者が行うものと、施設職員の経験者が施設から独立して行うもの、施設を経営する法人が、その職員を養育者・補助者として行うものがある。養育者と補助者が合わせて3名以上で養育にあたるとされている。

ファミリーホームの選定においても、その適合性やこれまでの生活との連続性等に配慮しながら行う必要がある。委託している子どもの状況等については、定期的（6か月に1回以上）に調査を行うこととされている（児童相談所運営指針104頁）。

第 1 部　各論

(3)　児童福祉施設等への入所措置

　児童福祉施設のうち、乳児院は、保護者の養育を受けられない乳幼児（児福37）、児童養護施設は、乳児を除く保護者のいない児童、虐待されている児童、その他環境上養護を要する児童（児福41）、児童心理治療施設は、家庭環境、学校における交友関係その他の環境上の理由により社会生活への適応が困難となった児童（児福43の２）、児童自立支援施設は、不良行為をなし、またはなすおそれのある児童および家庭環境その他の環境上の理由により生活指導等を要する児童（児福44）を対象としている。保護の対象となった子どもの年齢や状態により、どのような施設に入所することが適切か判断される。

　入所している子どもの養育に関する報告を施設から集め、必要に応じて子どもや保護者等に関する調査、診断、判定、援助を行い、また定期的に施設を訪問し、施設と合同で事例検討会議を行う等、相互の連携を十分に図ることとされている（児童相談所運営指針107頁）。子どもの養育に関する報告については、全般的報告に関しては年２回程度、特別な問題を有する子どもに関しては、必要に応じてその回数を決めることとされている。その他必要に応じて訪問する等により、入所中の子どもの状況を把握し、３～４か月に１回程度、援助指針（援助方針）や自立支援計画の見直しを行う。特に、**事例**のように被虐待経験があり、専門的な支援が必要な子どもの援助にあたっては、児童福祉施設その他の機関との連携が不可欠であり、子どもの援助を検討する施設の会議に児童相談所職員が参加することや、心理・精神医学的治療が必要な子どもについては、施設を訪問する、児童相談所に通所させる等、専門的見地からの指導・助言に努めることとされている。

　施設に入所中の子どもからの相談において、施設や職員に対する苦情や不満等がある場合には、客観的な事実の把握に努めるとともに、必要と認める場合には施設に対する助言、指導、指示等を行う。特に、施設内でのいじめや職員による体罰等、権利侵害性が高い事例においては、児童福祉審議会の意見を聴取することが望ましい。

(4)　親権者等の同意が得られない場合の保護

　里親等への委託または児童福祉施設への入所の措置をとるにあたっては、

第1章　児童虐待に関するソーシャルワーク法

親権者等の意向を十分に聴き、同意を得て行うことが望ましいが、これが困難な場合には、子どもの最善の利益を優先し、家庭裁判所にこれらの措置をとる承認（以下、「28条承認」という。）を求める審判の申立てをする（児福28）。28条承認に基づく措置の期間は、2年とされており、児童相談所は、期限までに、子どもが家庭で生活することができる環境を整えるために、保護者に対する指導、子どもの訪問面接等に努めることになるが、期限内に改善しない場合には、再び家庭裁判所の承認を得て期間を更新することとなる（児福28②）。

　家庭裁判所は、審判前および審判時において、保護者に対する指導措置をとることが相当であると認めるときには、都道府県等に対し指導措置をとるよう勧告をすることができる（児福28④、⑥）。また、審判前に勧告を行い、承認の申立てについては却下の審判をするときにも指導措置をとるよう勧告をすることができる（児福28⑦）。家庭裁判所の勧告の下で、実効性のある保護者指導が行われれば家庭での養育が可能であるような場合や保護者の行為が子どもの福祉を害していることを認識させるために客観的な立場からの指摘が有効な場合など、児童相談所は状況に応じて裁判所に指導勧告を求める必要がある。

　また、子どもに対する親権の不適切な行使に対して指導を行っても改まらず、子どもの福祉を守ることが難しい場合には、児童相談所長は、家庭裁判所に対して親権喪失等の審判の請求を行うことができる（児福33の7）。指導を受けるよう勧告を受けた保護者が勧告に従わず、親権を行使させることが著しく子どもの福祉を害する場合も同様である（児虐11⑥）。

5　措置の解除等——家族再統合と自立支援

　事例のように虐待を理由に保護されていた子どもについても、状況の変化により家庭に復帰する場合や、子ども自身が施設等を退所して自立して生活を始める場合がある。このような場合には、それまでとられていた措置が解除されることになる。

(1)　家族再統合

措置を解除し、家庭に復帰させるような場合、児童相談所長は、これまで

第1部　各論

施設が行った子どもへの支援や家族調整などの効果について、現に子どもを保護している児童福祉施設の長の意見を十分に聞く必要がある（児福令28）。特に、**事例**のように虐待を理由として保護されていたようなケースでは、施設内のファミリーソーシャルワーカーとも連携し、虐待を行った保護者に対する指導の進捗状況を踏まえ、保護者の状況が十分に改善しているかどうか、今後、虐待が行われることを予防するためにとられる措置の効果、今後の子どもの家庭環境等を考慮して判断する必要がある（児虐13①）。

　また、児童虐待を理由とした保護がなされていたケースでは、親子の再統合の促進等を支援するために必要な子どもへの接し方等の助言やカウンセリングを行うことができる。このような助言等については、児童相談所のみならず親子再統合のプログラムを実施しているNPO法人等の民間団体に委託されることもある。

(2)　自立支援

　一方、保護者の状況が改善しない等、家庭への復帰が難しいまま子どもが18歳に達し、進学や就職を機に措置を解除し、施設等を退所することがある。措置を解除した後も、子どもの自立のために必要であれば、児童相談所は、指導や一時保護の検討、住居の確保や就職先の開拓、仕事や日常生活上の指導等の援助が必要な場合には児童自立生活援助の実施の申込みの勧奨（児福33の6④）、再度の施設入所措置を検討することもある。なお、18歳に達した子どもであっても、施設入所の継続が必要な子どもについては、20歳まで在所期間を延長させることができる（児福31）。また、2022年児福法改正により、児童自立生活援助の実施の対象とする年齢要件は緩和され必要な場合には満20歳以降も実施可能とされた。

　施設等を退所した後、子どもたちが直ちに社会的に自立することは容易ではない。施設は、退所した子どもの自立を支援するために、相談その他の援助を行い、児童相談所もこれらが適切に行われるよう情報提供等の必要な支援を行う。たとえば、相談や定期的な訪問を通して、子どもを見守るとともに、家族等に対しても精神的な支援等を行うため、要保護児童対策協議会と連携しつつ、協議を行う（児童相談所運営指針121頁）。施設退所後少なくとも半年間は、児童福祉司指導等の支援を継続し、子どもの安全確認や保護者へ

の相談・支援を行う。

　また、施設退所後、アパートを借りる際の当面の賃借料や就学に必要な資金の貸付けを行うために生活福祉資金制度や雇用促進住宅の活用等、子どもの状況に応じた支援のために、関係機関と連携して支援にあたることが期待される。

Ⅳ　トラブルとその解決

　児童虐待に対応するケースでは、保護者の意に反して家庭に介入することが想定されるため、家庭との間では、対立的な構造になることも少なくない。たとえば、子どもを保護するために緊急的な措置としてとられる一時保護は、保護者が児童相談所の介入に拒否的な場合であっても、子どもの生命・安全を確保するために、裁判所の許可の下で実施されることがある。また、虐待している親から子どもを保護した状況下では、子どもと保護者等との面会や通信を制限することもある。このような場合、面会・通信の制限について、子どもに会いたい保護者との間でトラブルが生じることも少なくない。特に、この面会・通信の制限については、行政指導として行われることが多く、これに対する損害賠償請求訴訟が提起されている。この中で、東京高判令和3年12月16日判自487号64頁において、地裁では、直接的な虐待をしていなかった母に対する面会・通信の制限については、損害賠償請求が一部認められていたが、控訴審では、父の虐待を認識できたにもかかわらず対応を怠ったとして、母にも責任があるとし、また子ども自身の意向を尊重して面会・通信を認めなかった児童相談所の対応を認め、損害賠償責任が否定された。

Ⅴ　課題と展望

　虐待を受けた子どもが保護された後も、心身ともに健やかに養育されるよう、家庭に近い環境での養育が推進されている。しかし、いまだ日本では、社会的養護の多くが施設で行われていることが多い。2016年児福法改正により、家庭養育優先の原則が規定され、質の高い里親養育を実現するために、

第1部　各論

ガイドラインが設けられた。里親委託を進める上では、①登録里親を確保することが難しいこと、②実親の同意がとりにくいこと、③子どもの問題が複雑化しており、里親への委託が難しい事例が増えていること、④里親専任担当職員の確保など、実施体制が不十分であること等の課題がある。

　一方、2011年から2021年の10年間で、福岡市は31.4ポイント増（27.9％から59.3％へ）、岡山県は28.8ポイント増（9.9％から38.7％へ）など、里親への委託率を大幅に増加させることに成功した地域もある。これらの自治体では、児童相談所に里親専任担当職員の配置、里親支援機関の充実、体験発表会の実施のほか、市町村と連携した広報、NPOや市民活動を通じた口コミなど、さまざまな努力が行われている。今後も、家庭的な環境における育ちを確保するためには、里親委託という選択肢を広げることは重要である。そのためには、広報活動による里親数の確保のみならず、里親に対する支援や研修等の充実も必要不可欠であろう。

コラム　イギリスの児童保護制度の歴史

　イギリスにおいては、深刻な児童虐待事件が児童保護政策に影響を与え、たびたびソーシャルワークのあり方が見直されてきた。1973年のマリア・コーウェル事件は、1975年児童法の改正に影響を与え、親よりも子の利益を優先すべきであるという意識を社会に浸透させ、子の利益を守る手段として親子分離があることが示された。また、1984年のジャスミン・ベクフォド事件は、ソーシャルワーカーがケア命令の法的な意味を理解していなかったために、虐待されていた子どもを親の元に戻すことになったと批判された。これらの批判を受け、ソーシャルワーカーが客観的かつ精確にケースを検討・分析できる方法として、リスク・アセスメントの早急な開発が求められた。

　一方、1987年のクリーブランド事件は、小児科医とソーシャルワーカーによる過剰な予防介入が社会から批判された。その結果、介入の根拠となる司法証拠に求める水準が高まり、ソーシャルワーカーの業務のマニュアル化、手続き化と法定要件の重視が進められた。

　1989年児童法は、子の監護・保護・養育及び子とその家族に対する社

会サービスの提供に関する公法と私法を統一し、公的機関が家族に介入する際の枠組みを新たに導入したとして高く評価されていていたが、2000年に起きたビクトリア・クリンビエ事件は、新労働政権下で大きな影響を与えた。児童社会サービス改革が進められ、すべての子どもを対象とする普遍的サービスに予防機能をもたせ、虐待を防止するという提案がなされた。これにより、早期予防対策に注力されたにもかかわらず、2007年に再びベビー・Ｐ事件と呼ばれる大きな事件が起きた。ベビー・Ｐ事件では、ソーシャルワーカーを実名で報道し責任追及する動きがみられ、子育て家庭の支援という側面より、児童法に基づく「早期予防介入」が主流になった。

　これにより、ソーシャルワークの実践では、指針、手続き、マニュアルによる規制が強められた。このような状況で出されたムンロー報告書は、規制によるソーシャルワークの硬直化を批判し、「遵守」を重視する文化から「学ぶ」文化へと移行することが必要であり、専門家が援助の必要性や適正性の判断を自由に行うことができるように勧告した。これに基づいて、学ぶシステムを構築しつつ規制を減少させていき、ソーシャルワークが適切に機能するシステムの改革が目指されている。

〈参考文献〉
・浦弘文『子どもの意見表明権の理論と実務とこれから──児童相談所業務を中心に』（日本加除出版、2023年）
・才村純『子ども虐待ソーシャルワーク論──理論と実践への考察』（有斐閣、2005年）
・増沢高『事例で学ぶ 社会的養護児童のアセスメント──子どもの視点で考え、適切な支援を見出すために』（明石書店、2011年）

第2章
子育て支援に関するソーシャルワーク法

事例

　こんにちは赤ちゃん事業により、家庭訪問をしている保健師Aさんから、出産後体調を崩しがちな母BさんがCちゃんの育児に不安を抱えており、支援の必要があるかもしれないとの連絡が入った。少しでも離れると泣き続けるため、近所の目も気になるという。父Dさんは、産後、2週間ほど育休を取得したものの、会社に復帰してからは帰りが遅く、母Bさんは、ほぼ1人で育児をしている状態で、家の中は乱れており、自分の食事をつくることもできない、という。両親学級等でも、育児不安の傾向が強いことが把握されている家庭であった。Aさんからの報告を受け、ケース対応会議の必要性があると考えたこども家庭センターのソーシャルワーカーS₁さんは、ケース会議を開催した。

　一方、Cちゃんには小学生の兄Eくん（10歳）がおり、Eくんの通う学校のスクールソーシャルワーカーS₂さんのところにも相談があった。Eくんの担任F先生によると、Cちゃんが生まれて以降、遅刻や欠席が目立つようになったという。本人と話をしてみると、「赤ちゃんが大変だから、お手伝いをしなきゃいけない」という。どうやら、母Bさんの体調が悪いときには、Eくんが妹であるCちゃんの面倒をみているらしい。Eくん自身、制服が汚れていたり、体操服を忘れたりすることも続いているという。S₂さんは、こども家庭センターのS₁さんとも連絡をとり、今後の対応を相談することになった。

図表1　母子保健サービスの流れ

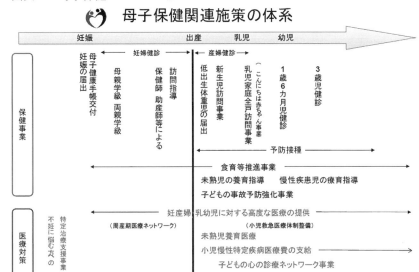

出典：厚生労働省

Ⅰ　法制度

　事例では、第二子の出産後、母Ｂさんの体調不良や育児不安が生じており、何らかの支援が必要な家庭ではないかと把握されていたところ、第一子の学校のスクールソーシャルワーカーにも、養育困難な状況が生じているのではないかとの相談が入っている。子育て家庭に対する支援は、妊娠期から子どもが成長し自立するまで、さまざまな段階に応じて行われる。

　妊産婦や乳児および幼児の健康の保持と増進を図ることを目的としているのは、母子保健法である。妊産婦や乳幼児は、健康であっても急激に状態が悪化することもあり、特に保健上の配慮が必要であるため、母子保健は公衆衛生の中でも重要な分野として発達してきた。

　母子保健サービスは、図表1にあるように、妊娠の届出から始まる。妊娠

第1部 各論

図表2 子ども・子育て支援制度の概要

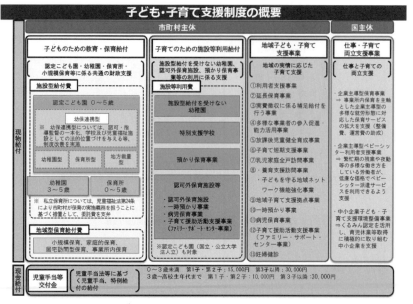

出典：こども家庭庁 HP を参考に一部改変

した者は、速やかに市町村長に届出をしなければならないとされており（母子保健15）、届出がなされると、市町村は母子保健手帳を交付しなければならない（母子保健16）。母子保健手帳には、妊娠中の健康管理、出産時の状態等の妊婦自身の記録や乳幼児の健康診査や予防接種、成長の記録について記載できる欄があり、子どもの成長や健康状態の記録として重要なものになる。また交付時には、妊婦は妊婦健康診査の受診券や補助券を受け取り、両親学級の案内や新生児訪問等の説明を受け、その後の母子保健サービスにつなげていくためのきっかけとなっている。

次に、子どもに対する福祉サービスの基本となるのは、児童福祉法である。児福法は虐待が問題となる事例だけでなく（⇒第1章参照）、子どもの健全な育成のため、さまざまな子育て支援事業を規定している。たとえば、図表2にあるように①放課後児童健全育成事業、②子育て短期支援事業、③乳児家庭全戸訪問事業、④養育支援訪問事業、⑤地域子育て支援拠点事業、⑥一時

第2章　子育て支援に関するソーシャルワーク法

預かり事業、⑦病児保育事業、⑧子育て援助活動支援事業、⑨子育て世帯訪
問支援事業、⑩児童育成支援拠点事業、⑪親子関係形成支援事業等がある
（児福21の9）。

　また、幼児期の学校教育や保育、地域の子育て支援の量の拡充や質の向上
を進めていくために創設された子ども・子育て支援制度は、2012年8月に成
立した子ども・子育て関連三法[1]等に基づく制度である。現金給付として、
従来から児童手当法に規定されていた児童手当制度と現物給付として、幼稚
園や保育所等の幼児教育・保育サービスを対象とする「子どものための教
育・保育給付」、それ以外のサービスを対象とする「子育てのための施設等
利用給付」のほか、地域の実情に応じた子育て支援を対象とする「地域子ど
も・子育て支援事業」と企業主導型の保育サービスを対象とする「仕事・子
育て両立支援事業」がある。

Ⅱ　ソーシャルワークの担い手

1　こども家庭センターとソーシャルワーカー

　子育て家庭への支援は、子どもの年齢や子育て家庭の状況に応じてさまざ
まなものがある。**事例**のように、出産までに受けていた両親学級や出産後、
生後4か月前に行われる乳児全戸訪問事業（こんにちは赤ちゃん事業）で訪問
を通してリスクが把握されていたような場合には、それらのサービスを通し
て、支援の必要性があると判断されると、関係していた助産師や保健師等か
ら市町村の担当部署に報告がなされる。**事例**のように、こども家庭センター
に報告がなされた場合、こども家庭センターのソーシャルワーカーが、妊産
婦やこども、保護者の意見や希望を確認しながら、関係機関のコーディネー
トを行い、地域の子育て支援サービスとつないでいく。

　こども家庭センターは、市町村において、「子育て世代包括支援センタ
ー」と「市区町村子ども家庭総合支援拠点」という2つの組織の機能を併せ

1）「子ども・子育て支援法」、「認定こども園法の一部改正」、「子ども・子育て支援法及び認定こ
　ども園法の一部改正法の施行に伴う関係法律の整備等に関する法律」の三法をいう。

21

もつ組織として、2022年児福法および母子保健法の改正により創設された。「子育て世代包括支援センター」は、妊産婦および乳幼児を対象に、実情の把握や妊娠・出産・子育てに関する各種相談に応じ、必要に応じて支援プランの策定や、地域の保健医療または福祉に関する機関との連絡調整を行い、「市区町村子ども家庭総合支援拠点」は、児童および妊産婦の福祉に関し、相談指導などの必要な支援を行っていたが、両機関は、根拠法や組織が別であることから、連携・協働に職員の負荷がかかっており、情報共有がされにくい等の課題があった。そのため、こども家庭センターは、一体的に相談支援を行うことのできる組織として期待されている。

　こども家庭センターには、組織全体のマネジメントを行うセンター長が1名、母子保健および児童福祉の業務について十分な知識をもち、全体を見て判断をすることができる統括支援員が1名配置されることとなっている。統括支援員には、センター長の下で、必要な母子保健・児童福祉に係る包括的な支援を受けることができるよう、実務面の中核となる業務マネジメントを担う役割がある。

2　スクールソーシャルワーカー

　また、事例の後半にあるように、子どもが学齢児にある場合には、学校にスクールソーシャルワーカーが配置されていることがある。スクールソーシャルワーカーは、教育と福祉の両面の専門的な知識・技術をもっており、両分野における活動

図表3　スクールソーシャルワーカーの活用

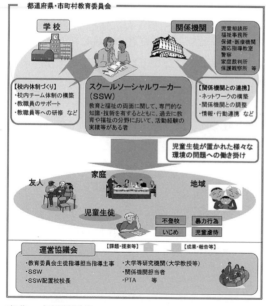

出典：文部科学省

実績のある者がなる。スクールソーシャルワーカーには、**図表3**にあるように①問題を抱える児童生徒が置かれた環境への働き掛け、②関係機関等とのネットワークの構築、連携・調整、③学校内におけるチーム体制の構築、支援、④保護者、教職員等に対する支援・相談・情報提供、⑤教職員等への研修活動といった多様な支援方法を用いて、課題解決への対応を図っていくことが期待されている。

　スクールソーシャルワーカーは、学校や地域の実情に応じて配置されており、教育委員会に配置し、学校からの要請に応じて派遣される派遣方式、複数校を定期的にまわる巡回方式、特定の学校に配置される単独校配置方式、拠点校に配置し近隣校をまわる拠点校配置方式などがある。

Ⅲ　ソーシャルワークのプロセス

1　入り口：発見・報告・相談

　事例では、妊娠期に受けていた両親学級でも、育児に対する不安傾向があることがリスクとして把握されていたが、出産後のこんにちは赤ちゃん事業による家庭訪問により、出産後の体調不良や育児や家事を援助してくれる人がいないという家庭の状況が確認された。支援サービスは、当事者が何らかの支援の必要性を認識し、そのサービスの利用を申請することによって始まることが多いが、子育て家庭に対する支援サービスの中には、すべての家庭が普遍的に受けるサービスの中からリスクを発見し、必要なサービスにつなぐアウトリーチ型のものがある。このほかにも、妊娠期から出産後、子どもが乳幼児の時期には、定期的な健診等があり、受診率の高い健診等から相談につながることも少なくない。また、乳幼児健診のように一般的に受診率の高い健診が未受診であれば、そのこと自体をリスクとして把握することができる。

　また、**事例**の後半では、同じ家庭の学童期にある子どもが、学校での状況や不登校が続いていることから相談が入っている。子育て家庭は、子どもの年齢によって関係する機関が変化する。未就学児童の場合には、**事例**に出てきた機関のほか、保育所や幼稚園等の幼児教育・保育サービスを提供する施

第1部　各論

設、就学すると小学校、中学校、高校等の教育機関のほか、学童保育や児童館、学習支援等のサービス提供機関や子ども食堂などの地域の活動も子育て家庭のニーズを発見するきっかけになる。

2　ケース会議の開催

こども家庭センターは、保健師等が中心に相談等を行う母子保健機能とこども家庭支援員等が中心に相談等を行う児童福祉機能を一体的にもっている組織である。**事例**の前半のように、母子保健機能から支援が必要な家庭を把握した場合には、保健師等が個別の妊産婦等を対象としたサポートプランを作成する。この過程で、**事例**の後半で把握されたような児童福祉機能による支援も必要と考えられる場合には、情報収集や対応方針の検討をしている子ども家庭支援員等と合同ケース会議の対象とすべきか統括支援員に相談される。

統括支援員またはケースの主担当者は、保健師やこども家庭支援員等の担当者等の日程を調整し、合同ケース会議を開催する。

合同ケース会議での協議の結果、母子保健機能・児童福祉機能の双方からの支援が必要と判断された場合には、保健師等と子ども家庭支援員等が協働しながらサポートプランを作成する。

ケース会議において、緊急対応が必要と判断された場合には、児童相談所に通告する（⇒**第1章**参照）。緊急を要しないが、要保護児童対策地域協議会の活用が必要と判断された場合には、次の**3**にある会議の開催を検討し、参加機関を決定する。

3　要保護児童対策地域協議会

要保護児童対策地域協議会（以下、「要対協」と略記する。）は、虐待を受けている子どもを始めとする、支援対象児童等について、関係者間での情報の交換と支援の協議を行う機関である（児福25の2②）。ここでの支援対象は、虐待を受けていて保護が必要な子どものみならず、養育支援が必要な子どもやその保護者や特定妊婦のように、出産後の養育について出産前において支援を行うことが特に必要と認められる妊婦（児福6の3⑤）も含まれる。

第2章　子育て支援に関するソーシャルワーク法

　こども家庭センターは、要対協に参加する関係機関の役割や責務を明確にし、各機関の機能を最大限に発揮できるよう、あらゆる場面で調整力を発揮し、地域の総合力を高めていくことが求められている。また、関係機関が相互に連携・協力を円滑に行われるよう図り、具体的な支援に結び付けていく役割も担っている。そのため、支援対象児童等に対する実施状況を的確に把握し、児童相談所、養育支援訪問事業を行う者その他の関係機関等との連絡調整を行う調整機関としての役割を担うことが求められている（児福25の2⑤）。

　要対協は、支援対象児童等に関する情報、その他要保護児童の適切な保護または支援を図るために必要な情報交換を行うとともに、支援の内容に関する協議を行う。具体的には、①要対協の構成員の代表者により、年1回～2回程度開催される代表者会議、②実際に現場で活動する実務者による定期的な状況のフォローや支援対象となっているケースの総合的な把握を行う実務者会議、③個別の支援対象児童について、直接の担当者等、関係者により具体的な支援の内容を検討する個別ケース検討会議という3層構造が想定されている。

　要対協において対応することとされた場合には、具体的な支援方針を決定するにあたり、関係機関に協力を求め、必要な調査が行われる。その上で、調整機関（**事例**では、こども家庭センターが想定される）が個別ケース会議に参加する機関を集め、個別ケース会議において、支援に当たっての方針、具体的な方法、時期、各機関の役割分担、連携方法等を決定する。

　事例では、母Bさんと乳児Cちゃんに対する母子保健関係のニーズが認められるとともに、乳児の兄弟であるEくんに育児負担がかかっており、学校生活に影響が出ていることから、育児や家事の支援のニーズがあり、Eくん自身にも、通常の学校生活を送るために、学習支援等のニーズがあることも考えられる。そのため、児童福祉の関係者のみならず、保健医療関係、教育関係の関係者を集め、今後の支援計画を策定していく必要があろう。

4　子育て家庭に対するさまざまな支援

　市町村は、子どもの健全な育成のため、さまざまな子育て支援事業を実施

第1部　各論

するよう努めなければならない（児福21の9）。子育て家庭に対する支援は、大きく分けると、妊娠期からの母に対する支援（母子保健）や精神保健など、①親に対する支援、養育支援訪問事業として行われる育児支援ヘルパーの派遣のような育児や家事の援助や子育てに関わる相談対応、子どもを遊ばせながら他の保護者との交流する場所や子育てに関する講座を受ける場所を提供する地域子育て支援拠点事業など、②子育ての支援に関わるもの、保育所における保育サービスの提供のほか、一時預かり事業や病児保育事業、就学児については放課後児童健全育成事業などのような保護者が養育できない場合の保育や子どもに障害がある場合の支援など、③子ども自身の育ちの支援に関わるものがある。保護者の状況、子どもの状況、家庭の状況に応じて、必要なサービスにつなぎ、子育てがしやすい環境を整え、子どもの健全な育ちを支援する必要がある。

Ⅳ　トラブルとその解決

　虐待が疑われるケースのように、子どもの保護の必要性が高い場合には、保護者の同意を得られなくとも、家庭に介入して子どもの安全を確保することが求められるが、子どもの福祉に何らかの問題が生じているものの、虐待とまではいえないようなケースでは、保護者や子どもの意向を確認しながら、支援を受け入れやすい環境を整えていく必要がある。**事例**でも、Eくんに家事や育児の負荷がかかっており、そのために学校への登校が難しくなるなど、Eくんの生活に影響がでているため、何らかの支援を必要としている家庭であると思われる。しかし、Eくんの育成環境が不適切だからという理由で直ちにネグレクトと判定して家庭から分離したり、Eくんの意向を確認せずに、家事や育児に関わる機会をすべてとりあげたりすることが、Eくんの福祉に適うとはいえない場合もある。その家庭が支援を受け容れられるよう説明をつくし、受け容れられる形で、支援サービスにつなぎ、見守りを続けることが重要である。

第 2 章　子育て支援に関するソーシャルワーク法

Ⅴ　課題と展望

　子育て家庭は、「子育て」に対する支援を必要とするだけでなく、家庭が内包するさまざまな問題を抱えていることが少なくない。虐待ケースほど深刻な事例の場合には、児童相談所が家庭に介入し、子どもを保護することになる。しかし、それほど深刻なケースではないものの、保護者が精神保健上の問題を抱えているにもかかわらず医療機関にはつながっていない場合や、生活保護を受給するほどではないが、労働環境が不安定であり、経済的に困窮することが多い場合（⇒**第11章**参照）、外国から移住してきたために言語や文化の理解が不十分で地域から孤立している場合（⇒**第 8 章**参照）など、支援サービスにつながりにくい家庭があり、またその家庭の状況は多様化している。

　また、家庭の中にいる子どもは、発達の段階によっては、自身の意見を表明することが難しいこともある。子どもの意見表明権については、子どもの権利条約12条の理念を踏まえ、児福法 2 条においても、子どもの年齢や発達の程度に応じて、その意見が尊重され、その最善の利益が優先して考慮されることが規定されている。しかし、この権利を保障するためには、子どもが意見を表明することができる機会を確保するだけでなく、意見表明を支援する仕組みづくりが必要である。2022年児福法改正では、意見表明等支援事業が法定化された。今後、この事業を進めていくためには、子どもの意見や意向を適切に聴取し、表明を支援したり、意見を伝達したりする技術や知識をもつ意見等表明支援員の育成が不可欠となろう。

コラム　ヤングケアラーをめぐるソーシャルワーク

　イギリスでは、在宅介護を担う子どもの調査は、1988年から実施されており、さまざまな調査が行われていく中で、在宅介護を担う子どもの支援のための政策提言がなされるようになった。1993年に発表された『ケアを担う子どもたち――ヤングケアラーの世界の内側』は[2)]、ヤングケアラーには、「子どもであることによる困難」と「ケアラーである

第1部 各論

ことによる困難」という2つの困難があり、その2つの困難が相互に影響し合うことで、適切な支援につながることが一層難しくなっていることを指摘した。また、子どもでありながらケアラーとなったことの原因は、さまざまな困難の組み合わせであるために、ヤングケアラーに対応する担当部署が不明確になりやすく、社会サービス部門と教育部門、保健部門とソーシャルケア部門などの組織の狭間（gaps）に落ちてしまいがちで、多機関の連携が重要となるとの指摘もなされた。

このようにヤングケラーについて認識が広がる一方で、ヤングケアラーに対する具体的な支援体制や支援サービスについては明確になっていなかった。また、ヤングケアラーを明記した法制度がない状況では、ケアを必要とする人の状況に支援を行う個々の専門職は、ヤングケアラーに対してどのような責任を有しているのかが不明確であるとの問題もあった[3]。このような中、2014年子どもと家族に関する法律（Children and Families Act 2014、以下、「2014年子ども・家族法」という。）と、2014年ケア法（Care Act 2014）において、ヤングケアラーに関する規定が設けられた。2014年子ども・家族法は、子どもを対象とした法律であり、ヤングケアラー自身からの申請がなくとも、支援の必要があると見られるときには、地方当局がヤングケアラーのニーズアセスメントを行うことを義務づけた。さらに、2014年ケア法は、成人を対象とした法律であるが、大人までの移行期として18歳から24歳までを「ヤングアダルトケアラー」とし、18歳を超えた後も支援の対象として規定した。

2014年ケア法と2014年子ども・家族法により、ヤングケアラーが過剰なまたは不適切なケアをしなければならない状況に依存せず、その家庭全体を支援する「家庭全体アプローチ（Whole family approaches）」を行うために、子ども担当部門と成人担当部門とが協力することとされた[4]。個々のニーズが想定される対象者だけではなく、その家庭全体を

2）Jo Aldridge and Saul Becker (1993), *Children Who Care: Inside the World of Young Cares*, Loughborough: Loughborough University, Department of Social Science.

3）澁谷智子「ヤングケアラーを支える法律——イギリスにおける展開と日本における応用可能性」成蹊大学文学部紀要52号（2017年）8頁。

アセスメントすることによって、支援を必要とする人に適切な支援が提供されれば、その結果、ヤングケアラーが担っていたケアの役割の一部または全部が免除される可能性がある。ケアの役割が免除された後に、ヤングケアラー自身が有しているニーズがあれば、その部分について対応がなされることになる。

〈参考文献〉
・内尾彰宏＝濱島淑恵編著『自治体のヤングケアラー支援──多部署間連携の事例からつかむ支援の手がかり』（第一法規、2023年）
・亀﨑美沙子『子育て支援における保育者の葛藤と専門職倫理──「子どもの最善の利益」を保障するしくみの構築にむけて』（明石書店、2023年）
・川松亮『市区町村子ども家庭相談の挑戦──子ども虐待対応と地域ネットワークの構築』（明石書店、2019年）

---

4) The Children's Society (2022) *Whole family Pathway*, p.6. 〈https://www.childrenssociety. org.uk/sites/default/files/2022-12/2022419_Whole-Family-Pathway_AW.pdf〉.

第 3 章
障害者に対するソーシャルワーク法

事例

　Ａさん（27歳）は中度の知的障害[1]を伴う自閉症があり、特別支援学校高等部を卒業後、スーパーで働いていたが、同僚との人間関係がこじれ 2 年弱で離職した。離職後 2 年程度は家に閉じこもっていたが、家族の勧めで障害者就業・生活支援センターに相談をすることにした。同センターの相談員Ｓさんは、就労移行支援事業の利用を勧め、Ａさんが作業に慣れ自信がついたところにちょうど給食工場からの求人があったため、現場実習を 2 週間行い、職員として雇用されることになった。また、Ａさんが家に閉じこもっていた間に公共交通の仕組みや街並みが変わり、 1 人で外出することが難しくなってしまっていたため、Ｓさんは障害者総合支援法を用いて外出の支援を受けることを提案した。

　Ｓさんは、はじめは週に 1 回の定期訪問や電話でＡさんの不安や職場の担当者からの相談に対応し、たとえば、職場の担当者には「Ａさんへの指示には、 1 つの文章に 1 つの情報、というように簡潔に」などのお願いをしていた。 3 か月が過ぎるとＡさんはおよその仕事の習得ができた様子であったため、直接支援の頻度を減らして様子見をしている。また、Ａさんは休日には、行動援護を利用して、給料でゲームや本を買うなどの外出を楽しんでいる様子である。

---

1 ）本章では法制度を前提とした記述をするため、「障害」の表記を用いる。

第3章　障害者に対するソーシャルワーク法

I　法制度

1　障害者福祉[2]の理念

　障害者福祉の方向性を決めてきたものは、「障害」とは何かという障害概念、つまり障害の捉え方である。戦後の障害者福祉では、障害者の経験している不利な状態の原因は、病気や外傷といった個人の機能障害であると考え、それに対応するためには治療やリハビリテーションという個人の努力や、施設入所を中心とした社会的保護を行ったりすることが重視された。これは障害学では医学モデルと呼ばれている。

　この見方を大きく変えたのが、社会モデルである。これは、障害は機能障害だけに帰属するものではなく、個人の外部に存在する様々な社会的障壁によって作り出されるものとして捉える考え方である。医学モデルに対する社会モデルの出現は、障害者が経験する社会的障壁に視点を据えることによって、障壁の解消に向けての取り組みの責任を障害者個人ではなく社会の側に求めるというパラダイムの転換を促すこととなった。

　2006年に国連総会で採択された障害者権利条約は、このような障害概念の転換を前提に、障害者を保護の客体ではなく、権利の主体として認識し、その人権が守られるような措置を採ることを締約国に求め、日本は国内法を整備した上で2014年に同条約を批准することとなった。

　この条約によって、福祉的な保護と引き換えに、教育・就労・移動・住まい・通信などの面について、障害者を一般の障害のない人々に向けた公的サービスから分離された特殊なサービスを利用するよう隔てて、管理するような従来の障害者福祉のあり方（福祉モデル）に修正が迫られた。

　これまでの法制度で達成できなかった非差別・平等を確保するために、同条約は、「差別」の概念に社会モデルの考え方を取り入れている。つまり、障害に基づくあらゆる区別、排除又は制限をしてはならないというだけでな

2）障害者福祉には、障害者に関する所得保障・福祉サービス・医療・就労支援等の施策全般を示す場合（広義）と、福祉サービスのみを示す場合（狭義）とがある。本章ではソーシャルワークが用いられる制度・施策を対象とするため、広義の意味で用いる。

第1部　各論

く、社会的障壁を除去し変化させることを合理的配慮として社会に義務付け、これが提供されないことも差別であるとした（5条）。「合理的配慮」は同条約で初めて規定されたものであるが、障害者が障害のない人と同じように、権利や自由を持ち、行使するときに、必要とされる適切な変更及び調整を行うことで、かつ、相手側に過度の負担を課さないものと定義されている（2条）。

さらに、他の人権条約にない新たな権利として「あるがままに尊重される権利」（17条）と「地域生活の権利」（19条）を規定している。また、法の下の平等として、「個人の意見の尊重」をうたっている（12条）。つまり、障害者がその意思決定に基づいて自分の力を最大限に引き出し、その人らしい生活を送れるように意思決定支援を十分に行うことが重視されている。このような理念は、機能障害を人間の多様性の一部として、あるがままに地域社会が受け入れその尊厳を保障すべきであるとする考え方に基づいており、社会モデルを補完あるいは発展させた人権モデルといわれる。

2　障害者福祉の法制度

現実に障害者が働くためには、まず住まいや生活といった生活基盤が安定し、住居から職場までのアクセスといった移動手段等が確保されている、といった就労以外の条件が不可欠である。障害者が地域において障害の程度にかかわらず自分らしい社会生活を送るためには、種々の福祉サービスが必要となるとともに、権利擁護やバリアフリーといった条件整備も重要となる。

障害者福祉の法制度は、身体障害者福祉法（1949年）から始まった。その後、精神薄弱者福祉法（1960年、現・知的障害者福祉法）、精神保健福祉法（1995年）、発達障害者支援法（2004年）というように、障害別の福祉法が展開してきた。

障害種別ごとでなく、障害者施策の基本理念と総合的な施策の推進について定めたものが障害者基本法（1970年）である。「全ての国民が、障害の有無によって分け隔てられることなく、相互に人格と個性を尊重し合いながら共生する社会の実現」（障害基1）とされ、障害者権利条約に即して、地域社会における共生（障害基3）、差別禁止（障害基4）といった理念を取り入

第3章　障害者に対するソーシャルワーク法

れた。また、施策の実施のために、都道府県・市町村の地方レベルで障害者計画を策定しなければならず（障害基11②、③）、そこに障害当事者の参加も義務付けられている（同条⑥）。

障害者基本法の理念にのっとりサービスの給付の決定手続きや提供方法について、障害種別をこえて一元化した仕組みを示したのが障害者総合支援法（2012年、**4**で後述）である。

3　就労支援の法制度

働くということは、単に自らの生活の糧を得る手段というだけではなく、社会の他の人々と直接的な共同・連帯関係を創り出すものであり、障害の有無にかかわらず働く場の保障は社会参加の基本的な条件である。

このため、「障害者の雇用の促進等に関する法律」において、障害者は、経済社会を構成する労働者の一員として、職業生活においてその能力を発揮する機会を与えられるものとされている。2014年に障害者権利条約の批准にあわせて、障害者雇用促進法には差別禁止条項が加えられ、事業主に対し、採用前である募集、採用における平等取り扱い、及び採用後の賃金・教育訓練・福利厚生などにおいて障害を理由とする不利益取り扱いを禁止するとともに、職場環境や労働条件が障害者の社会参加を妨げる場合にそのような社会的障壁を除去する、合理的配慮を提供することを義務付けている。

障害者雇用施策は、こうした個人の尊厳の理念に立脚した障害者の社会的自立という基本的理念の下で、一般就労（移行支援）と福祉的就労（就労系障害福祉サービス）という2つの施策を展開させるようになっている。

(1)　一般就労

一般就労とは、職務遂行能力を有すると考えられる障害者が一般労働市場で就労することである。その方法としては、障害者／非障害者の区別のない一般枠で就労する場合と企業が障害者を雇用するために設けた障害者枠で就労する場合とがある。一般枠で就労する場合でも、労働者の募集・採用から賃金・配置・昇進等の雇用のあらゆる局面で、事業者は障害者雇用促進法の差別禁止（促進34、35）及び合理的配慮の提供（促進36の2、36の3、36の4）が求められる。一方、障害者枠とは、同法にもとづく障害者雇用率制度（促

33

第 1 部　各論

図表 1　障害者の法定雇用率

事業者区分	法定雇用率		
民間企業　　　　　　（従業員数40人以上） 　　　　　2026年以降（従業員数37.5人以上）	2024年	2.5%（40人ごとに 1 人雇用）	
	2026年	2.7%（37.5人ごとに 1 人雇用）	
国・地方公共団体	2024年	2.8%（36人ごとに 1 人雇用）	
	2024年	3.0%（33.5人ごとに 1 人雇用）	
都道府県等の教育委員会	2024年	2.7%（37.5人ごとに 1 人雇用）	
	2024年	2.9%（34.5人ごとに 1 人雇用）	

進37～48）を前提としたものである。これは、一般企業や国・地方公共団体
に対して、同法に定める障害者雇用率に相当する人数以上の障害者（障害手
帳を有する者）の雇用を義務付ける制度であり（図表 1 ）、一般企業等がこれ
を達成できれば助成金等が支給され、達成できない場合には納付金を支払う。

(2)　福祉的就労

　福祉的就労とは、一般労働市場での就労が困難な障害者に対して職業訓練
や就労の場を提供することである。障害者総合支援法（後述）は、就労系サー
ビスとして、就労移行支援事業、就労継続支援事業A型、就労継続支援事
業B型を設けて、障害者の就労ニーズにあわせて、一般就労への移行の支援、
あるいは就労の場や生産活動の場を提供している。

4　障害者福祉サービスの法制度——障害者総合支援法による福祉サービ スと福祉的就労支援の給付と手続き

(1)　給付

　障害者総合支援法は、障害者等が日常生活又は社会生活を営むことができ
るよう、必要な障害福祉サービスに係る給付、地域生活支援やその他の支援
を総合的に行うこととしている。地域生活への移行を促進するために、日中
活動を支援するサービスと居住支援のサービス（例・施設入所支援）とを分け、
サービスの組み合わせを利用者が選択する仕組みとなっている。

　同法で提供される給付は、日常生活や社会生活を営むために必要な訓練な
どの支援を提供する「訓練等給付」と、日常生活に必要な介護の支援を提供

図表2　障害者総合支援法の給付及び事業

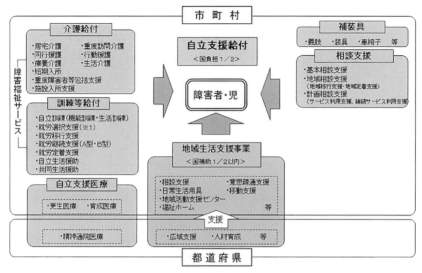

（※1　2025年10月より施行）
出典：厚生労働省『令和6年度版厚生労働白書』（2024年）105頁に筆者加筆

する「介護給付」、心身の障害の軽減・除去や機能回復のため必要な医療費の自己負担額を軽減する公費負担を行う「自立支援医療」が中心となっている。このうち、訓練等給付は、前述3(2)の福祉的就労に対応している「就労支援」のほか、就労にかかわらず身体機能や生活能力の向上を目指す「自立訓練」のほかグループホームなどの「居住支援」がある。

　また、障害者個人に対する給付とは別に、地域の特性やその地域に住んでいる障害者の人数、障害の程度などに応じて、必要な支援を実施することを目的に市町村や都道府県が実施主体となる「地域生活支援事業」も設けられている。（図表2）。

(2) 手続き

　障害者総合支援法の基本理念（1の2）では障害者が望む暮らしを尊重するよう支援の内容や支給量を決定することが求めている。このため、手続きには、公正性や透明性が担保されると同時に、個人の個別事情に即すること

第1部　各論

図表3　障害者総合支援法の手続き

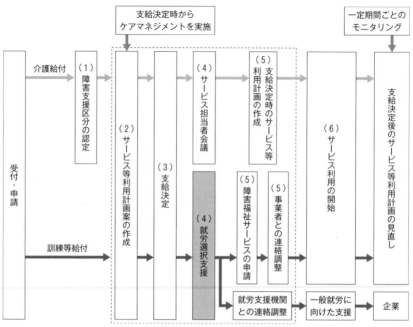

出典：全国社会福祉協議会（パンフレット）「障害福祉サービスの利用について（2024年4月版）」（2024年）に筆者加筆

も不可欠となり（22①）、障害者の希望に応じてコミュニケーションの支援をする等のソーシャルワークも求められることになる（「障害福祉サービスの利用等にあたっての意思決定支援ガイドラインについて」障発0331第15号平成29年3月31日）。

　障害者総合支援法上の給付の支給を希望する者は市町村に申請を行う（20）。このうち、介護給付の支給を希望する場合、障害支援区分の認定を受けなければならない。この障害支援区分は公平性や透明性を担保する役割を担うものであるが、障害の程度（重さ）ではなく、標準的な支援の度合いを示す区分とされる（4④）。そのため、これが単体で給付の支給量を決定するのではなく、市町村が支給決定（処分）を行うための勘案事項の1つとされている。

次に、市町村は申請者に対して、指定を受けた特定相談支援事業者が作成するサービス等利用計画案の提出を求める（22④）。サービス等利用計画の作成はこれ自体が「計画相談支援給付費」（51の17）等の対象であり、利用者の意向が反映される仕組みとしているとともに、相談支援専門員であるソーシャルワーカーが第三者として支給決定の過程に加わることになる。特定相談支援事業所及び相談支援専門員が順守すべき内容は「障害者の日常生活および社会生活を総合的に支援するための法律に基づく指定計画相談支援の事業の人員及び運営に関する基準」で定められているところ、同基準は基本理念（2）で利用者の医師及び人格の尊重と利用者等の立場に立つことを明示しており、これに沿って相談支援専門員が総合的な援助方針は解決すべき課題を踏まえて最も適切なサービスの組み合わせ等について検討する。

最終的な支給の要否は、前述のサービス等利用計画書案、障害支援区分、介護者の状況、障害者等がおかれている環境、サービスの利用に関する意向等を「勘案」し、市町村が行政処分としての決定（支給要否決定）を行う。支給決定が行われた後に、指定特定支援事業者は、サービス担当者会議を開催してサービス事業者等との連絡調整を行い、サービス等利用計画を作成する。この「連絡調整」というソーシャルワークについても重要性が強調されるようになっており、手厚い人員体制や関係機関との連携等により、質の高い計画相談支援が提供された場合に、加算として相談支援に係る報酬上の評価を与えるようになっている。

Ⅱ　ソーシャルワークの担い手

障害者の就労支援の方法は、Ⅰ3で述べたように様々なルートがあり、それに関わる機関及びソーシャルワーカーも様々なものがある。

1　身体障害者福祉司、知的障害者福祉司

身体／知的障害者福祉司は、都道府県が設置する身体／知的障害者更生相談所において配置が義務付けられているほか（身障11の2①、知福13①）、市町村が設置する福祉事務所には、身体／知的障害者福祉司を置くことができ

第1部　各論

図表4　相談支援事業所の種類と役割

	役割
一般相談支援事業所	基本相談支援 地域相談支援（地域移行支援、地域定着支援）
特定相談支援事業所	基本相談支援 計画相談支援（サービス等利用計画の作成、モニタリング）
障害児相談支援事業所	基本相談支援 障害児相談支援（障害児支援利用計画の策定、モニタリング）

るとされている（身障11の2②、知福13②）。身体／知的障害者福祉司は公務員のうち、任用資格（身障12、知福14）を有している者が任用され、身体／知的障害者の福祉に対する情報提供や相談対応、事務所内の職員への指導を行う。

2　相談支援専門員・主任相談支援専門員

　障害者総合支援法では、障害者の意向を踏まえて、自立した日常生活や社会生活の実現のため、支援・中立・公平な立場から障害福祉サービス利用のための支援などを行うため、指定特定相談支援事業所、指定児童相談支援事業所、指定一般相談支援事業所に、相談支援専門員を1人以上配置しなければならない（図表4）。

　相談支援専門員の資格を取得するためには、実務経験（3～10年）および相談支援従事者初任者研修を終了する必要がある。資格取得後も5年ごとに相談支援従事者現任研修を受講する必要がある。さらに、地域づくり・人材育成・困難事例への対応など地域の中核的な役割を担う職として、2018年度の障害福祉サービス等報酬改定で上位資格の「主任相談支援専門員」が創設された。この資格を取得するためには、相談支援従事者として3年以上の実務経験を経たのち、主任相談支援専門員研修を修了する必要がある。

3　障害者職業カウンセラー

　地域障害者職業センターは、ハローワークとの密接な連携のもとに、障害者に対する専門的な職業リハビリテーションを提供する機関である。障害者職業カウンセラーは、独立行政法人高齢・障害・求職者雇用支援機構に障害者職業カウンセラーとして採用される事で認定される任用資格（その職に就く事で得られる資格）であり、採用後1年間の研修を受けることで取得できる。

4 障害者就業・生活支援センターの就業支援員・生活支援員

　就業およびそれに伴う日常生活上の支援を必要とする障害者に、相談や職場・家庭訪問等を実施し、就業面および生活面での支援を行うのが、障害者就業・生活支援センターである。同センターは就業支援担当および生活支援担当のソーシャルワーカーがいる。どちらも必ずしも社会福祉士や精神保健福祉士の資格を必須とはしていないが、これらの資格を有する者が担当することが多い。就業支援担当のソーシャルワーカーは、障害者本人に対しては、就職に向けた準備支援（職業準備訓練、職場実習のあっせん）、障害者の特性、能力に合った職務の選定、就職活動の支援、職場定着に向けた支援といった支援を行うほか、障害者を雇う事業所に対して障害者の特性を踏まえた雇用管理を行う。

5 就労移行支援事業所・就労継続支援事業所の職業指導員・生活支援員

　障害者総合支援法ではその設備運営基準で、事業の種類と利用者の人員に応じて職業指導員および生活支援員の配置を義務付けている。職業指導員は、利用者の適性や特性を把握し、事業所内外で適切な作業環境を提供するとともに、利用者に合わせた生産活動の指導を行うことを業務内容としている。生活支援員は、介護が必要な利用者の健康管理の指導、利用者の生活面での困りごとの相談や解決に向けた支援を行う。ただし、どちらも役割が明確にされた業務独占の仕事ではなく、事業所ごとの運営方針により業務内容には違いがある。

Ⅲ　ソーシャルワークのプロセス

　続けて、就労支援についてソーシャルワークのプロセスを見ていこう。

1 就労相談

　障害者が働くことについて相談をする窓口としては、障害者就業・生活支援センター（2024年4月時点で全国に337か所）や地域障害者職業センター（47センター5支所）といった専門機関のほか、ハローワーク、相談支援事業所

第1部　各論

などがある。就労相談を含む、職業リハビリテーションについて、促進法は
「障害者各人の障害の種類及び程度並びに希望、適正、職業経験等の条件に
応じ、総合的かつ効果的に実施されなければならない」（促進8）と原則を
定めている。従って、本人がどのように働きたいかと本人の希望を主軸にし
て、実際に就労生活を続けることが可能な状態かといった「職業準備性」、
本人に向いている仕事は何かという「職業適性」についてアセスメントをす
ることになる。

　ところで、これまで本人が福祉的就労を念頭においている場合、障害者総
合支援法の訓練等給付を行う事業所に問い合わせをすると、計画相談支援の
なかに必ずしも専門的な就労能力や職業適性のアセスメントが含まれないま
まに、最終的に本人が事業所を選び判断した結果、一般就労の能力がある障
害者が福祉的就労に留まりつづけるという問題が指摘された。このため、障
害者総合支援法を改正して、2025年10月から「職業選択支援」を導入し[3]、
就労アセスメントの手法を活用して、本人にあった選択を支援することとな
った。

2　一般就労を目指すマッチングを主とする場合
——職業紹介と合理的配慮の提供

　障害者が長期の訓練を求めず、主に求職と求人のマッチング支援を求める
場合、ハローワークまたは地域障害者職業センターを利用することが想定さ
れる。地域障害者職業センターでは、障害者への職業評価、職業指導、職業
準備訓練及び職場適応援助等の各種の職業リハビリテーションを実施する。
また、障害者を雇おうとする事業主に対して、雇用管理に関する専門的な助
言その他の支援を行う（促進20）とされており、たとえば、障害者雇用を進
めるために障害者が担える業務の創出・切り出しを事業主に働きかけること
もある。同センターの利用については、障害者手帳の有無は関わらないが、
法定雇用率を通じた障害者雇用義務制度（促進37、38）を用いる場合には本

---

3 ）就労継続支援B型の利用希望者（2025年10月）、就労継続支援A型の利用希望者および就労移
　行支援の利用更新希望者（2027年4月）というように、順次対象者が広がることになっている。

40

第3章　障害者に対するソーシャルワーク法

人が障害者手帳を有していることが必要となる。

　地域障害者職業センターの障害者職業カウンセラーは、本人のアセスメントと職場のアセスメントの情報を検討した上で、双方の条件が合う職場を見つけることとなる。このとき、促進法上の合理的配慮の提供（促進36②）を事業主に求めることもできる。さらに実習や雇用後にも（促進36③）、必要であれば介入をして調整を行う。なお、合理的配慮は障害者からの申出による（促進36の2）となっているので、上記に挙げた事業主との調整は本人の意向を十分尊重することが重要である。合理的配慮の提供義務については、「個々の事情を有する障害者と事業主との相互理解の中で提供されるべき性質のもの」であり、「過重な負担にならない範囲で」行われる（雇用分野の合理的配慮指針・平成27年厚生労働省告示117号）。**事例**の中でSさんが職場に提案した「Aさんへの指示の出し方」も合理的配慮に当たるだろう。

3　一定期間の基礎訓練や生活基盤の安定の確保の上で就労支援を求める場合――プランニングと職場適応支援

　就職の希望を把握した上で、職業能力等をアセスメントした後は、就職して職場に適応するために必要な支援内容・方法を示す職業リハビリテーション計画を策定することとなる。**事例**では、Sさんは、就労面では訓練等給付の中の就労移行支援を用いて、生活環境面では介護給付（行動援護）を通じてAさんの就労準備性を高める計画を策定した。このようにソーシャルワーカーは、アセスメントに基づいて、障害者本人に対しては、就職に向けた準備支援（職業準備訓練、職場実習のあっせん）、障害者の特性、能力に合った職務の選定、就職活動の支援、職場定着に向けた支援といった支援を行うほか、障害者を雇う事業所に対して障害者の特性を踏まえた雇用管理を行う。

　実際の訓練は、就労移行支援事業（所）が担当する。この事業は、2年（最長3年）を上限として、就労希望の障害者で、通常の事業所に雇用されることが可能と見込まれる者に対して、生産活動・職業体験等（例：パン製造や販売）の機会の提供や就労に必要な知識及び能力のために必要な訓練（数を数えて箱に製品を詰めるなど）を行うとともに、求職活動に応じた支援や職場定着のための相談支援を行う。この目的のために、具体的な職業指導

41

第1部 各論

は職業指導員（ジョブコーチ）が担当するが、関連する種々の相談について
は就労支援員が配置されて、ソーシャルワークを担う。

4 長期の就労の安定に向けて──職場定着支援

　初期の集中的な職場適応支援の後、より長期的な就労の安定に向けて、障
害のある人及び企業との支援関係を継続し、状況の把握、問題発生の予防、
問題解決等を行う。フォローアップは、就労支援機関が職場に対して行うも
のと、障害者本人の生活面に対して行うものに大別され、危機的な状況にな
ってから介入するのではなく、予防的観点で介入することが求められる。就
労移行支援を経て就職すると、6か月間は就労移行事業の職場定着の一環と
されているが、6か月目以降は、就労定着支援事業という別立ての給付とな
る。就労定着支援事業を実施しているのは、就労移行支援事業者や就労継続
支援事業者であり、就労支援員が相談援助を担当し、障害者が6か月以上定
着しているとその期間に応じて基本報酬額が算定される。職場に対して行う
フォローアップは、就労支援機関が直接行うことが多いが、生活面に関わる
フォローアップは関係機関との連携が必要となることが多い。

5 一般就労が難しい場合

　一般就労が難しい場合、就労の機会の提供や就労に必要な知識・能力の向
上のために用意されているのが、障害者総合支援法上の訓練等給付に位置づ
けられている就労継続支援A型・B型である。このうち、A型は雇用契約に
基づく就労となっており、労働基準法や最低賃金の適用を受ける。一方、B
型は雇用契約に基づかないため、障害者は「工賃」を受け取る。就労継続支
援A型・B型とも、利用者の人数に応じて職業指導員・生活支援員の配置が
定められているが、A型では利用者の労働時間等に応じて、B型では平均工
賃の額等に応じて、基本報酬額が算定され、事業所（支援員）に就労支援へ
のインセンティブをかけている。

第3章　障害者に対するソーシャルワーク法

Ⅳ　トラブルとその解決

1　合理的配慮はどこまで求められるか？

　合理的配慮は個別性が高く、本人の意向を尊重し各障害者に合わせた配慮が求められる（促進36の4）。一方で、事業主の状況によっても提供することができる合理的配慮の範囲に違いが生じる。「過重な負担」の判断の要素とされるのは、事業活動への影響の程度、実現困難度、費用・負担の程度、企業の規模・財務状況、公的支援の有無が挙げられている（前掲・配慮指針）。たとえば、配置転換を必要とする場合や施設や設備の改築を求める場合には、企業規模の大きい事業主の方が、小さい事業主よりも容易となるだろう。

　ただし、合理的配慮の提供に関する相談で実際に多いものは、「上司・同僚の障害理解に関するもの」、「相談体制の整備、コミュニケーションに関するもの」、「業務指示・作業手順に関するもの」、「作業負担や移動負担に関するもの」の順になっている[4]。前述の「個別性」という特性から見ても、合理的配慮の手続きに対話性が重要な要素であるが指摘されている[5]。

　事業主と障害者の間での話し合いが円滑に進まず、紛争に発展した場合、関係当事者の申し立てに基づき、①都道府県労働局長による紛争解決の援助②障害者雇用調停会議による調停、というADRが用意されている。

2　工賃向上と利用者支援

　就労継続支援B型事業は、一般企業や就労継続支援A型事業での就労が難しい障害者に対して、就労能力の維持・向上を目指すもので、雇用契約を結ばずに障害者自身の障害や体調に合わせて働くことができる事業となっている。B型事業での生産活動の利益から工賃が支払われるが、就労継続支援A型に比べて軽作業が多く、従来より工賃の低さは指摘されてきた。国は工賃

---

4 ）厚生労働省「雇用の分野における障害者差別・合理的配慮義務にかかる相談等実績」（2024年6月）https://www.mhlw.go.jp/content/11704000/001272620.pdf（最終閲覧：2025年1月10日）。
5 ）川島聡「差別解消法と雇用促進法における合理的配慮」「合理的配慮を巡るジレンマ」川島聡ほか『合理的配慮――対話を開く、対話が拓く』（有斐閣、2016年）54頁。

第 1 部　各論

水準を向上させることを支援する基本報酬や配置加算を導入している。しかし、B型事業は障害の程度が重い者も受け入れるサービスゆえに、居場所としての役割を求める利用者や、一般就労に向けた訓練を求める利用者など、幅広いニーズを抱えている。このため、単価の低い軽作業からより高度な作業に移行しようとする場合、B型事業所は、障害の程度に関わらず利用者を支援すること、利用者の働き甲斐を向上させるために工賃を上げることとの狭間でジレンマに直面する。事業所にとっては、利用者支援と利益追求・工賃向上とのバランスを取ることは難しい課題である。

V　課題と展望

　障害者人権条約委員会は、日本の条約実行状況を審査し、その結果を2022年9月に「統括所見」として報告した。その中では、施設入所が続いていて、障害者の自立生活の機会が奪われていることが指摘されている。批判の対象になっているのは、わが国が「脱施設」を目指して数を減らしている従来型の障害者支援施設だけでなく、グループホームも含まれる。また、「低賃金で、開かれた労働市場への移行機会が限定的な作業所」すなわち就労継続支援B型事業についても懸念が表明されている。障害者福祉へのソーシャルワークを行う場合、社会に現に存在する社会資源を前提とするほかはないが、「地域で自立して生活する」支援とは何かを再度考える必要があるだろう。

コラム　イギリスのパーソナル・アシスタンス

　障害者権利条約19条は、居住地及び誰と生活をするかを選択する機会を障害者に保障する措置を締約国に求める。同条は、特定の施設といった生活様式を強制しないことも含んでおり、イギリスでは、ケアの個別化を進める中で、障害者が介助者を選び、ケアに関する予算を管理する制度が設けられた。

　現在、パーソナル・アシスタンス（PA）は、障害者の日常生活を支援するために当事者に雇用されている者あるいは雇用する制度を指すとされる。PAは障害のない者が通常行うことができる日常生活動作につ

いて、障害者が自分ではできないときに支援をする。その範囲は、着替えや外出の同行といったパーソナルケアや家事だけでなく、余暇活動や社会活動といった地域のサービスへのアクセス、障害者本人の親としての役割の支援なども含まれている。このようなメニューの広さを見ると財政支出が無限に増えるのでは、という疑問が生じそうであるが、PAは個人に与えられた予算の範囲で、自分に最も必要な支援を依頼するものであり、予算の管理も利用者主体となることを含意している。

〈参考文献〉
・河野正輝『障害法の基礎理論――新たな法理念への転換と構想』（法律文化社、2020年）
・菊池馨実＝中川純＝川島聡編著『障害法〔第2版〕』（成文堂、2021年）
・長谷川珠子＝石﨑由希子＝永野仁美＝飯田高『現場から見る障害者の雇用と就労――法と実務をつなぐ』（弘文堂、2021年）

第 4 章

医療に関するソーシャルワーク法

事例

　Ａさんは仕事中突然倒れ、救急車で市中の急性期病院に救急搬送された。診断の結果は脳梗塞であったが、早期に対応できたため大きな後遺症も残らない状況であった。急性期治療を終え２週間の入院の後には、リハビリを行っていく必要があるものの、当該病院には回復期リハビリテーション病棟がないため、自宅に退院するか、リハビリテーション病院への転院を検討しなければならない。ところが、Ａさんの入院の際、医師が十分な説明をしないまま退院の話に言及したため、特に家族が不信を抱くようになっており、理解を得られない。そこで地域医療連携室の医療ソーシャルワーカー（MSW）であるＳさん（社会福祉士）が、主治医を含めて改めてＡさんとその家族に説明をする機会を設定することとなった。そしてその場で状況の説明を行うとともに、退院か転院をしてリハビリテーションを行う必要性について理解を促した。この際、Ａさんは自宅に戻ってリハビリを行うことを希望したが、家族はまだ当面自宅に戻ってくるのは難しいと考え、近隣のリハビリテーション病院への転院を望んでいた。さらにその際、Ａさんから入院医療費の支払いや今後の生活費に関する不安についても打ち明けられた。

I　法制度

1　医療を提供するための仕組み

　医療におけるソーシャルワークのために、まずは医療制度を理解しておかねばならない。医療制度とは、医療を提供するための仕組みであり、一般に、

「人」「物」「場」の３つの要素で成り立っている。すなわち、
・「人」＝職者の資格と業務に関する法制度 e.g. 医師法、保健師助産師看護
　　　　　師法、etc.
・「物」＝医薬品や医療機器に関する法制度 e.g. 医薬品、医療機器等の品質、
　　　　　有効性及び安全性の確保等に関する法律
・「場」＝医療提供の基本理念、提供施設などに関する法制度 e.g. 医療法
である。ここでは、数々の法改正を重ね、医療提供の基本法としての性格・
位置づけを与えられるようになっている医療法にそって、医療提供の基本的
考え方と医療提供施設を見ていくことにしよう。

　医療提供の理念について、「医療は、生命の尊重と個人の尊厳の保持を旨
とし」、「医療の担い手と医療を受ける者との信頼関係」に基づき行われる、
とされている（医療１の２①）。また、「医療を受ける者の意向を十分に尊重
し」、医療提供施設や医療を受ける者の居宅等において、「医療提供施設の機
能に応じ効率的に、かつ、福祉サービスその他の関連するサービスとの有機
的な連携を図りつつ提供されなければならない」（医療１の２②）。そして、
病院等の管理者は、退院する患者が療養を必要とする場合には、「保健医療
サービス又は福祉サービスを提供する者との連携を図り、当該患者が適切な
環境の下で療養を継続することができるよう配慮しなければならない」とさ
れている（医療１の４④）。

　医療法にいう医療提供施設とは、具体的には、病院、診療所、介護老人保
健施設、介護医療院、調剤薬局その他を意味している。このうち、病院と診
療所は、基本的に、患者を入院させるための施設に着目して、これが20人以
上の場合を病院（医療１の５①）、これを有しないまたは19人以下の施設を診
療所（医療１の５②）として区別している。そして病院は、さらに、地域医
療確保の支援のため、200人以上の患者を入院させる施設があり、他病院・
診療所からの紹介患者に医療を提供することなど一定の要件に該当し、都道
府県知事の承認を得たものを地域医療支援病院（医療４）、高度の医療提供
能力や高度の医療技術の開発・評価能力などを有する病院で、規定された一
定の診療科を有し、400人以上の入院施設を備え厚生労働大臣の承認を得た
ものを特定機能病院（医療４の２）、これとほぼ同じ要件で臨床研究実施の中

第1部　各論

核的な役割を担う病院を臨床研究中核病院（医療4の3）として区別する。また、病院には、精神病床、感染症病床、結核病床、療養病床、一般病床という病床の種別（医療7②）があり、これとは別に、病床の機能区分として、高度急性期機能、急性期機能、回復期機能、慢性期機能がある。これら病床の種別や機能区分は、病院の開設や、厚生労働大臣の定める基本方針に基づき都道府県が策定する医療計画、そして当該医療計画の中で地域医療構想を定める際に重要な意味を持っている。

2　医療を受けるための仕組み──医療保障制度

(1)　公的医療保険

　安心して医療を受けるための仕組みを医療保障制度という。この理解も医療におけるソーシャルワーク実践には必要不可欠なものである。日本の医療保障制度は、社会保険方式による公的医療保険を中心としており、さらに、医療保険を補完する形で公費負担医療が整えられている。ここでは、これら制度の概略と、特に給付について見ておこう。

　公的医療保険は対象別に複数存在しており、基本的に、働き方によって適用が決まる。具体的には、民間の被用者（サラリーマン）とその家族は健康保険、自営業者や無業者・失業者は国民健康保険、また、一定年齢以上の高齢者については後期高齢者医療制度の適用となりそれぞれ資格を取得する。そしてこれら複数の制度を前提に、「皆保険」（みんなが必ず何らかの公的な医療保険に適用される状況）を構築しているところに特徴がある。

　医療保険では、制度に適用される者を「被保険者」[1]といい、被保険者は「保険料」を納付（負担）し、電子資格確認等による資格の確認の後、「保険給付」として医療を受け、その際、窓口で「一部負担金」を支払うことになる。医療保険の中心的給付の1つは、傷病の際の医療を提供する「療養の給付」（健保63、国保36など）である[2]。基本的にはこの給付があれば病気やけがに対応できる。ただし、出産は、病気でも怪我でもないため、療養の給付

1）国民健康保険と後期高齢者医療制度を除く医療保険では、被保険者によって生活を維持される者（家族）は「被扶養者」として制度に適用される。

2）ただし、被扶養者は療養の給付を受けられず、家族療養費として医療を受ける。

とは別の「(家族)出産育児一時金」(健保101、114、国保58など)として金銭給付の対象となる(現在は、現物給付化されている)。また、一部負担金が高額になった場合、この負担を軽減するための「高額療養費」(健保115、国保57の2など)等も存在する。医療保険はこのように、医療を受ける際の(経済的)負担を軽減するための様々な給付を整えている。この他にも、被用者保険といわれる健康保険などでは、治療のため長期間働くことができない場合の生活保障(給料の保障)を目的とした「傷病手当金」(健保99など)の支給などもある。

　皆保険体制の下、必ず医療保険の適用を受けることになる一方で、医療保険は支えあいの仕組みであるため、(理由にかかわらず)保険料を納付していない場合は、給付を受けることができない。そこで、保険料を支払うことができない者について、保険料や一部負担金の減免などの規定が設けられている。しかしそれでもなお、国民健康保険などでは、現実的に保険料を納付することができないことがある。そして保険料の滞納が長期(「特別の事情」がないにもかかわらず1年以上滞納、など)にわたると、療養の給付(現物給付)に代えて、償還払い(立替払い)である「特別療養費」の支給となるため(国保54の3)、受診の際、医療機関の窓口で治療にかかった費用をいったん全額支払わねばならなくなる。

(2) 公費負担医療

　このような公的医療保険以外に、公費(税金)を使って給付を行う公費負担医療の仕組みも存在する。その中心的な仕組みの1つが、低所得で生活が困難になっている者に対する医療扶助(生活保護)である。医療扶助を受けるには、生活保護の申請を行う必要がある。そして、福祉事務所長が必要と認めたときに「医療券」を交付され、これを提示して医療を受ける。生活保護の医療扶助では一部負担金の支払いは生じない。また、医療扶助を受けることになると、皆保険の適用除外となり国民健康保険の被保険者資格を失う(ゆえに、保険料納付義務を負わなくなる)。この他にも、障害者の日常生活及び社会生活を総合的に支援するための法律(障害者総合支援法)に基づく自立支援医療(障害総合支援58)や、感染症の予防及び感染症の患者に対する医療に関する法律(感染症法)が定める入院医療(感染症37)、精神保健及び

第1部　各論

精神障害者福祉に関する法律（精神保健福祉法）の措置入院（精神29）、難病の患者に対する医療等に関する法律（難病法）による特定医療費（難病5）なども公費負担医療として行われるものである。これら公費負担医療では、所得に応じた負担を要するものや、公的医療保険を優先し一部負担金を公費として支給するものなどがある。

3　診療報酬とソーシャルワーク

最後に、病院など医療施設にとっての医療保障制度の意義として診療報酬に着目し、あわせてソーシャルワークの位置づけについて見ておこう。図表1にあるように、医療法上の基準を満たした病院や診療所等は、厚生労働大臣の委任を受けた地方厚生局長の指定を受けると指定医療機関（併せて、医師は登録を行い登録医）となり、療養の給付他の医療保険の給付を行う地位を得る。ただしこのとき、「保険医療機関及び保険医療担当規則」（療養担当規則）という、保険給付を行う上でのルールに従わなければならないことになっている。また、保険の給付として行う医療行為については、告示という形式で、医療行為1つひとつに公定価格が定められている（診療報酬点数表として各医療行為に点数が付されている）。

指定医療機関は、療養担当規則に従って保険給付を行った場合、診療報酬

図表1　医療制度と医療保険制度の結びつき

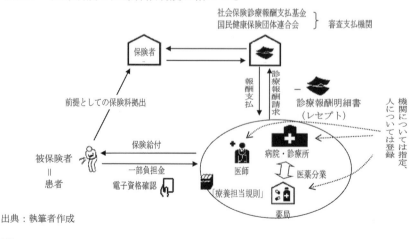

出典：執筆者作成

第4章　医療に関するソーシャルワーク法

点数表に定められた基準に基づく診療報酬として報酬の支払いを受ける。これは基本的に出来高払いであり、病院等の経営、すなわち、そこで働く医師、看護師その他職員等の給料の支払いなどはこの収入によって行われるため、医療施設にとって診療報酬の持つ意味は極めて大きい。診療報酬は基本的に医師の行う医療行為について支払われるが、医療施設が整える医療提供体制の整備状況や取り組みによっても変化する。在宅医療支援病院・診療所といった医療施設の位置づけは、この診療報酬上の施設基準を満たすことで与えられるものである。そして医療施設におけるソーシャルワークは、今日、たとえば、専従の社会福祉士等を配置するなど基準を満たし、患者が地域で療養や生活を継続できるよう具体的な取り組みを行った場合に行われる「入退院支援加算」など一定の取り組みを行うことで「加算」という形で診療報酬上考慮されるようになっており、医療保障制度上も重要な意味を持つようになってきている。

Ⅱ　ソーシャルワークの担い手

1　医療ソーシャルワーカー

　疾病構造の変化などといわれるように、現在、医療の主要な関心は、感染症対策から、がんや心疾患、脳血管疾患などいわゆる生活習慣病に移ってきており、さらに、高齢化の進展により、認知症や複数の（慢性）疾患を抱えて生活する人も増加してきている。また、医療技術の進歩によって、日常生活の中で私たちが利用できる医療は広がり、医療ニーズはますます多様化してきている。しかしそのような中で、患者やその家族は、健康管理・健康増進、疾病予防、治療、リハビリテーションなど保健医療のあらゆる段階・局面において、様々な問題（たとえば、病気に対する不安、治療費の支払い、退院調整・退院後の職場復帰など）に直面することになっている。そこで、「保健医療の場において、社会福祉の立場から患者のかかえる経済的、心理的・社会的問題の解決、調整を援助し、社会復帰の促進を図る」役割を担うのが医療ソーシャルワーカー（Medical Social Worker：MSW）である[3]。精神保健福祉のソーシャルワーク（⇒**第5章**参照）を担う国家資格として精神保

51

第1部　各論

健福祉士が存在するのとは異なり、医療ソーシャルワーカーという資格が存在しているわけではない[4]。実際には社会福祉士や精神保健福祉士の資格を有する者がこれを担っており、病院や診療所など医療施設の医療福祉相談室や地域医療連携室といった部署のほか、保健所や市町村保健センター、介護老人保健施設などでも業務を行っている。

2　医療ソーシャルワーカーの業務

　医療ソーシャルワーカーは法律に基づく資格ではないため、その業務については「医療ソーシャルワーカー業務指針」として通知されている。この中では、医療ソーシャルワーカーは次のような業務を行うこととなっている。

(1)　療養中の心理的・社会的問題の解決、調整援助

　患者は、病気の告知を受けて不安になってしまうことがある。そこで、患者が疾病と向かい合い安心して療養できるよう、患者やその家族からの相談に応じ、傷病の受容が困難な場合や受診・入院あるいは在宅医療に伴う様々な不安への心理的支援および対処、療養期間中の職場の人間関係や家族関係・家族責任の調整および援助、療養環境を整えるための各種サービス利用のための情報提供と支援などを行う。

(2)　退院援助

　担当医や院内のスタッフ等との連絡・調整を図りながら、患者の退院に向けて様々な支援を行う。そのために、患者の意思を確認しつつニーズを捕捉し、家族間の調整、退院後の生活の場の確保などを行う。また状況によっては、転院や他施設への入所の必要があるため、必要に応じて、転院のための医療施設、退院後の社会福祉施設等利用可能な地域の社会資源選定の援助を行う。さらに、地域における在宅ケアや介護サービスなどについても情報提供を行い、これら関係機関・関連職者との連携の下で、退院後も必要な医療を受け、地域の中で生活できるよう支援を行う。

3）「医療ソーシャルワーカー業務指針」（厚生労働省健康局長通知平成14年11月29日健康発第1129001号）。

4）現在、日本医療ソーシャルワーカー協会による認定資格として、認定医療ソーシャルワーカーが存在している。

⑶　社会復帰援助

　退院後、社会復帰が円滑に進むように、患者の職場や学校と調整を行い、復職、復学を援助する。また、関係機関・関連職種との連携や訪問活動等により、社会復帰が円滑に進むように転院、退院後の心理的・社会的問題の解決を援助する。

⑷　受診・受療援助

　生活と傷病の状況に適切に対応した医療の受け方、病院・診療所の機能等の情報提供等を行う。また、患者が、診断、治療を拒否するなど医師等の医療上の指導を受け入れない場合には、その理由となっている心理的・社会的問題について情報を収集し、必要な人間関係の調整や社会資源の活用等による問題の解決を援助する。あわせて、医療関係者に向けても、患者の療養に参考となる情報を収集・提供する。

⑸　経済的問題の解決、調整援助

　患者が医療費、生活費に困っている場合に、利用できる社会保障各種制度や給付について情報提供を行うとともに、関連機関と連携を図りながら、それらの利用の援助を行う。

⑹　地域活動

　患者や家族への直接的支援以外にも、地域に対する働きかけも重要な活動とされている。医療を必要とする者のニーズに合致したサービスが地域において提供されるよう、関係機関、関係職種等と連携し、地域の保健医療福祉システムづくり（ボランティアの育成、ネットワークづくりなど）に参画する。

Ⅲ　ソーシャルワークのプロセス

　事例に沿って見ていくことにしよう。Ａさんは救急搬送され治療を受けることになっている。そして治療後のリハビリテーションの必要性など、患者にとって必要な支援の方向性は比較的明確であるものの、医師の言動により、Ａさんを支えることになる家族が医療機関に対して不信感を抱くようになっている点、また、退院後の対応について、Ａさんと家族との間に意見の相違が見られる点などに対処する必要がある。さらに、入院の費用や、退院後の

第1部　各論

生活費に関する不安も相談されている。

　一般に、外来からの予定入院の場合は、事前に入院前支援が行われることもあるが、Aさんのように救急搬送による急性期医療の場合、退院までの期間が短いため、限られた時間での迅速なソーシャルワークの実践が求められる。まず、医師の言動により家族が不信感を抱くことになっている点については、入院時から退院に向けた支援を行っていくこと自体は必ずしも間違ったことではないといえよう。ただ、医師など「医療の担い手は、医療を提供するに当たり、適切な説明を行い、医療を受ける者の理解を得るよう努めなければならない」（医療1の4②）ところ、医師の伝え方にも問題があったことが推測される。そこで関係者を集めて説明を行う場を設けることになっている。Aさんや家族の状況に応じて召集する関係者の範囲や説明内容の工夫なども必要となるであろう。

　一方、退院後のリハビリテーションに関する意見の相違については、近隣の医療施設や利用できるサービスなどを考慮に入れつつ検討を行うことになる。Aさんの希望に沿って進める場合、具体的には、家族の不安はどこにあるのか、その不安を払しょくするために活用できる社会資源やサービスはないのかを検討、提案することになるだろう。また、病状の回復状況によってはAさんに対する転院の説得を行うことになるかもしれず、継続的なアセスメントを行っていく必要もある。

　医療におけるソーシャルワークは、退院調整ばかりでなく、Aさんのように入院医療費の支払いや生活費などに関する経済的不安などへの対処に及ぶ場合が少なくない。この点についても、Aさんが安心して療養できるよう、適用される制度や利用できる給付などを確認した上で必要な支援や援助を行うことになる。

　Aさんの場合、具体的には、まず、公的医療保険の適用状況の確認が必要である。Iで見たように、医療保険は、働き方によって適用が異なる。たとえば、いわゆるサラリーマンであれば健康保険の適用となり、また、自営業者や一定年齢以上の高齢者の場合はそれぞれ国民健康保険または後期高齢者医療制度の適用となる。そしてこれら医療保険の適用がある場合には、療養の給付により、一部負担金の支払いで医療を受けることができる。その際、

一部負担金が高額になると見込まれるときには、高額療養費を活用することになろう。あるいは、理由によっては一部負担金の減免を申請することも可能である。さらに健康保険等の適用であれば、傷病手当金を受けることもできる。また適用が国民健康保険などの場合、保険料の未納・滞納により被保険者資格証明書を交付されていると、療養の給付を受けることはできないため、治療費の工面や、状況に応じて医療扶助などの申請も検討することになるだろう。さらに、傷病の状況によって適用される制度が異なる場合もある。Aさんについても、倒れた状況や原因が仕事に関連し、業務起因性があるとして業務上の認定がされると、労働者災害補償保険法（労災保険）の適用となり、患者本人の費用負担はなくなる（療養補償給付）。ただし、別途、この認定のための手続きを行うことになる。

Ⅳ　トラブルとその解決

　事例では、Aさんには生活を共にする家族がおり、Aさんと家族との間で退院後の対応をめぐって意見の相違が生じていたため、その調整が必要であった。しかし、より困難な事例と考えられるのは、身寄りのない入院患者である[5]。この場合、具体的には、身寄りがないことで「身元保証」を得られず、そのことによって生じる問題に対処する必要がある。身元保証をつけられない場合、①現実的に転院先や施設入所先が制約されることがある他、②患者の状態によっては、医療行為等への同意を得られないこと（治療上の問題）、③入院治療時の費用負担や未収金が生じた場合の責任の問題（経済的問題）、④金銭管理や物品調達といった療養中の身の回り支援の問題（生活上の問題）、また場合によっては、⑤葬儀や遺留金品処理、埋葬など死後対応についての調整・援助が必要となってくる。

　このような事例では、個々具体的な状況に即した現実的対応を検討していく必要がある。もとより、身寄りがないと一言でいっても、その状態は様々

5）日本医療社会福祉協会社会貢献部身元保証担当チーム編『身元保証がない方の入退院支援ガイドブック』（2018年）など参照。

第1部　各論

である。親・兄弟姉妹など近親者が全くいない状態もあれば、家族や血縁者は存在するが、何らかの事情で長らく音信不通となっており、その所在を把握できないような場合、DV・虐待など家族等からの権利侵害により家族等から分離の必要があるような場合、あるいは本人の強い意思で家族等との連絡を取ることができないような状態も含まれてくる。近親者がそもそもいないような場合は、行政を含め関係者による支援チームを作り対応を行うことになるであろう。家族による権利侵害があるような状況では、より慎重な対応を要するが、関係機関との協議を踏まえ、家族等のかかわりの範囲を調整する必要がある。所在不明で連絡を取れない状況の場合などは、本人の意向を確認の上、家族等の連絡先や所在探しから着手することになるだろう。さらに、本人の意思で家族等との連絡を拒んでいるような場合は、本人の診療や治療の段階に応じた意思確認を丁寧に行い対応する必要がある。またこのように状態に応じた対応を行う一方で、対処すべき問題に応じた制度の活用なども検討しなければならないだろう。身元保証をめぐっては、これを行う事業や団体なども増加してきているものの、トラブルや費用面・利用手続き等の点からなお十分に浸透しているとはいえない。そこで、個々のソーシャルワーク実践に加え、体制作りで組織的にカバーするため、Ⅱ 2 の MSW の業務の(6)にあるような積極的な地域活動も求められるであろう。

Ⅴ　課題と展望

　現在の、人口高齢・少子社会＝人口減少社会、「無縁社会」の広がりの中で、先にも取り上げた、身寄りのない患者の入院または在宅療養というような状況は、今後ますます深刻になっていくと考えられる。そのような中、人生の最終段階における医療の普及・啓発の在り方に関する検討会による「人生の最終段階における医療の決定プロセスに関するガイドライン」（2018年改訂）は、「医療・ケアを受ける本人が多専門職種の医療・介護従事者から構成される医療・ケアチームと十分な話し合いを行い、本人による意思決定を基本としたうえで、人生の最終段階における医療・ケアを進めることが最も重要な原則」と示している。また、在宅医療が推進され、地域包括ケアシ

第4章 医療に関するソーシャルワーク法

図表2　医療ソーシャルワーカーの役割

出典：厚生労働省「令和5年度在宅医療関連講師人材養成事業」研修資料17より抜粋

ステムが整えられてきている中で、医療におけるソーシャルワークは、医療施設内にとどまらず、地域へと広がってきている（図表2参照）。これまでと同じく、患者の意思の尊重という点で、ソーシャルワークの目指すところに変わりはないものの、在宅医療の行われる場は、患者の医療を行う場であるとともに、家族がいる場合などは家族の生活の場でもある点や、医療を提供する様々な専門職者がいる医療施設と異なり、患者自身や家族が医療において果たす役割が大きいこと、他方で、それゆえに、多職種のかかわりが求められる点など、ソーシャルワークの上でより複雑な考慮や調整を要することになっていくのだろう。

第1部　各論

コラム　イギリスの医療保障制度と、医療と福祉の統合

　イギリスには、国民保健サービス（National Health Service：
NHS）といわれる医療保障制度が存在する。これは、日本の公的医療
保険とは異なり、医療を公共サービスとして提供する仕組み（保健サー
ビス方式）であり、原則、無料で利用できる。また、診療所でプライマ
リ・ケア（傷病時の初期対応）を担当する総合医（General
Practitioner：GP）と、病院で専門的治療行う専門医（consultant）と
いう、イギリスの社会の中で歴史的に形成されてきた医師の区分があり、
一般市民は診療所にかかりつけの登録を行い、不調時には登録を行った
診療所でGPの診察を受ける。そしてGPが、さらなる専門的治療の
必要性を判断した時だけ、紹介を受けて病院で専門医による治療を受け
るという、ちょうど日本の病診連携に相当するシステムが早くから構築
されている。

　ところでこのNHSの存在もあって、医療は国（中央政府）の管轄で
無料、一方、福祉サービス（イギリスではしばしば社会ケア〔social
care〕という）は地方自治体の管轄で有料（費用負担あり）として、両
者は区別されてきた。今も基本的には、このような図式は当てはまる。
しかし近年、医療の提供に関する実質的権限が地方の機関に移行される
中で、医療と福祉を統合的に提供しよう、という枠組みが出来上がって
きている（統合ケアシステム〔integrated care system〕）。また、地域
では具体的にプライマリ・ケア・ネットワーク（Primary Care
Network：PCN）という体制が構築されている。PCNは、地域の診療
所や薬局をはじめとしたプライマリ・ケア・サービス提供者や福祉サー
ビス提供者、地域保健サービス（community health service）提供者、
そして地域で活動するチャリティ（日本のNPOのような団体）など諸団
体までも含めた職者間の連携体制を整えるもので、これによって利用者
に合わせた個人ケア（Universal personalised care）を提供すること
となっている。このように、イギリスでも現在、医療と福祉の「統合」、
多職者間の連携体制の構築が進められている。

第4章　医療に関するソーシャルワーク法

〈参考文献〉

・沢村香苗『老後ひとり難民』（幻冬舎、2024年）

・公益社団法人日本医療ソーシャルワーカー協会編『保健医療ソーシャルワークの知識と技術——キャリアアップのための実践力の構築』（中央法規出版、2023年）

・保正友子ほか編『医療ソーシャルワーカーのための業務マネジメントガイドブック——49の実践事例から学ぶ』（中央法規出版、2023年）

第 5 章

精神保健福祉に関するソーシャルワーク法

事例

　Aさんは長く統合失調症を患っており、普段は処方されている薬剤を服用し日々の生活を送っていた。ところが、仕事のストレスや多忙もあって怠薬が続き症状が再燃するようになってしまった。そして、ある日自宅で大声を上げ、意思疎通もままならない状態になってしまったため、家族が精神科病院に連れて行くこととなった。診察の結果、入院治療の必要があると判断されたものの、混乱しているAさんは自ら同意できる状態にないため、やむを得ず家族の同意による医療保護入院となった。退院後生活環境相談員に選任された精神保健福祉士（MHSW／PSW）であるSさんは、Aさんの支援方針につき、医師の指導を受けて早期退院・地域生活への移行を目指すことにした。Aさんの入院診療計画書では、推定される入院期間は3か月とされており、主治医や看護師らスタッフ、家族らとの連絡調整を行い、それにあわせて退院支援委員会を開催した。Aさんは退院後自宅に戻ることを希望していたものの、この間、同居する老親の介護の負担が大きくなってしまった家族との間で調整がつかない状況となってしまった。そこでSさんはAさんにグループホーム（共同生活援助）の利用を提案した。

I　法制度

1　精神保健及び精神障害者福祉に関する法律（精神保健福祉法）（1995年）

　精神保健福祉の領域で中心的な位置づけを与えられる法制度の1つが精神保健福祉法である（62頁図表1参照）。その特徴は、精神科医療（＝治療＋保

第 5 章　精神保健福祉に関するソーシャルワーク法

護）と福祉（自立と社会経済参加の支援）の両方を目標とする「複合的性格」
にある。そして近年は、精神疾患の予防や心の健康の増進のための相談・各
種支援を積極的に行うようになっている。

　この制度の対象となるのは、「精神障害者」であり、「統合失調症、精神作
用物質による急性中毒又はその依存症、知的障害その他の精神疾患を有する
者」（精神 5）となっている。そして、都道府県は精神保健福祉の増進のた
めに、精神保健福祉センター（実際の名称は、「こころの健康センター」など
様々）を設置する（精神 6）。このセンターでは、精神保健福祉にかかる相談
や援助等を行っている。さらに都道府県は、精神科病院を設置しなければな
らない（精神19の 7）。ただし、基準を満たした民間病院等をこれに代えて指
定してもよいことになっている（指定病院。精神19の 8）。精神科病院等で医
療を提供する際、法律上特別な位置づけを与えられるのが、精神保健指定医
（精神18）である。精神保健福祉の領域では、この領域特有の要請（一般に、
症状が重いほど、自身が病気であることがわからなくなるため、外部から「保護」
を必要とする）から、他人による保護の申請（精神22）や、警察官（精神
23）・検察官（精神24）等の通報により、本人の意に反しても入院させる、措
置入院（精神29）や医療保護入院（精神33）といった、非自発的入院（いわゆ
る「強制入院」）の仕組みが規定されている。精神保健指定医は、この措置入
院や医療保護入院における入院の要否、あるいはその「医療又は保護に欠く
ことができない限度」において、入院時の身体拘束や行動制限の判断を行う
ことになっている（精神36）。

　そしてこのような強制を伴う対応の関係で規定されているのが精神医療審
査会（精神12）である。この審査会は、非自発的入院に伴う各種届出や報告
書を通して医療の審査を行うとともに、入院をしている者やその家族から退
院または処遇改善の請求があった場合に、その入院や処遇の適切性を判断し、
人権保護を図ることになっている。この他に、人権の保護に関しては、近年
の改正で、虐待の防止に関する取り組みを行うことも規定されるようになっ
ている。

　医療保護入院等の患者に対する退院後の生活に向けた取り組みの制度化と
して、病院の管理者による、退院後生活環境相談員の選任（精神29の 6）、地

61

第1部 各論

図表1 精神保健福祉法制度の概要

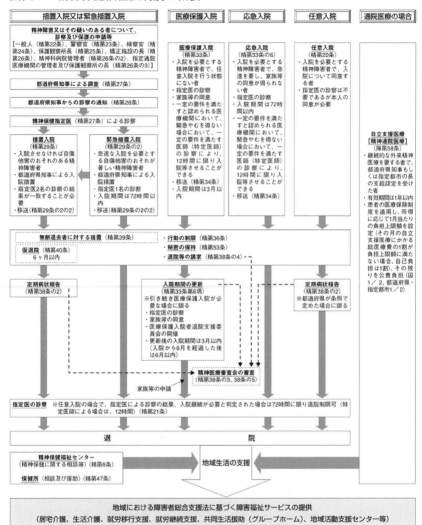

出典：厚生労働省『令和6年版　厚生労働白書』資料編215頁

第 5 章　精神保健福祉に関するソーシャルワーク法

域援助事業者の紹介（精神29の 7 ）、医療保護入院者退院支援委員会の設置・
開催（精神33の 5 ）などを法定化し、入院者訪問支援事業の創設（精神35の
2 ）なども行われてきている。また、身体障害者の身体障害者手帳、知的障
害者の療育手帳と同様に、精神障害者については、精神障害者保健福祉手帳
（ 1 ～ 3 級）も規定されており（精神45）、公共料金等の割引や手当の支給な
ど様々な支援策が講じられることになっている。さらに、現在、精神障害者
や日常生活を営む上での精神保健に関する課題を抱える者（精神疾患の診断
に至らないメンタルヘルスの不調全般を含めたより幅広い概念）に対する包括的
支援（精神46）や相談援助（精神47）を進めていくことが規定されている。

2　障害者の日常生活及び社会生活を総合的に支援するための法律
（障害者総合支援法）（2005年）

　障害者総合支援法の基本的な考え方や仕組みは**第 3 章**で言及されているた
め、ここでは、精神保健福祉にかかわる相談支援と自立支援医療（精神通院
医療）について見ていくことにしたい。

　相談支援について、まずは用語の整理をしておこう。障害者総合支援法が
定める相談支援は、内容に即して、①基本相談支援、②地域相談支援、③計
画相談支援の区別がある。①は、文字通り、最も基本となる総合的な相談業
務で、障害者本人や家族等からの相談に応じ、必要な情報の提供や助言を行
い、またサービス利用の支援などを行うものである。そして②は、具体的に
は、② - 1 地域移行支援、② - 2 地域定着支援の区別があり、前者は、精神
科病院等から出て地域で生活できるよう、住居の確保等の支援を行うもので
ある。後者は、障害を持つ者が居宅において単身等で生活する際の常時の連
絡体制の確保や緊急時の対応など、地域での生活を継続できるよう支援を行
うものである。③は「ケアマネジメント業務」であり、③ - 1 サービス利用
支援、③ - 2 継続サービス利用支援として、前者は、障害者総合支援法に基
づくサービス利用で必要となる、サービス等利用計画（案）を作成するもの
であり、後者は、サービス等利用計画を適宜見直し、適切なサービスを継続
して利用できるよう支援を行うものである。

　そしてこれら相談支援を行うのが相談支援事業所であり、提供する相談業

第1部 各論

務から、(1)一般相談支援事業所（都道府県知事の指定）、(2)特定相談支援事業所（市町村長の指定）の違いがある。(1)は、先述した①基本相談支援と②地域相談支援（②-1地域移行支援+②-2地域定着支援）を行い、(2)は、①基本相談支援と③計画相談支援（③-1サービス利用支援、③-2継続サービス支援）を行う。

　自立支援医療は、精神疾患で、通院による精神医療を継続的に必要とする者に対する医療費の自己負担額を軽減するための給付である。給付の対象となるのは、精神保健福祉法にいう精神障害者である。また、軽減の対象となる医療の範囲は、外来、外来での投薬、デイ・ケア、訪問看護等となっている。ただし、精神疾患・精神障害による通院費用の負担軽減であるため、精神疾患・精神障害と関係のない疾患の医療費や入院医療の費用[1]は対象外であり、また、病院や診療所以外でのカウンセリングなど、公的医療保険の対象とならない治療や投薬などの費用も対象とはならない。市町村に申請を行い、医師の診断書（精神障害者保健福祉手帳を交付されている場合、省略可）を得て支給認定（障害総合支援52）が行われると、「自立支援医療受給者証」が交付され、医療を受けることができる。

3　心神喪失等の状態で重大な他害行為を行った者の医療及び観察等に関する法律（医療観察法）(2003年)

　精神保健福祉の領域のソーシャルワークに関連する法制度として、最後に医療観察法（制度）について見ておこう。法律の正式名称が示すように、心神喪失または心神耗弱の状態（精神障害のために善悪の区別がつかないなど、刑事責任を問えない状態）で重大な他害行為（殺人、放火、強盗、不同意性交等、不同意わいせつ、傷害）を行った者に対して、継続的かつ適切な医療を行い、その者たちの社会復帰を促進することを目的とするものである。

　制度の対象となるのは、①重大な他害行為を行い、②心神喪失または心神耗弱を理由に不起訴処分となるか無罪等が確定した者である（医療観察2②）。

1）入院医療のうち、措置入院については、公費負担医療（公的医療保険優先）となっており、医療保険を利用できる場合は医療保険をまず適用し、一部負担金の部分を公費（税金）で負担することになる。

64

図表2 医療観察法の流れ

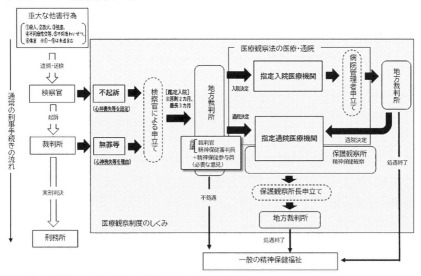

出典:厚生労働省HP「心神喪失者等医療観察法」の図をもとに執筆者作成

検察官は、この対象者について、医療観察法による医療および観察を受けさせるべきかどうかを地方裁判所に申し立て（医療観察33）、決定が行われる（医療観察42）（図表2参照）。このとき、鑑定を行うために精神科病院への鑑定入院が行われるとともに（医療観察34）、裁判官と精神保健審判員（医療観察6）の各1名からなる合議体による審判で（医療観察11）、鑑定や生活環境調査の結果をもとに、処遇の要否と内容（医療機関への入院か通院か）の決定が行われる。この際、必要に応じて、精神保健福祉の観点から精神保健参与員（医療観察15）から意見を聴くことになっている。そして審判の結果、医療観察法の入院による医療の決定を受けた者に対しては、指定入院医療機関で専門的な医療の提供が行われるとともに、入院期間中から、保護観察所の社会復帰調整官により、退院後の生活環境の調整が実施されることとなる。他方、審判の結果、通院による医療の決定を受けた者および退院を許可された者については、保護観察所の社会復帰調整官が中心となって作成する処遇実施計画に基づき、地域において、指定通院医療機関で医療を受けることと

第1部　各論

なる。そしてこの場合も、通院期間中に保護観察所が中心となって、地域処遇に携わる関係機関と連携しつつ処遇の実施が行われる。

Ⅱ　ソーシャルワークの担い手

1　精神保健福祉におけるソーシャルワークの担い手

　精神保健福祉におけるソーシャルワークは、多様な場所で様々な職者によって行われている。また、精神保健福祉に関する基本的知識等を求められるため、多くの場合に、精神保健福祉士等の資格や精神障害者に関する業務への従事経験、一定の研修の受講等が求められる。以下では、医療機関、司法施設、行政機関、地域に大別して、ソーシャルワークの担い手を見ていく（次頁図表3参照）。

2　医療機関における担い手

　医療機関である病院や診療所では、医師や看護師といった医療関係職者とともに、ソーシャルワークを行う職者も重要な役割を果たしている。精神保健福祉の領域では、先にみたように、精神科病院が設置されており、精神保健福祉士が中心となってソーシャルワークの業務を行っている。ここでは精神科病院におけるソーシャルワークの担い手として、退院後生活環境相談員という役割を取り上げることにしよう（なお、一般の医療について⇒**第4章**参照）。退院後生活環境相談員は、医療保護入院や措置入院をしている者が可能な限り早期に退院できるよう、関連する多職種の連携や行政機関を含む院外の機関との調整を行い、退院支援のための中心的な役割を果たす。精神科病院等の管理者は、精神障害者が医療保護入院や措置入院となった後7日以内に、精神保健福祉士等一定の資格を有する者から、入院者1人につき1人の退院生活環境相談員を選任する。選任された退院生活環境相談員は、退院後の生活環境について、入院者やその家族からの相談に応じ、必要な情報の提供や助言・援助を行う。配置の目安は、退院後生活環境相談員1人につきおおむね50人以下の入院者を担当（常勤換算としての目安）することとされている。主な業務として、①退院に向けた相談支援業務、②地域援助事業者

第 5 章　精神保健福祉に関するソーシャルワーク法

図表 3　精神保健福祉におけるソーシャルワークの担い手

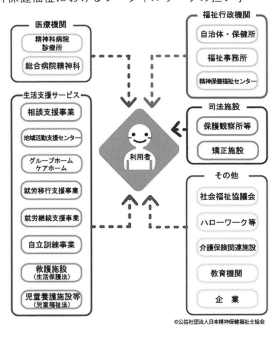

等の紹介に関する業務、③退院調整に関する業務などがある。

3　司法施設における担い手

　保護観察所や矯正施設といった司法施設においても、ソーシャルワークを担う職者が存在している。ここではそのうち保護観察所の社会復帰調整官に着目しておこう（なお、矯正施設の福祉専門官、保護観察所の保護観察官について⇒第 9 章参照）。社会復帰調整官は一般職の国家公務員である。先ほどみた医療観察制度の対象となる精神障害者の社会復帰を促進するため、医療機関をはじめ地域の関係諸機関と連携しながら、対象者の生活状況を見守りつつ、通院や服薬を継続できるよう助言や指導を行い、あるいは地域において必要な支援を確保するためのコーディネートを行う。主な業務は、①医療観察制度における生活環境の調査、②生活環境の調整、③精神保健観察等の業務となっている。そしてこれらの業務には、精神保健福祉に関する専門的知識、

第1部　各論

精神障害者に対する対人援助能力、関係機関とのネットワーク形成・活用のためのコーディネート能力等が必要となるため、精神保健福祉士等の資格を有していることや、精神保健福祉に関する実務経験を有することなど一定の条件が求められる。

4　行政機関における担い手

　精神保健福祉の領域で重要な役割を果たす行政機関として、市町村をはじめ、精神保健福祉センターや保健所がある。それぞれの精神保健福祉とのかかわり、位置づけを概観しておくと、市町村は住民に身近な行政機関として、心の健康づくりや精神保健相談、精神障害者等への福祉サービスの提供等の業務を包括的に行う。また、現在、この精神保健に関する相談支援については、精神障害者だけでなく、精神保健に課題を抱える者も対象となっている。精神保健福祉センターは、都道府県・指定都市に設置される、精神保健福祉に関する技術的中核機関である。その主な役割は、精神保健福祉に関する知識の普及や調査研究、市町村等に対する技術指導や困難なケースに対する支援、精神医療審査会の審査に関する事務など多岐にわたる。保健所は、地域保健対策の広域的・専門的・技術的推進のための拠点であり、精神保健福祉については、第一線機関と位置づけられる。地域住民の精神保健にかかわる取り組みや、精神障害者、家族等に対する精神保健福祉相談、精神障害者の社会復帰に向けた支援、各種研修の実施、当事者団体の支援を行う。これら行政機関は相互に、そしてその他の医療機関、障害福祉サービス事業所等の諸機関と密接なかかわりあいを持ちながら、相談支援体制を構築することとなっている。したがって、これら機関の精神保健担当職員はソーシャルワークの担い手となり、特に、精神保健福祉士等一定の資格を持つ者のうちから任命される精神保健福祉相談員は、①精神保健福祉に関する相談に応じるとともに、②必要な情報の提供、助言その他の援助を行う。

5　地域における担い手

　先の行政機関以外にも、地域には、精神保健福祉にかかわる様々な機関が多数存在しており、それら機関にはソーシャルワークの担い手がいる（障害

者全般は⇒**第3章**参照)。なかでも、地域の相談支援の拠点として障害者等に総合的な相談業務をおこなう基幹相談支援センターや、地域で生活するための様々な支援を行う地域相談支援を担当する一般相談支援事業所、サービス利用のためのケアマネジメントを担当する特定相談支援事業所などに勤務する(主任)相談支援専門員は、所属する機関によって、①生活全般にかかわる相談・情報提供、②サービス利用等のための計画の作成・検証など、③関係機関との連絡調整などの業務を行う。この他にも、地域活動支援センター、グループホーム、自立訓練事業所などで精神保健福祉士の資格を有する者などが重要なソーシャルワークを担っている。

Ⅲ　ソーシャルワークのプロセス

1　精神保健福祉におけるソーシャルワークのプロセス
——医療機関の場合

　ここでは、冒頭の**事例**に沿って、医療機関におけるソーシャルワークの具体的なプロセスについて見ていくことにしよう[2]。精神障害者が医療保護入院や措置入院となった場合、病院の管理者は、入院後7日以内に、精神保健福祉士等の資格を有するなど一定の条件を満たした者の中から退院後生活環境相談員を選任する。**事例**では、Aさんが家族の同意により医療保護入院となり、精神保健福祉士の資格を持つSさんがAさんを担当する退院後生活環境相談員となっている。Sさんは選任されたのち速やかに、Aさんやその家族に対して、退院に向けた様々な支援を行っていくことになる。

2　入院時の情報提供

　Sさん(選任された退院後生活環境相談員)は、Aさん(入院をすることになる本人)やその家族に対して、まずは、①退院後生活環境相談員の役割など

---

2)　日本精神保健福祉士協会『精神保健福祉士業務指針〔第3版〕』(2020年)や、日本精神保健福祉士協会「退院後生活環境相談員実践ガイドライン　ver.1.1」(2019年)、措置入院の場合には、「地方公共団体による精神障害者の退院後支援に関するガイドライン」(障発0327第16号平成30年3月27日)などを参照。

第1部　各論

の説明を行う。Ｓさんがａさんの担当となることとともに、退院後生活環境相談員としてＡさんやその家族の相談に応じることや、Ａさんおよび家族等が希望する場合、地域援助事業者を紹介することなどを伝え、あわせて、後に開催されることになる、医療保護入院者退院支援委員会に関しても、委員会の趣旨、委員会へのＡさんや家族のかかわり方などをあらかじめ説明しておく必要がある。なお、**事例**では、同意者が家族であったが、市町村長同意による入院の場合は、これらに加えて、市町村の担当者の面会が行われるように、入院者本人に説明を行い、市町村担当者との連絡調整を行うことになる。また、②退院等の請求、精神科病院内の虐待に関する相談体制、都道府県等の虐待通報窓口等についての案内（情報提供）や、③地域援助事業者の情報把握と連携にも着手してゆくことになる。

　Ｓさんが早期に介入し、コミュニケーションを通してＡさんとの信頼関係を築いていくことで、Ａさんが入院に至った経緯や生活環境、Ａさん自身の人となりなどを早期に把握することができる。そしてこのことが、退院に向け、院内外の関係職種に適切な情報等を提供することにつながる。ただし、入手した情報の共有の際には、本人の了解を得るなど、情報の取扱いには細心の注意を払う必要がある。

3　入院期間中の支援

　入院期間中は、対話や継続的なかかわりに配慮し、十分な情報提供を行いながら、本人の意思に沿った支援を行う。このことは、入院の長期化を防ぎ、再入院の予防などにもつながっていくことになる。

　Ｓさんはａさんが落ち着いた頃、しかしできるだけ早期に、①Ａさんの意向を尊重した相談を実施することになる。この際、Ａさんに対して必要な情報をわかりやすく伝え、自己決定ができるよう支援する。また、必要に応じて家族等との面接の機会も設け、生活環境の把握と評価、Ａさんを取り巻く環境（家族環境や対人関係、経済基盤）の把握を行う。そして、②Ａさんの退院への意思の確認および希望する退院後の生活についての聴取を行い、退院に向けた課題の確認や具体的な取り組みを計画的に実施していくことになる。また、求めがあった場合には、③地域援助事業者の紹介なども行う必要があ

70

るため、日ごろから、市町村や地域援助事業者等と連携をしておく必要がある。さらに、④医療保護入院者退院支援委員会について、あらためて、その詳細について説明を行う。具体的には、委員会の趣旨と目的／対象者（出席すべき人、任意参加者）／開催時期／委員会での審議内容についての説明を行う。この他、⑤退院後の環境にかかるサービス等の利用に向けた調整として、制度が実施されている場合、入院者訪問支援事業の紹介や、本人が希望する退院後の地域生活について丁寧な聴取を行う。そして本人の希望を踏まえ、地域援助者等との連携により、住居の確保等、退院後の環境調整を行うとともに、地域生活の維持に必要な障害福祉サービス等の利用に向けた調整・申請など、円滑な地域生活への移行を図る。なお、各種サービス利用は支給決定までに時間を要することを考慮に入れておく必要がある。

4　医療保護入院者退院支援委員会開催時およびその後

　医療保護入院者退院支援委員会（以下、退院支援委員会）には、主治医、（担当）看護職員、選任された退院後生活環境相談員、管理者が出席を求める病院職員といった出席しなければならない者の他、（Aさん自身が出席を希望する場合）Aさん本人、Aさんが出席を求め、出席要請に応じるときは、家族等、地域援助事業者・その他本人の退院後の生活にかかわる者が参加することになる。そこで、退院支援委員会の開催のために、Sさんは、①院内外の関係者の退院支援委員会参加調整の上、②開催の通知を行う。また退院支援委員会ではSさんが中心的役割を果たしながら、Aさんの希望に沿った退院につながるような関係当事者間の審議が行われるように努めなければならない。さらに審議記録の作成も必要となる。退院支援委員会終了後は、審議記録に基づき、③本人および出席者への審議結果の通知を行う。そして入院の必要性が認められない場合には、速やかに退院に向けた手続きをとり、入院更新の場合には、審議記録を更新届に添付し、手続きを進めることになる。

第1部　各論

Ⅳ　トラブルとその解決

　ここでも、**事例**をもとに考えてみよう。Ａさんは家族の同意による医療保護入院となった。医療保護入院は、①精神保健福祉法上の精神障害者に該当すること、②医療および保護のために入院が必要であること、③精神障害のため本人の同意に基づく任意入院が行われる状態にないこと、のすべてを満たす場合に行われる非自発的入院の１つである。精神保健福祉のソーシャルワークで注意しなければならないのは、このうち③の理解である。③は、あくまでも入院（＝医療）の問題として、病識を欠くなど入院治療の必要性を理解することができないために本人が入院の同意を行えない状況を意味するのであり、いうまでもなく、本人が自身の生活全般において、しかも全く判断能力を有していないわけではない。ゆえに、ソーシャルワークの上では、入院生活中や退院に向けた本人の意思は最大限尊重されなければならない。そしてそのためにも、まずは、支援を必要とする者の意思が十分表明されるような工夫を行う必要がある。精神障害のため十分に状況を理解できない場合には、情報提供の際の工夫を、意思をうまく伝えられない場合には、意思表明できる環境を整え、聞き取りの工夫を行うことなどが求められる。

　本人の意思の尊重との関係で現実的に問題となりうるのは、同意をした家族との意見の相違がある場合である。**事例**でもＡさんは自宅への退院を希望し、一方で家族はやむを得ない事情で受け入れが困難であるという。この他にも、入院時に入院者と家族との間でトラブルがあった場合や、入院者本人との間だけでなく、家族の間に意見の相違がある場合、また、近隣や他人に害を及ぼすことを懸念して家族が退院自体を拒否する場合などもありえる。そしてこれらのような状況では、しばしば、医療機関側も、入院者本人と家族間の意見の不一致から起こり得る後々のトラブルを回避するため入院の継続を判断し、結果として入院が長期にわたることがある（社会的入院）。しかし、このような、治療の必要性以外の原因で非自発的入院が継続されることは決して望ましい状況とはいえず、ここでソーシャルワークが果たす役割は極めて大きい。

72

このような問題状況に対処するためには、関係者との連絡・連携を密にしつつ、各種相談支援や地域における社会資源を最大限活用できるよう、日ごろから事業者等の情報収集を行い、早い段階からの計画的なソーシャルワークが必要となる。また、特に精神保健福祉の領域では、受け皿となる各種サービスの展開が、地域によっては十分とはいえないため、その展開のために事業者や行政に向けた積極的な働きかけを行っていく必要もあるだろう。

V 課題と展望

近年、メンタルヘルスの不調や精神的な疾患を有する人の数は増加傾向にあり、誰もが経験しうる身近なものになっているといわれる。また、新たに「共生社会の実現を推進するための認知症基本法」（2023年制定）が施行されたように、高齢化の進展とともに認知症の人の数は増加し、精神保健福祉に関するニーズや期待はますます大きなものとなっている。しかし現実に目を向けてみると、精神的な疾患や障害を持つ人々は、歴史的には様々な人権を侵害され、今なお、差別や偏見にさらされ、また、虐待などの問題も後を絶たない。ゆえに、精神保健福祉の領域では、とりわけ人権に配慮したソーシャルワークが求められる。その際、2022年に障害者権利条約批准後初めて、国連の障害者権利委員会から日本政府へ勧告（総括所見）が出されたことにもあるように、非自発的入院等の状況の改善に向けた取り組みは必須であり、「精神障害にも対応した地域包括ケアシステム」の構築など、相談支援の強化や地域への移行に向けた取り組みを進めていく必要がある。

コラム　イギリスの「社会的処方」という取り組み

　日常生活の中で感じる生きづらさや、孤独・孤立といった漠然とした問題が、しばしばメンタルヘルスの不調や他の様々な疾病として現れることがある。しかし、このような問題は薬剤による対処では根本的な治療・解決には至らない。そのような中、イギリス発祥ともいわれる「社会的処方（social prescribing）」が注目されるようになっている。

　社会的処方とは、一般に、様々な問題を抱えて不調となっている人を、

第1部　各論

医療以外の、地域での活動などにつなげ、その人の健康やウェルビーイング（Well-being）を向上させよう、というものである。医療において、不調や疾病の根本にある健康の社会的要因（Social Determination of Health：SDH）に目を向け、また、薬剤ではなく、人とのつながりや活動、あるいは医療以外の給付などを活用するところに特徴がある。

　この仕組みで鍵となるのは、リンクワーカー（link worker）といわれる職者である。このリンクワーカーが、患者の話を聞き、コーチングという手法で本人の気付きを導き出し、継続的な、実践的・精神的サポートを提供しつつ（伴走型支援）、適切なコミュニティ・グループや団体、サービスなどにつなげていく。その受け皿となるのが、チャリティといわれる、ちょうど日本のNPOのような団体などであり、アート、身体的な運動、文化サークル、ガーデニング、家庭農園のような活動を盛んに行っている。他方、SDHには、失業、住居の確保、あるいは借金のような金銭問題、日常生活における介護者としての悩み、家庭での暴力や孤独といった解決すべき問題まで幅広いものが含まれているため、このような場合には、問題の解決に向けて具体的な助言を与えてくれる各種サービスや給付につなぐことになる。福祉におけるソーシャルワークの伝統のあるイギリスで、医療の側からこのような新たな取り組みが行われている点は興味深い。

〈参考文献〉
・山本耕平＝緒方由紀編『現代社会と精神保健福祉 —— 精神保健福祉の原理を学ぶ』（ミネルヴァ書房、2024年）
・近江翼『精神科アウトリーチ —— 心の病に寄り添い、地域で暮らす』（星和書店、2024年）
・多賀幹子『孤独は社会問題 —— 孤独対策先進国イギリスの取り組み』（光文社、2021年）

第 6 章

高齢者に対するソーシャルワーク法

事例

Ａさん（女性68歳）は脳梗塞の手術の後自宅に戻り、夫のＢさん（72歳）と暮らしている。最近Ａさんは外出して家に戻れなくなるなど、認知症のような症状がまれに見られるようになったため、Ａ・Ｂさん夫婦の息子は、居宅介護支援事業所の介護支援専門員（ケアマネジャー）のＳさんに、Ａさんが介護保険を利用できないか相談をした。

Ｓさんは、Ａさん宅に訪問し、Ａさん自身が望んでいることを聞きだすように努めると同時に、利用に拒否的な夫Ｂさんの事も視野に入れた介護サービス導入の工夫を心がけるようにした。Ｓさんは、Ａさんの介護保険の利用申請手続きを進め、要介護１と認定されたので、２人の状況を踏まえて、最初は週１回のデイサービスを利用する内容のケアプランを作成した。まず、Ｓさんの所属する法人が経営する指定事業者とＡさんとの間で契約を締結し、環境に慣れたところで、利用回数を増やすこととなった。また、Ｂさん自身は要介護状態にはなく「自立」ではあるものの、介護予防・日常生活支援総合事業で市が独自に行っている配食サービスを受けることができるので、Ｂさんにこのサービスを教えたところ、週に１回病院通院で忙しいときに利用したいとの希望があり、ＳさんはＢさんの利用申請を手伝った。

Ⅰ　法制度

1　介護保険制度の概要

日本で高齢者の介護が家族内のものではなく社会的な問題であると認識さ

第1部　各論

れたのは高度成長期頃であり、それが最初に形になったのは老人福祉法
(1963年) である。ただし、現実の介護が必要となる者の人数は多くはなく、
当時の高齢化率 (1965年の高齢化率は6.3%) を前提に、行政が必要性を認め
た高齢者に対して、行政が適切と判断したサービスを提供する、「措置制
度」で介護サービスが提供されていた。この仕組みは高齢者が高齢社会[1]
の到来 (1994年) で改革を求められるようになった。多くの人が介護の必要
な高齢者として一定期間を生きることを前提に、誰もが必要なときに介護を
利用できる仕組みを導入したのが、介護保険法 (1997年制定、2000年施行) で
ある。その際、生活する上で不可欠な介護サービスの内容や提供者の選択を、
法的にも本人ができるようにするために、社会保険を通じて財源を確保し、
利用者については、介護サービスの内容と提供者を選んで契約を締結する法
主体、つまり契約の当事者に位置づけた。介護保険法が施行された後は、高
齢者の介護・生活支援は同法が主として担うこととなった[2]。

　介護保険法の目的は、加齢に伴って要介護状態になった者に対し、尊厳を
保持し、その有する能力に応じ自立した日常生活を営むことができるよう、
必要な保健医療サービスおよび福祉サービスを給付することである (介保1)。
介護保険にかかる費用のうち、利用者が負担する1割 (一定以上所得者の場
合は2割又は3割) を除く残りは、公費と介護保険料によってそれぞれ半分
を分担して賄われている。被保険者のうち、65歳以上の住民を1号被保険者、
40歳以上65歳未満の医療保険の加入者を2号被保険者としている (次頁図表
1)。この区分は、介護保険の給付の要件である「要介護状態」に該当する
かを審査・判定する「要介護認定」の際にも違いが生じる。1号被保険者で
ある場合は、原因は関係なく「要介護状態」のみで判断がなされるのに対し

---

1) 高齢化率が7％を超えた社会を「高齢化社会」、14%を超えた社会を「高齢社会」と呼んでい
　　る。「高齢化社会」という用語は、1956年の国連の報告書において、7％以上を「高齢化した
　　(aged)」人口と呼んでいたことに由来するのではないかとされている。さらに高齢社会が進行
　　し、65歳以上の高齢者の割合が「人口の21%」を超えた社会を「超高齢社会」と呼ぶ。日本では、
　　2010年には高齢化率23%を超え、超高齢社会に突入した。
2) 老人福祉法は、老人福祉の基本的理念、責任を持つ機関、老人福祉サービスに関する規制など
　　を定める役割を引き続き果たしつつも、高齢者への直接的な介護・生活支援という点では、養護
　　老人ホームや介護保険法が利用できない場合の措置といった限定的な役割を担う。

図表1　介護保険制度の仕組み

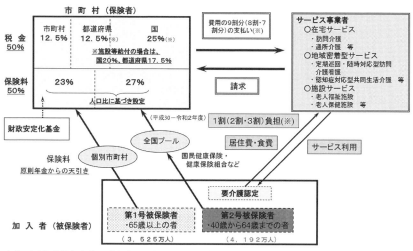

出典：厚生労働省老健局「介護保険制度の概要」(https://www.mhlw.go.jp/content/000801559.pdf)

て、2号被保険者は、老化に起因する16の「特定疾病」（介保令2）を原因として「要介護状態」になった場合に限られる。

介護保険の給付は、要介護認定の区分に応じた限度額および基準に即して支給される。Aさんのように自宅で生活を続けようとする場合、本人や家族の状況に対応しながら本人が納得する複数の居宅サービスを見つけていかなければならない。介護保険法の目的を現場レベルで担保し、「利用者の心身の状況に応じた介護サービスの一体的提供」と「高齢者自身によるサービスの選択」を支援する仕組みが、ケアマネジメントである。

2　介護保険法における「予防」の位置づけ

介護予防が初めて導入されたのは、介護保険法の初めての見直し（2005年）の時である。この見直しでは「予防重視システムへの転換」に向け、介護給付とは別に、要支援者に対する「予防給付」を創設することになった。その際新たに地域包括支援センターを設置し、要支援の者への介護予防マネジメントを受け持つこととなった。さらに2011年には、高齢者が地域で自立

第 1 部　各論

図表 2　介護保険の利用手続き

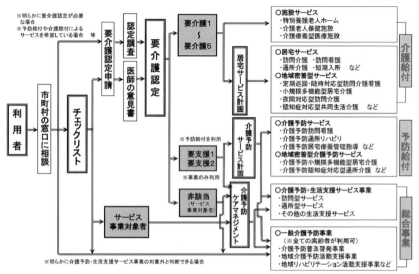

出典：厚生労働省老健局「公的介護保険制度の現状と今後の役割（平成30年度）」(https://www.mhlw.go.jp/file/06-Seisakujouhou-12300000-Roukenkyoku/0000213177.pdf)

した生活を営むことができるようにするために、医療、介護、予防、住まい、生活支援サービスを切れ目なく提供する「地域包括ケアシステム」が進められるようになった。このとき、軽度者に対応して、予防給付と生活支援サービスを総合的に行うために「介護予防・日常生活支援総合事業」が導入されたが、さらに2015年には介護予防訪問介護及び介護予防通所介護が介護保険の予防給付の外に出され、本事業に位置づけられることとなった（図表2）。これにより、全国一律の単価（介護報酬）・人員基準・運営基準に拘束されることなく、市町村が地域の実情に応じ柔軟・効率的にサービスを提供し、介護費用の増大を抑制することが期待されている。選択の幅が広がる分だけ、当事者である高齢者にとっては選択の支援も不可欠になっている。

第 6 章 高齢者に対するソーシャルワーク法

II　ソーシャルワークの担い手

1　ケアマネジャー

　介護保険法では、基本理念である「利用者本位」「利用者の選択の尊重」
「自立支援」を実現するサービス提供の手法としてケアマネジメント[3]が制
度化される（指定居宅介護支援等の事業の人員及び運営に関する基準）ととも
に、利用者に代わって実際のケアマネジメントを担う立場として、介護支援専門
員（ケアマネジャー）が制度上に位置づけられた（介保69の 2 ）。

　介護保険法におけるケアマネジャーは、要介護者または要支援者からの相
談に応じ、要介護者等がその心身の状況等に応じ適切なサービスを利用でき
るよう、市区町村、サービス事業者等との連絡調整等を行う者であって、要
介護者等が自立した日常生活を営むのに必要な援助に関する専門的知識およ
び技術を有するものとして介護支援専門員証の交付を受けたものと定義され
ている（介保 7 ⑤）。ケアマネジメントで重要なのは、個々の要介護者等の
解決すべき課題や状態に即した「利用者本位の介護サービス」が適切かつ効
果的に提供されるよう調整を行うことであり、ケアマネジャーはその責任を
担う。

　ケアマネジャーになるためには、①特定の法定資格を有し、もしくは生活
相談員・支援相談員・相談支援専門員・主任相談支援員事務従事者で、②実
務経験が 5 年以上かつ900日以上ある者が、毎年実施される介護支援専門員
研修受験試験に合格することが必要となる。この試験は、国家資格ではなく

---

3 ）ケアマネジメントをソーシャルワークとして把握するかの議論において、「ケアマネジメント
　主義化」は、サービスの配給技術のみを主眼に取り扱い、福祉を必要とする人たちと一般市民を
　分断し、ソーシャルワークの専門分化の消失を招くとして、批判的な意見も少なくない。しかし、
　日本の介護保険におけるケアマネジメントを見ると、介護保険やその他社会資源の仲介を超えた
　アウトリーチ等幅広い実践内容を含み、ソーシャルワーカーは、利用者・家族への支援だけでな
　く、地域ネットワーク構築の役割まで担っていることが指摘されている（副田あけみ「ソーシャ
　ルワークのアイデンティティ──ケアマネジメントの展開が及ぼした影響」人文学報　社会福祉
　学24 No.394［2008年］83頁以下）。本章では、ケアマネジメントの概念を矮小化するのではなく、
　ソーシャルワークとしてケアマネジメントを展開する方法を発展させるべきという立場に立ち、
　ソーシャルワークの 1 つとして検討を行う。

79

第 1 部　各論

公的資格であり、試験は各都道府県が管轄する。また、合格後に、実際にケアマネジャーの業務に就くためには、介護支援専門員実務研修の受講と各都道府県の介護支援専門員資格登録簿への登録を経る必要がある。

　ケアマネジャーは、居宅介護支援事業所や地域包括支援センター、あるいは介護保険施設等に置かれている。まず、居宅介護支援事業所のケアマネジャーは、通常、介護保険に伴うサービス事業所と連携し、事業所が提供するサービスを利用する高齢者のニーズに基づいてケアプランを作成する。つまり、外部との連携はあるものの基本的には介護保険事業に特化した活動が中心となる。居宅介護支援事業所は、利用者の数が44人に対して 1 人のケアマネジャーを置かねばならない。従来は35人に 1 人となっていたが、ケアマネジャー不足などが影響して令和 6 年度から配置基準が緩和された。さらに、ケアプランデータ連携システムを導入して事務員を配置すると49人まで担当できる。一方、介護保険施設のケアマネジャーは利用者100人に対して 1 人配置となっている。

2　地域包括支援センターの職員

　地域包括支援センターは、高齢者の暮らしを支える拠点として中核的な役割を担っており、ケアマネジャーのほか保健師（看護師）、社会福祉士などが配置されている。地域全体の高齢者等の相談を受け付け、対応する。地域全体の介護資源や相談機関と連携し、対象者のニーズを把握して支援の提案をするもので、総合相談支援業務、介護予防ケアマネジメント業務、権利擁護業務、包括的・継続的ケアマネジメント業務、地域課題の把握、地域資源発掘を主な業務としている。つまり、提案する支援内容は必ずしも介護保険サービスとは限らない。

III　ソーシャルワークのプロセス

　一般的なケアマネジメントは、利用者が要介護認定を受けた後から開始される、アセスメントから始まる一連のプロセスであり、これは厚生労働省令である「指定居宅介護支援等の事業の人員及び運営に関する基準」（以下「運

第6章　高齢者に対するソーシャルワーク法

営基準」とする。なお、施設の場合は「指定介護老人福祉施設の人員、設備及び運営に関する基準」が用いられる。）が根拠となっている。これとは別に、要介護・要支援認定手続きの中でも、ソーシャルワーカーが関与する場面がある。ここでは居宅サービスの利用を前提に、この2つを取り上げよう。

1　要介護・要支援認定手続きにおけるソーシャルワーク

　介護保険の給付を希望する被保険者は、まず市町村に要介護認定の申請をしなければならない（介保27①）。**事例**では、Aさんの息子がCさんに電話相談をしているが、要介護認定の申請はあくまで被保険者本人である。それでは、もし、本人が寝たきり等の事情がある場合はどうなるのだろうか。本人は意思決定をできるものの書類を書いたりすることが難しい場合、本人の意思を踏まえて申請書を入手し、自署欄以外について書類に記入をし、添付書類をそろえて提出をするという援助が必要となる。このような申請手続きの「代行」は介護保険法に位置づけられ（介保27①ただし書き）、指定居宅介護支援事業者、地域密着型介護老人福祉施設、介護保険施設、地域包括支援センター等ができることが同条で定められており、その場合その組織のケアマネジャーが行う。これよりも状態が重く、本人が重度の認知症等で意思決定を行えない場合には、成年後見人など代理権を付与されている者が行うことになる。

　申請を受けた市町村は、被保険者の心身の状況について訪問調査を行う。訪問調査は全国一律の基準に沿って行われる。この訪問調査を行うのは、市町村職員や委託を受けたケアマネジャー（介護支援専門員）である。認定調査は、6つの項目から本人の心身の状況を確認する基本調査と、利用中のサービスの状況や家族状況、自宅の状況などを確認する概況調査からなり、これに主治医の意見書などを加えて、市町村に設置される介護認定審査会が審査判定を行い、その結果を被保険者に通知する。要介護認定の法的性質は、給付要件に該当するかを一定の基準にもとづいて確認する行為であると考えられる。したがって、認定がなされればその申請があった日に遡ってその効力を生じる（介保27⑪）ので、申請日以降利用したサービスについては、給付の対象となる。この要介護認定の結果に不服がある場合は、都道府県の設

81

第1部　各論

置する介護保険審査会に不服申し立てを行うことができる。

2　ケアマネジメントのプロセス

運営基準は、冒頭の1条の2で基本方針を示している。その内容としては、居宅における自立した日常生活、利用者の選択に基づく総合的かつ効率的なサービスの提供、利用者本位・公正中立、他機関連携、利用者の人権擁護、情報の活用、である。このような基本方針を踏まえた上で、各プロセスも運営基準で具体的に定められており、これは介護報酬と結びつけられている。つまり、実施が望まれるソーシャルワークの一部は、経済的なインセンティブを通して促されることを意味する。

(1)　インテーク

利用者からの最初の受付や初期面談相談をインテークといい、この段階ではケアマネジメントの対象になるのかという確認作業がなされることになる。特に、ケアプランの実施に伴う契約は、重要事項の説明を経た上で行われる法律行為であるため、これを念頭に置き、引き受けることができない場合は本人や家族に適切な機関を紹介することが求められる。

(2)　アセスメント（利用者の状態の把握）

ケアマネジャーは、利用者の居宅を訪問して利用者本人及び家族に面接し、アセスメントを行わなければならない（運営基準13⑦）。利用者の現在の生活状況を正確に把握するための情報を収集し、その情報の整理・分析して、利用者にとっての課題を抽出する（運営基準13⑧）。介護保険は、利用者の尊厳の保持と利用者の自己決定を基本的な理念としており、アセスメントにおいても、利用者の健康状態・生活環境といったものだけでなく、利用者及び家族の生活の意向や目標についても「十分説明をし、理解を得」ながら、聞き取りをすることとなっている。

(3)　居宅介護サービス計画の策定

ケアマネジャーは、アセスメントに基づいて、解決すべき課題に対する援助方針、援助目標、解決のための具体策を検討し、居宅介護サービス計画（ケアプラン）を作成する。ケアマネジメントにかかる一連の費用は、介護保険法上「居宅介護サービス計画費」という給付の形でカバーされ（介保46）

上で述べたソーシャルワークがメニュー化されている。一般に介護保険のサービスは利用者負担があるが、利用者がケアマネジメントを利用することを促進するために、居宅介護サービス計画費に利用者負担はない[4]。

　利用者の抱える問題の解決に必要なサービスについては、介護給付サービスだけでなく、介護保険外のサービス等の社会資源の活用も含まれ、居宅サービス計画に位置づけられる。Aさんの事例でも、介護予防・日常生活支援総合事業の配食サービスが取り入れられていたが、自費サービスやインフォーマルサポートなどが入ることもある。予防給付については、総合事業との一貫性・連続性を保つため、指定介護予防支援事業者の指摘を受けた地域包括支援センターが責任を持つこととなっている。

(4)　サービス担当者会議の実施

　ケアマネジャーは、ケアプランの原案を作成した後、サービス担当者会議を招集して、関係職種が集まりサービス提供にあたっての情報共有や多角的な視点での意見交換を行う（運営基準13⑨）。やむを得ない事情が認められる場合以外で、ケアマネジャーがサービス担当者会議を行わなかったときは、介護報酬から減算される。

(5)　サービスの利用開始とモニタリング

　サービスの利用開始とともにケアマネジャーは、ケアプランに位置づけたケアの実施状況を確認する。ケアプランの実施状況や利用者と家族の状況について利用者とその家族、またサービス担当者等との継続的な連絡調整を行い、特段の事情がない限り、少なくとも1か月に1回利用者宅を訪問し面接する（運営基準14）。

Ⅳ　トラブルとその解決

　運営基準3条で求める「公正中立」には、第1に利用者本人のための中立性、第2に給付の観点からの中立性が含まれる。前者については、認知症の

4）このほか、居宅介護支援事業者などによって介護サービス計画を作成しない場合や自分で作成した旨を市町村に届け出がない場合は、法定代理受領を用いることができず、償還払い（サービス利用時に全額支払し、申請で9割を払い戻し）となる。

第1部　各論

利用者の場合など、家族の意向に偏らない中立性が重要となる。後者については、不要なサービスを入れることや、サービスを入れる際に自分の属する法人のサービスを誘導し、結果として介護給付費が増大するという問題が考えられる。それでは、**事例**のようにSさんが自分の所属する同じ法人の事業所に依頼をするのは全く許されないのであろうか。

　2006年度から公正中立なプラン作成のために、居宅支援の介護報酬には「特定事業所集中減算」という仕組みが設けられた。これは、同一の事業者によるサービス提供の偏りが前6か月で「正当な理由なく」80％を超えると、減算の対象になるものである。つまり、「公正中立」について、事業所全体の量的な観察をしつつ、「正当な理由」（「サービスの質が高いことによる利用者の希望を勘案した場合などにより特定の事業者に集中していると認められる」）なく全体的に同一法人内での契約が多いことは経済的な不利益を受けることになる。

Ｖ　課題と展望

　介護保険の導入の契機は、介護の社会化であり、家族介護の負担を軽減し、仕事と介護の両立ができる、さらに進めて家族介護があてにできないような高齢者でも地域での生活ができるような支援が望ましいとされていた。しかし、急速な超高齢化が進み、単身高齢者の増加や老老介護が一般化するとともに、認知症高齢者が増える現状では、介護保険が提供するサービスが対応しきれていないという問題が指摘されている。また、法改正で小規模多機能型居宅介護（2006年）、定期巡回・随時対応サービス（2012年）など新たなサービスが追加されているが、量が不足しており待機者が多い。

　一方、介護手当の制度化に関しては、介護保険制度創設時には、特に女性に対して家族介護の固定化につながるおそれがある、現物給付の拡大が十分に図れなくなるおそれがある、介護費用の増大につながる、といった消極的意見が強く、最終的には厚生省や与党の判断により、制度化が見送られた。

　このように、介護保険法では現在のところ、給付の構造はまさに「利用者本位」であり、家族は従属的な位置に置かれている。ケアマネジメントのプ

第6章　高齢者に対するソーシャルワーク法

ロセスにおいては、常に本人とともに家族の意向を聞いたり、協議への参加を求めたりしているが、ケアマネジャーが本人と密接に関わる家族介護の課題に対応しようとするとき、法制度の限界に直面するといえよう。

> **コラム　イギリスのケア法**
>
> 　イギリスでは、高齢者・障害者を含めた成人のケアマネジメントを「ケア法」で定めている。わが国の介護保険法におけるケアマネジメントが、介護保険給付に付随した援助の計画を目指しているのに比較すると、ケア法は、第1に人的にも高齢者・障害者・あるいは子どもからの過渡期にある若者を含む「成人」を対象とし、第2に所得保障を含む包括的な成人のニーズを把握しそれを適切な部署に振り分けるというように、社会サービスからの問題把握をしている点で大きな違いが見られる。
>
> 　さらに、法律の内容として、ケア法にはソーシャルワークの原則と技術を用いることが「明示」されている点も興味深い。たとえば、家族のニーズのアセスメントは、ケアを必要とする本人とは別の固有のものとして行わる。したがって、たとえば本人はフォーマルな介護を望んでいないとしても、家族は家族でアセスメントの申請の権利を有していることになる。そして、両者の意向の対立は（それぞれの）ケアプランニングの際に、調整されることになっている。つまり、「利用者本位」という理念と「全家族的アプローチ」というソーシャルワークの技術の融合のさせ方を、法律の中で枠組みとして示しているといえよう。

〈参考文献〉
・伊奈川秀和『概観　社会福祉法〔第3版〕』（信山社、2024年）
・木下秀雄「『ケアの視点』からみた介護保障・介護保険──ドイツ介護保険システムとの対比から」武井寛＝嶋田佳広編著『ケアという地平』（日本評論社、2024年）165-199頁
・日本社会保障法学会編『社会保障法と家族／社会保障の普遍性／ソーシャルワーク法』（法律文化社、2023年）

第7章
地域で生活するためのソーシャルワーク法

事例

　Ａさんは、高校3年生まで父、母、中学生の弟、おばあさんと一緒に名古屋で暮らしていたが、大学進学を機に東京でひとり暮らしをはじめた。Ａさんが大学2年生の秋、父の東京への転勤が決まり、父・母・中学生の弟も東京に引っ越すことになった。おばあさんは、生まれ育ち、住み慣れた名古屋で暮らしたいと考え、ひとり名古屋の家に残ることにした。

　名古屋の家は昔ながらの家で段差も多く、足腰が弱ってきたおばあさんが1人で暮らすことに、Ａさん家族は不安を抱えていた。そんなある日、おばあさんが小さなボヤを起こしたこと、帰る家がわからなくなり、警察が家まで送り届けてくれたことを近所の人からの連絡で知った。

　心配になったＡさんは、夏休みを利用し名古屋を訪れ、大学で学んだように、近くにあるいきいき支援センター（地域包括支援センター：以下「包括」）に相談に出向いた。相談に乗ってくれた社会福祉士Ｓさんは、早速おばあさんの家を訪れ、足腰が弱く生活で不自由することがあること、軽い認知症の症状があることに気づき、要介護認定の申請用紙と見守りサービスと住宅改造のパンフレットを持参してくれた。おばあさんが名古屋を離れたくないことを確認したＳさんは、おばあさんが自分1人で生活をしつつ、足りない部分について介護保険を利用したサービスや生活支援サービスで補えるよう、種々の手配をしてくれることになった。

第 7 章　地域で生活するためのソーシャルワーク法

Ⅰ　法制度

1　地域でひとり暮らしをする高齢者への支援

　事例では、Ａさんのおばあさんは、小さなボヤを起こしたり、帰る家がわからなくなったりしていることから、軽い認知症状が出ていると考えられる。軽い認知症状の場合、すぐに自立した生活を送れなくなるというわけではない。こうした場合の選択肢としては、第1に、家族・親族との同居、第2に、今ある能力や支えてくれる家族・親族や地域の力を活かしながら、住み慣れた地域で生活を続けることといった選択肢があろう。

　近年、高齢者が住み慣れた地域を離れて暮らすことが、高齢者自身にとってデメリットが大きいことも種々の研究で明らかになってきており[1]（例：震災の際の移転など）、住み慣れた地域で生活を続けていけるような選択が望まれる。その際の頼れる制度として、地域包括ケアシステム（地域医療介護2）があり、地域共生社会を実現するための重層的支援体制整備事業（社福6③）がある。

2　地域包括ケアシステム

(1)　創設の経緯

　地域包括ケアシステムは、2008年に地域包括ケア研究会報告書（平成20年度老人保健健康増進等事業）で提唱された考え方で、それぞれの高齢者のニーズに応じた住まいの提供を基本とし、生活上の安全・安心・健康を確保するために、日常生活圏域（おおむね30分以内に駆けつけられる圏域）において、医療や介護、福祉サービスを含めたさまざまな生活支援サービスを提供できるような体制を指す。

　介護保険法施行後10年が経過した2011年に、この理想を現実のものとすべく、地域包括ケアシステムとして、医療・介護・介護予防、住まい、自立し

1）阪田弘一＝鈴木健二「軽度認知症を有する要介護高齢者の住まい方とその変更実態に関する事例的考察」日本建築学会計画系論文集85巻778号（2020年）2505-2515頁。

第1部　各論

図表1　地域支援事業の全体像

介護給付（要介護1～5）	
予防給付（要支援1～）	
介護予防・日常生活支援総合事業（総合事業） （要支援1～2、それ以外の者） ○　介護予防・生活支援サービス事業 　　・訪問型サービス 　　・通所型サービス 　　・生活支援サービス（配食等） 　　・介護予防支援事業（ケアマネジメント） ○　一般介護予防事業	地域支援事業
包括的支援事業 ○　地域包括支援センターの運営 　　・介護予防ケアマネジメント 　　・総合相談支援業務 　　・権利擁護業務 　　・ケアマネジメント支援 　　・地域ケア会議の充実 ○　在宅医療・介護連携推進事業 ○　認知症施策推進事業 　　・認知症初期集中支援チーム 　　・認知症地域支援推進員 ○　生活支援体制整備事業 　　・コーディネーターの配置 　　・協議体の設置	
任意事業 　　○　介護給付費適正化事業 　　○　家族介護支援事業 　　○　その他の事業	

出典：厚生労働省ウェブサイト「介護予防・日常生活支援総合事業と生活支援体制整備事業について」（https://www.mhlw.go.jp/file/05-Shingikai-12301000-Roukenkyoku-Soumuka/0000086354.pdf）（2024年8月17日閲覧）スライド6より一部抜粋。

た日常生活の支援が包括的に確保される体制として整備された（地域医療介護2）。その際、居宅介護で最も重要であるといわれる緊急時の対応として、24時間対応の定期巡回・随時対応型の訪問介護看護等サービスの提供（介保8⑮）や、その中心をなす住まいの整備（サービス付き高齢者向け住宅への一本化：高齢者住まい法の制定→**コラム**）が行われた。

(2)　**仕組み**

　地域包括ケアシステムでは、自らの住まいを中心に、医療、介護、生活支援・介護予防の各サービスが一体的に提供されることを特徴としており、医療においては、かかりつけ医による訪問診療、訪問看護、介護においては、居宅介護サービスや通所介護、生活支援や2005年法改正時に導入された介護予防においては、地域支援事業（介保115の45）（図表1）のうち、2011年法改正で導入された介護予防・日常生活総合支援事業（総合事業：介

保115の45①）や生活支援体制整備事業（体制整備事業：介保115の45②）に基づく各種サービス、たとえば、訪問型や通所型のサービス、見守り、買い物支援、配食のほか、NPO やボランティア等が提供する社会的つながりの維持のための高齢者サロンやコミュニティ・カフェなどによる活動がある。

(3) 生活支援・介護予防サービスの提供

総合事業は、要支援認定を受けた被保険者に対して、掃除や洗濯など日常生活を送る上での支援を提供する訪問型サービスや機能訓練（ミニデイや運動・栄養・口腔ケアなど）や集いの場の提供などの通所型サービス、配食や見守りなどその他生活支援サービスを提供する。体制整備事業は、包括的支援事業の1つで、地域におけるサービスや担い手の開発等に取り組む生活支援コーディネーター（地域支え合い推進員、介保115の45②5号）の配置や協議体の配置を行う。生活支援コーディネーターは後述のように、生活支援・介護予防の基盤整備のために、多様な主体の多様な取り組みのコーディネートと資源の開発、ネットワークの構築などの役割を担う。協議体は、総合事業の実施にあたって参入した NPO や民間企業、ボランティア、社会福祉法人など多様な主体の参画をもたらすものとして、その整備活用が進んでいる。

いずれも、2018年までにすべての市町村で実施されており、厚生労働省の2019年調査（以下「厚労省2019年調査」）によると、訪問型のサービスは全国で42,000箇所あまり、通所型のサービスは50,000箇所あまりとなっている[2]。生活支援コーディネーターも市町村区域（第1層）の9割近い市町村で1人以上を設置している。

(4) ソーシャルワーカーの種類と役割

おばあさんの地域生活を支えるためには、総合事業に基づく介護予防・生活支援サービスの提供が必要であり、これらのケアマネジメントを行うのは介護支援専門員（以下「ケアマネジャー」）の役割、サービスの提供にあたっ

2）厚生労働省ウェブサイト「令和元年度老人保健事業推進費等補助金老人保健健康増進等事業 介護予防・日常生活支援総合事業及び生活支援体制整備事業の実施状況に関する調査研究事業報告書 令和2年（2020年）3月 株式会社エヌ・ティ・ティ・データ経営研究所」（https://www.nttdata-strategy.com/services/lifevalue/docs/r02_02jigyohokokusho.pdf〔2024年8月17日閲覧〕）14頁。

第1部　各論

て地域資源の開発やネットワークを構築するのは生活支援コーディネーターの役割ということができよう。

　先述の厚労省2019年調査によれば、総合事業の提供にあたって近年特に問題であるのは、その担い手の確保である。担い手確保施策としては、社会福祉協議会（以下「社協」）との連携が最多である。社協は、地区（社福109②）、市町村（社福109①）、都道府県（社福110）にそれぞれ配置されている。その目的は、社会福祉を目的とする事業の企画・実施、社会福祉活動への住民参加のための援助、調査・普及・宣伝・連絡・調整などであり（社福109① 1 ～ 3 号）、特に、総合事業のサービスの提供については、社協が運営するボランティアセンターなどのボランティアの登録やその育成講座の活用などが見られる。

　事例のようなひとり暮らしのおばあさんへの見守りや社会参加のための居場所（高齢者サロンなど）の創出については、町内会や自治会、地域協議会（地自202の 5 ）に所属する団体などによる地域のボランティアのほか、民生委員などが行うことになる。地域協議会は、福祉関係者、学校、PTA、地域活動団体、民生委員・児童委員などが集まり、地域課題の解決にあたる。民生委員は、厚生労働大臣から委嘱されたボランティアであり、地域住民の立場に立って相談に応じ、必要な援助を行い、社会福祉の増進に努めている（民委 1 、 3 、 5 ）。

　今のところ日常生活動作にあまり問題のなさそうなおばあさんは、見守りや高齢者サロンなどへの社会参加、帰宅ができなくなってしまった場合の手助けが必要であると思われるため、Ｓさんは社会参加を促したり、Ｓさん自身が民生委員や町内会・自治会との連携を深め、おばあさんに関する情報を収集しておく必要があろう。また、必要に応じて、口腔ケアや認知機能低下を予防するような通所型サービスや、配食や掃除などの生活支援サービスの利用を勧めることも考える。もしおばあさんがその利用を渋るようであれば、Ｓさんが家族へ連絡をとり、家族からおばあさんへ利用を促す必要があろう。

第7章　地域で生活するためのソーシャルワーク法

3　地域共生社会を実現するための仕組み

(1)　仕組み

　近年では、高齢者に限らず、子どもや障害者、ひとり親家庭などを含め、包括的支援による自立した生活を目指す、地域福祉の推進と地域共生社会の実現のための施策が講じられている（社福4、介保5④）。地域共生社会の実現のために、「属性を問わない相談支援」、「参加支援」、「地域づくりに向けた支援」の3つを柱として（「『地域共生社会の実現に向けた地域福祉の推進について』の改正について」子発0331第10号・社援発0331第16号・障発0331第10号・老発0331第5号令和3年3月31日）、属性や世代を問わず包括的に相談を受け止める包括的相談支援事業（社福106の4②1号）（⇒**第11章**参照）、社会とのつながりを作るための参加支援事業（社福106の4②2号）、世代や属性を超えて交流できる場や居場所を整備する地域づくり事業（社福106の4②3号）、支援が届いていない人に支援を届けるアウトリーチ等を通じた継続的支援事業（社福106の4②4号）、市町村全体で包括的な相談支援体制を構築し、関係機関の役割分担を図る多機関協働事業（社福106の4②5号）を行っている。

　厚生労働省が運営する「地域共生社会のポータルサイト」では、これらの事業の取組事例が紹介されている。いくつかの市町村の取り組みを見ると、2つのポイントがあるように思われる。1つは多機関、多様な主体が存在する場合の「ハブとなる場所・窓口づくり」である（三重県名張市、三重県伊賀市、岡山県岡山市、愛知県豊田市、千葉県松戸市、東京都大田区）。もう1つは、誰しも見えやすく、わかりやすい方法で発信する「見える化、情報化」である（一般社団法人 WheeLog、東京都大田区「見守りキーホルダー」）。

　2024年には、孤独・孤立対策推進法が施行され、日常生活や社会生活で孤独を覚えることにより社会的に孤立している、あるいは心身に有害な影響を受けている状態にある人に対して、支援を行うことが明記され、ひとり暮らしの高齢者に限らず、あらゆる人が地域住民同士の支え合いに基づいて暮らしていける仕組みの構築が目指されている。

(2)　多世代（世代間）交流と居場所

　近年前掲の「ハブとなる場所」の一環として、コミュニティ・カフェや対象を子どもだけに限らない子ども食堂（みんなの食堂）、障害者と地域の人が

91

第1部　各論

交流できる地域活動センターなど、居場所の確保や多世代、多様な人たちの交流スペースが作られている。前掲の「地域共生社会のポータルサイト」で紹介されている三重県名張市の「みんなの保健室」は、地域包括支援センターのブランチとして存在しているものの、民生委員主催の高齢者のサロンや多世代交流のサロンなどが開かれており、地域のハブと交流の場の双方を兼ねている。

　漫画『サザエさん』に描かれるように、「縁側」や「井戸端会議」が地域の結びつきを感じ、情報交換する場でもあったが、1970年代以降、近所とのつながりが失われ、近所の人の顔がわからないといった、近所・地域のつながりの希薄化が進んでいった。改めて、こうしたつながりを取り戻し、より縦割りではない、多様な人が交流でき、安心できる場所が地域共生社会のためには必要だと考えられている。

II　ソーシャルワークの担い手

1　介護・生活支援と連携
　介護・生活支援については、まず、介護保険の利用申請を促すことや要介護・要支援認定を行った場合、計画されたケアプランを着実に実行していく必要がある。利用申請にあたっては、Sさんのような包括のソーシャルワーカーによる関わりが必要であろう。

　要介護・要支援認定を受けると、通常ケアマネジャーがケアプランを作成し介護事業所が提供する訪問介護や医療機関による在宅医療、介護予防事業を実施する介護事業所や民間企業、ボランティア、NPOなどによる生活支援などの各種サービスの提供へつなげる。

　介護保険の利用を拒否する場合や介護保険適用外になった場合の生活支援サービスの提供については、Sさんのような包括のソーシャルワーカーが関わり、利用者との関係性を築き、介護保険の申請や生活支援サービスの利用につなげていく必要がある。

2　地域を巻き込んでの支援と仕組みづくり

　地域包括ケアシステムを機能させるために、地域で各種サービスを提供している事業所や施設、地域の団体や人といった地域資源が重要であることはいうまでもない。そして、そうした地域資源を発見・発掘、活用し、よりよい生活を支えるためにつなぐ役割をするのが、コミュニティソーシャルワーカー（Community Social Worker, CSW）であり、社会福祉協議会などに置かれる地域福祉コーディネーター（社福107条に基づいて策定された地域福祉計画に基づき配置）や、地域住民の中から選ばれる生活支援コーディネーターと呼ばれる人たちである。生活支援コーディネーターは、地域住民とはいっても、ソーシャルワーカーであることが多く、生活支援コーディネーターと地域福祉コーディネーターを兼務することもある。

　CSW は、社協や包括の職員という立場を超え、介護・生活支援だけではなく、地域を巻き込んでの支援も行いながら、既存の狭間の問題を明確化し、課題化し、解決につながる仕組みを構築していく役割を担う。また、生活支援コーディネーターは、2014年介護保険法改正において、地域支援事業の1つとして位置づけられていることから、地域資源や地域のニーズを把握し、その状況を「見える化」すること、地域資源への協力依頼、関係者のネットワーク化、生活支援の担い手を養成・組織化し、支援活動へのつなぎ、など、地域一体となったネットワークづくりを行う役割を担っている。

Ⅲ　ソーシャルワークのプロセス

1　介護・生活支援のための連携

　ケアプランにしたがった実際のサービスの提供にあたっては、多職種の連携が必要である。連携にあたっては、介護サービスの事業者や医療機関・薬局、NPO、保健所、民生委員、住民組織、ボランティア、社協など関係者がネットワークを形成する必要がある。連携のための地域包括支援ネットワークを構築することも推奨されている（老計発第1018001号、老振発第1018001号、老老発第1018001号平成18年10月18日）。

　そのネットワークの中で地域ケア会議（**図表2**）を開催して、地域の医

第1部　各論

図表2　地域包括ケア会議

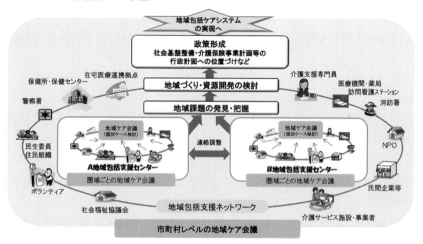

資料出所：厚生労働省ウェブサイト「地域ケア会議について」(https://www.mhlw.go.jp/content/12300000/001236582.pdf)（2024年8月17日閲覧）スライド3。

療・介護関係者が会議を行い、医療と介護の連携を実施することが包括的支援事業として定められている（介保115の46⑤）。そして、それぞれの機関・会社をつなぐ役割を果たすのが包括や社協、それぞれの機関に属するソーシャルワーカーである。

事例で、小さなボヤを起こしたおばあさんが、少しのやけどを負ってしまった場合、かかりつけ医を受診したとしよう。医師や看護師がやけどの原因をおばあさんからヒアリングした際、小さなボヤを起こしてしまったおばあさんの認知症状に気づくこともある。かかりつけで、患者とのコミュニケーションをとっている医師であれば、おばあさんがひとり暮らしであることも知っているかもしれない。その場合に、医師が包括に連絡することで、何らかの支援につなげることができるかもしれない。その支援のバトンの引き受け手は、ソーシャルワーカーであることが多い。となると、ソーシャルワーカーがおばあさんやおばあさんの家族の相談相手だけでなく、ネットワークの担い手たちの相談相手であり、また多機関をつなぐ役割も持っている。

第 7 章　地域で生活するためのソーシャルワーク法

2　地域を巻き込んでの支援と仕組みづくり

　前述のように呼称は一律ではないが、CSW は、地域資源である住民の力や NPO などを発見、発掘し、さらには育て、活用していく役割がある。さらに、制度の狭間になっている生活困窮や孤独死、ひきこもりなどの問題に対して、住民とともに解決していく公民協働のコーディネーターとしての働きをすることも求められている。ここでは、「ワーカーが中心となってシステムで解決する」だけではなく、これにくわえて、「住民の力を『制度の狭間』を支援するシステムにどのように位置づけるのか」という視点が必要となる[3]。

　おばあさんの生活ニーズを把握（アセスメント）した後、ケアマネジャーや S さんは、地域資源を活かしていかにそのニーズに合致するサービスが提供できるかを考えることとなる。そのためには、まず、地域資源のアセスメントが必要となる。地域資源には、単に事業者による介護予防事業や介護予防給付を利用した介護予防サービスだけではなく、市町村が行っている健康づくりや生涯学習等、社協の活動、NPO やボランティア団体が行っている活動、民間企業のサービスなどが含まれる。また、住民同士の助け合いなどが存在しているかどうかなど、幅広く情報収集する必要があるとともに、それらのサービスの担当者を「知る」ことが必要となる。集めた情報は、たとえば、包括が作成した資源マップなど、既存のものを活用したり、あるいは、見やすい・検索しやすい形で管理しておく必要がある。

　一方で、地域資源では満たされないサービス等に関しては、まず何が不足しているのかを特定し、それらを担うことができる人・団体のアタリをつけておく必要がある。もちろん、不足している資源について、市町村の任意事業として実施することも提案していたり、あるいは、行政計画（高齢者福祉計画や地域福祉計画など）に組み込むような政策提案も必要である。くわえて、住民、NPO、社会福祉協議会、民間企業などに、サービスの提供を打診していく必要もある。

3）熊田博喜「『制度の狭間』を支援するシステムとコミュニティソーシャルワーカーの機能」ソーシャルワーク研究41巻 1 号（2015年）66頁。

第1部　各論

このように、ソーシャルワーカーは、1人ひとりの個別的な支援のみならず、ひろく地域づくり、まちづくりに大きく関わることになる。

Ⅳ　トラブルとその解決

1　連携・協働がうまくいかない

地域包括ケアシステムが機能的、有機的に機能するためには、先に述べたように多様な人・機関による連携や協働が欠かせない。しかしながら、その連携や協働がうまくいかないといったことは多々あり得る。北海道の地域ケア会議に参加する包括の職員を対象としたアンケート結果を見てみると、多様な人・機関による連携の要である地域ケア会議にはいくつかの課題があることがわかる。第1に、地域ケア会議では個別支援が中心で政策のことまで検討できていないこと、第2に、医療職（特に医師）への協力が得られないこと、第3に、時間や課題・テーマの絞り込み、担い手に限界があり、ジレンマを感じていることなどである[4]。

とりわけ、人的資源が限られている地域においては、個別支援のその先に行けないことや役割分担が不明瞭なことに端を発する課題が出てくる。その場合、1つの解決方法としては、会議・連携の目的の明確化、見える化、ひいては文字化を試みることが挙げられる。連携・協働について法学的考察を試みた拙稿によれば、事業目的の共有、役割・費用・責任の分担、協力体制、複数年度の継続の検討も含めた実施機関、実施の方法のほか、成果物の著作権、秘密保持、公金支出の適切性と事業自体の評価に関する協働型契約書の作成を勧めている[5]。

行政的なことを民事的に解決する方法として編み出した方法ではあるが、見える化、文字化することによって、関係するそれぞれが当事者意識を持つという意味でも、有効な方法の1つであろうと考える。

4）藤井智子＝塩川幸子「北海道内の地域ケア会議の実態からみる地域包括ケアシステムの課題」北海学園大学大学院法学研究科論集21号（2020年）38-40頁。

5）三輪まどか「『協働』・『連携』の法学的考察——『協働型契約』の可能性とその明文化・書面化へ向けて」アカデミア社会科学編8号（2015年）109-110頁。

第7章 地域で生活するためのソーシャルワーク法

2 地域資源が見つからない

　もう１つ大きなトラブルとして、地域資源が見つからない、担い手不足といった問題が考えられよう。この問題も法的に解決することはかなり難しい。国の施策を実行している現在でさえ、介護人材や民生委員など、地域福祉を支える人材を確保することは難しいからである。

　この問題の解決法の１つとして、地域における組織化を挙げたい。地方自治法においては、地域自治区（地自202の４①）や地域自治区から選ばれた人から成る地域協議会（地自202の５②）がある。地域協議会は、公共的団体を代表する者も構成員となりうるため、地域福祉の要である自治会連合会、民生児童委員協議会、PTA協議会、子ども会育成連絡協議会、消防団本部、農業協同組合、商工会、青少年育成協議会、地区社会福祉協議会、保育所・幼稚園関係団体など、地域福祉の担い手（候補）が見つかる可能性が高い。もちろん、高齢化や人口減少により自治会が成り立たない地域や少子化により子ども会が成り立たないといった声も多いことは確かである。しかしながら、人は地域において生活せざるを得ない。地域の安全・防犯やゴミの問題、ひいては災害時などを考えたときに、地域と無関係で生きることは難しい。この点で、地域住民１人ひとりが、その地域への関心・関わりを持つ必要がある。この関心・関わりこそが、地域の組織化の第１歩である。

　地域を組織化することは、持続可能性、継続性の観点からも望ましい。「人」に頼ったサービスやボランティアは、いずれ限界がくる。組織的に、かつ、代替可能な方法で、地域資源を見つけていくことも重要であり、そうした仕組みが法的にも準備されているのである。

Ⅴ　課題と展望

　地域福祉に関わるソーシャルワークにおける課題は、本来ならば地域住民が担うべき福祉の推進を、ソーシャルワークの手法を使ってソーシャルワーカーが担わなければならなくなったことに由来しているという点に尽きる。地域で暮らすための制度が整い、複雑化した現代においては、地域住民が福祉サービスを主体的に選び取ることはかなり難しくなった。この点でも、地

97

第1部　各論

域福祉や地域づくりが本来、ソーシャルワーカーが担うはずのなかった業務と考えるのではなく、スキルや知識を活かし、ソーシャルワーカーだからこそできると考え、人が歳を重ねても、その地域で暮らしていけるよう、手を差し伸べて欲しい。

　それが、専門職としてのソーシャルワーカーの真骨頂であり、この役目はソーシャルワーカーにしかできない業務といえよう。

コラム　住まいの確保

　事例のおばあさんの家は、現在は問題がなくても、段差の多い居宅や移動は大きな障壁となりうる。おばあさんの日常生活動作（ADL）が低下してくる可能性もあるからである。こうした障壁を取り除くため、Sさんは、たとえば、介護保険を適用して住宅改修（介保57条：手すりの取り付け、段差の解消、引き戸等への扉の取り替えや洋式トイレへの変更など）をすることも可能である。また、大きなタンスや什器などを移動させたり、居室の使い方・レイアウトの変更などを、おばあさんやおばあさんの家族に対して提案することも、怪我などを防ぐために必要かもしれない。

　自宅を所有していなかったり、段差の多い賃貸に住んでいる場合には、サービス付高齢者向け住宅（サ高住：高齢者住まい5）や有料老人ホーム（老福29）のほか、経済的に困窮する場合には、養護老人ホーム（老福20の4）、ケアハウス（軽費老人ホーム：社福65、老福20の6）などの利用を勧めるといったことも考えられる。しかしながら、冒頭に指摘したように、引っ越し等によって住宅を変更することは、特に軽度の認知症患者の場合には混乱を来すことが指摘されており、慎重に行うことが求められる。

〈参考文献〉
・筧裕介『ソーシャルデザイン実践ガイド　地域の課題を解決する7つのステップ』（英治出版、2013年）
・日本地域福祉研究所監修／宮城孝＝菱沼幹男＝大橋謙策編集『コミュニティソ

第 7 章　地域で生活するためのソーシャルワーク法

ーシャルワークの新たな展開——理論と先進事例』（中央法規、2019年）
・菱沼幹男『コミュニティソーシャルワーク』（有斐閣、2024年）

＊本研究は2024年度南山大学パッヘ研究奨励金Ⅰ–A–2の助成を受けたものです。

第 8 章

日本で暮らす外国人に対するソーシャルワーク法

事例

　ブラジル出身で日系 3 世のＡさんは、自動車部品工場を営むＢ社の契約社員として勤務するため、日本へやってきた。Ａさんは、Ｂ社の社員寮に入寮し、真面目に仕事をしていた。しかし、コロナ禍で景気が悪化したこともあり、5 年間の契約期間満了をもって雇止めにあった。退職後、社員寮からも出るようにと言われてしまった。

　Ａさんは日本にいても、日本人と交流することは少なく、日本語はあまりできない。仕事も住むところもなくなってしまったＡさんは、困り果ててＢ社の元同僚でＤ団地に住んでいるＣさんに相談した。Ｃさんは、Ｄ団地に出入りしている多文化ソーシャルワーカーのＳさんを紹介してくれた。Ｓさんは、Ａさんの状況に対し、ポルトガル語で対応してくれ、日本の労働法や利用できるサービスを紹介し、窓口に同行してくれた。当面の生活はなんとかなったが、このままではいけないとＡさんは再就職へ向けてハローワークに行ってみた。しかし、日本語があまりできないことがネックとなり、思うように就職活動が進まない。

Ⅰ　法制度

1　在留資格と社会保障関連法規の適用

　外国人の社会保障法の適用に関しては、在留資格の有無が大きく影響する。在留資格とは、ある国に入国しようとする外国人の活動内容に応じ滞在を許可する、その国から与えられる資格のことで、どの国にもこうした規定があ

る。在留資格については、法に定めがあり（入管22の２）、それを司るのが法務省管轄の出入国在留管理庁である。日本における在留資格については、入管法別表第一に詳細に定められており、出入国在留管理庁のウェブサイトで確認できる。

在留資格が重要であるのは、旅行者などに認められる「短期滞在」以外の在留資格があれば、生活保護法以外の社会保障法の適用を受ける権利を有することになる点である。「短期滞在」以外は、少なくとも１年近く日本で生活することが前提となっているため、生活していくために必要な医療や介護、年金、労災、雇用などの社会保険、社会福祉サービスを受けられる。それぞれの条文の加入資格や受給資格に関する条項を読んでみると、国籍による制限がなく、Ａさんも利用することができる（**図表１**）。

図表１　外国人と社会保障法（主なもの：下線筆者）

国民健康保険法５条	都道府県の区域内に住所を有する者は、当該都道府県が当該都道府県内の市町村とともに行う国民健康保険の被保険者とする。
国民年金法７条	一　日本国内に住所を有する二十歳以上六十歳未満の者であつて次号及び第三号のいずれにも該当しないもの（厚生年金保険法（昭和二十九年法律第百十五号）に基づく老齢を支給事由とする年金たる保険給付その他の老齢又は退職を支給事由とする給付であつて政令で定めるもの（以下「厚生年金保険法に基づく老齢給付等」という。）を受けることができる者その他この法律の適用を除外すべき特別の理由がある者として厚生労働省令で定める者を除く。（以下「第一号被保険者」という。）
雇用保険法４条１項	この法律において「被保険者」とは、適用事業に雇用される労働者であつて、第六条各号に掲げる者以外のものをいう。
労働基準法９条１項	この法律で「労働者」とは、職業の種類を問わず、事業又は事務所（以下「事業」という。）に使用される者で、賃金を支払われる者をいう。
労災保険法７条	この法律による保険給付は、次に掲げる保険給付とする。１項　労働者の業務上の負傷、疾病、障害又は死亡（以下「業務災害」という。）に関する保険給付
介護保険法９条	次の各号のいずれかに該当する者は、市町村又は特別区（以下単に「市町村」という。）が行う介護保険の被保険者とする。

101

第1部　各論

	1号　市町村の区域内に住所を有する六十五歳以上の者（以下「第一号被保険者」という。） 2号　市町村の区域内に住所を有する四十歳以上六十五歳未満の医療保険加入者（以下「第二号被保険者」という。）
児童手当法4条	児童手当は、次の各号のいずれかに該当する者に支給する。 一次のイ又はロに掲げる児童（以下「支給要件児童」という。）を監護し、かつ、これと生計を同じくするその父又は母（当該支給要件児童に係る未成年後見人があるときは、その未成年後見人とする。以下この項において「父母等」という。）であつて、日本国内に住所（未成年後見人が法人である場合にあつては、主たる事務所の所在地とする。）を有するもの
児童扶養手当法4条2項	前項の規定にかかわらず、手当は、母又は養育者に対する手当にあつては児童が第一号から第四号までのいずれかに該当するとき、父に対する手当にあつては児童が第一号、第二号、第五号又は第六号のいずれかに該当するときは、当該児童については、支給しない。 一日本国内に住所を有しないとき。
生活困窮者自立支援法3条	この法律において「生活困窮者」とは、就労の状況、心身の状況、地域社会との関係性その他の事情により、現に経済的に困窮し、最低限度の生活を維持することができなくなるおそれのある者をいう。
生活保護法2条	すべて国民は、この法律の定める要件を満たす限り、この法律による保護（以下「保護」という。）を、無差別平等に受けることができる。

　なお、生活保護法に関して、条文上は「国民」と書かれており、この国民の解釈として、裁判例では外国人は含まれず、生活保護を請求する権利はないとされている（最二小判平成26年7月18日賃社1622号30頁）。ただし、定住者・永住者については、法の準用によって、事実上の保護を受けることができる（厚生省社会局長通知・社発第382号昭和29年5月8日）。

　上記社会保障制度に加え、外国人材の受入れ・共生に関する関係閣僚会議によって決定された「外国人材の受入れ・共生のための総合的対応策」（以下「受入共生策」）に基づき、外国人に特化した事業を実施している場合もある。たとえば、雇用に関して、厚生労働省は、高度人材の外国人雇用を専門に扱う外国人センターを、東京、大阪、愛知、福岡の4か所に設置している。

102

第8章　日本で暮らす外国人に対するソーシャルワーク法

そのうち名古屋外国人雇用サービスセンターでは、日本語、英語、中国語、ポルトガル語、スペイン語のウェブサイトのほか、同言語の求人情報（求人情報はベトナム語もあり）、職業相談・職業紹介、履歴書や職務経歴書作成のアドバイスや面接の練習、雇用保険の手続なども対応している[1]。くわえて、日本語があまりできない外国人の場合には、厚生労働省の委託事業として、一般財団法人日本国際協力センター（JICE）が外国人就労・定着支援事業として、安定就労に向けて、「求職活動」、「はたらく」場面で用いる日本語や日本の職場習慣、雇用慣行などを学習するプログラムを実施している[2]。

2　住民としての外国人

　外国人が労働や社会保障における保護・保障を得られる根拠としては、図表1に見るように、第1に労働者であること（雇保、労基、労災など）、第2にその地域に住所を有していること（国保、国年、介護、児手、児扶手など）が挙げられる。

　また、その地域に住所（住民台帳4）を有する外国人は日本人と同様、住民登録がなされ、住民票が作成される（住民台帳30の45）。住民票には、上記、医療、年金、介護などの資格に関わる情報や児童手当の資格に関わる情報などが記載される。住民登録があれば、1で述べた各種社会保障制度の対象となるほか、子どもがいる場合には、市町村の教育委員会が住民基本台帳にしたがって学齢簿を作成するため（学教施行令1②）、当該地域の小学校や中学校に通うこともできる。市町村が実施しているサービスや給付についても、ほとんどの場合、住民登録があれば利用することが可能である。たとえば、新型コロナウイルス感染症対策で給付された特別定額給付金（1人10万円）も、住民基本台帳に記載されている人を対象としたため、日本に住所を有する外国人も、国籍に関わりなく支給された。

---

1 ）名古屋外国人雇用サービスセンターウェブサイト「名古屋外国人雇用サービスセンター」
（https://jsite.mhlw.go.jp/aichi-foreigner/home.html〔2024年9月19日閲覧〕）。
2 ）JICEウェブサイト「外国人就労・定着支援事業（研修）」（https://www.jice.org/tabunka/
〔2024年8月19日閲覧〕）。

第1部　各論

3　在留資格がない場合の社会保障関連法規の適用

一方で、外国人が在留資格を失ってしまうと、いわゆるオーバーステイ状態、すなわち、許可を得ていない滞在となってしまうため、上記で得られた社会保障へのアクセスが難しくなる。在留資格を失う場面としては、Aさんとは異なる「特定技能」などの資格で入国していた場合でAさんのように雇止めにあってしまった場合や、「留学」の資格で入国したが、成績不良により在留許可が認められなくなった場合、「永住者」の資格を有していたが、税金や社会保険料を故意に滞納し、資格を取り消された場合などである。

このような状況下で外国人が病気になってしまうと、医療保険の適用を受けられなくなるため、全額自己負担で治療を行うか、そうした金銭的な負担をすることができない場合には、ボランティアベースの医療を受診するしかない。

在留資格が失われると、出入国在留管理庁より入管法に定める強制退去事由に該当する（入管24）として、強制的に国外へ退去させられることとなる。強制退去の手続については、出入国在留管理庁ウェブサイトに詳しい。

4　多文化ソーシャルワーカーの役割

以上のような法制度そのものへの理解、あるいはどのような制度があるのかといった事柄については、日本に住む日本人でも十分に理解しているとはいいがたく、外国人であるAさんはなおさらである。その相談相手・支援者として、Sさんのような多文化ソーシャルワーカーが存在する。

多文化ソーシャルワーカーは、「外国人が自分の国の文化と異なる環境で生活することにより生じる心理的・社会的問題に対して、ソーシャルワークの専門性を活かし、相談から解決まで継続して支援する人」[3]とされている。

事例のAさんは、日系3世であるため、日本人（Japanese National）の実子の実子（Biological child's biological child [third generation Japanese immigrant]）に該当し、在留資格は「定住者」となる。したがって、Aさん

3）神田すみれ＝荒井彰子＝柚原明日香＝近藤みえ子＝平川悦子＝山本理絵「多文化ソーシャルワーカーと医療・教育・福祉との連携」生涯発達研究12号（2019年）8頁。

の労働に関する問題は、国籍に関わらず労働法の適用を受けるため（労基3）、日本人と同様の法適用となり、支援を受けられる。今回の雇止めは期間満了によるものであるため、労働契約上違法性はないものと思われる。事業主が加入している雇用保険によって、Ａさんは求職者給付の基本手当などの給付を得られる（雇保13）。また、生活困窮の場合には、生活困窮者住居確保給付金の給付も受けられる（生困3③⇒**第11章**参照）。

　事例でＳさんは、上記住宅確保に関する支援や失業者向けの県営住宅の申請などを紹介し、付き添うことが考えられる。また、日本の労働法の適用を受けることや、雇用保険制度についてＡさんに説明し、理解してもらうこと、また、失業手当の給付を希望する場合には、その申請の手伝いや職業相談への付き添いをすることが考えられる。当面の食糧についても、公的支援はないが、民間団体が行っているフードバンクなどの情報を把握していれば、そうした情報をＡさんに伝えることは可能である。就職活動についても、外国人雇用サービスセンターに関する情報提供やJICEほか民間団体が行っている日本語の勉強の場を紹介することができるであろう。

Ⅱ　ソーシャルワークの担い手

1　養成講座

　現時点で多文化ソーシャルワーカーの養成を行ったのは、管見した限り、愛知県、群馬県、神奈川県の3県のようである。2006（平成18）年に、愛知県が全国に先駆けて「多文化ソーシャルワーカー養成講座」を立ちあげ、群馬県と神奈川県は2008（平成20）年度より養成講座を実施している。主催はそれぞれ県の組織で、実施主体は愛知県の場合、愛知県国際交流協会であるが、群馬県と神奈川県は県の担当課である。この講座を受講することができるのは、愛知県では「外国人の支援現場にすでにかかわっている人やソーシャルワーク経験者」、群馬県では「ソーシャルワーク専門職としてすでに国家資格を有する人」、神奈川県では「外国人支援の現場にすでに関わる人と自治体等の福祉現場で働く実践者」となっている[4]。

　なお、愛知県社会福祉士会では、毎年1回、愛知県国際交流協会と共催で

第1部　各論

「多文化ソーシャルワーク研修会」を開催し、社会福祉士に限らず、福祉関係者や外国人相談窓口担当者のほか、興味のある一般市民も含め参加し、情報の共有、学びの共有をしている。

　くわえて、東京外国語大学多言語・多文化教育研究センターでは、2008年より2016年まで、文部科学省「社会人の学び直しニーズ対応教育推進プログラム」の委託事業として「多文化社会コーディネーター養成プログラム」を実践してきた。ここでの「多文化社会コーディネーター」とは、「あらゆる組織において、多様な人々との対話、共感、実践を引き出すため、『参加』→『協働』→『創造』のプロセスをデザインしながら、言語・文化の違いを超えてすべての人が共に生きることのできる社会の実現に向けてプログラムを構築・展開・推進する専門職」としている[5]。

2　配置

　多文化ソーシャルワーカーは、すべての都道府県に配置されているわけではない。配置のための根拠法令がないことが大きな要因である。また、愛知県や群馬県のように、外国人の集住地域がある場合と、他県のように、点在して居住している場合とでは、多文化ソーシャルワーカーの配置の在り方も異なるであろう。

　たとえば、愛知県のように外国人が多く住み、かつ集住地域があるような場合、言語修得や専門性を考慮すると、多文化ソーシャルワーカーがNPO、福祉施設、病院、学校などさまざまな機関におり、その人たちが連携して支援を行うことが肝要である。また、多岐にわたる問題の解決、たとえば、家族帯同の場合の子どもの保育・教育や医療機関における受診、介護サービス・社会福祉サービスの利用などのために、連携のハブとなる中核機関（愛知県では、愛知県多文化共生センターが担当）が存在することが望ましい（次頁の**図表2**）。

4）髙栁香代＝松岡真理恵「【事例5】多文化ソーシャルワーカー」（http://www.tufs.ac.jp/blog/ts/g/cemmer/uploads/2-5.takayanagi_matsuoka.pdf〔2024年8月17日閲覧〕）127-128頁。

5）東京外国語大学多言語・多文化教育研究センターウェブサイト「多文化社会人材養成プロジェクト」（https://www.tufs.ac.jp/blog/ts/g/cemmer_old/jinzai.html〔2024年8月19日閲覧〕）。

106

図表2　愛知県における多文化ソーシャルワーカーネットワーク

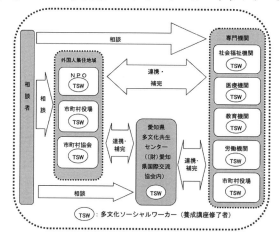

出典：愛知県地域振興部国際課多文化共生推進室ウェブサイト「多文化ソーシャルワーカーガイドブック」(https://www.pref.aichi.jp/uploaded/attachment/21240.pdf〔2024年8月20日閲覧〕5頁。

　一方で、外国人が点在しているような地域においては、多文化ソーシャルワーカーの配置についてより工夫が必要になろう。外国人が最もアクセスしやすい拠点への配置が求められる。また、通訳などの確保が難しい場合には、ICT などを活用したバーチャル上の拠点への配置を考慮してもよいかもしれない。

Ⅲ　ソーシャルワークのプロセス

1　集住地域における多文化ソーシャルワーク

　外国人の集住地域においては、比較的ネットワークが確立されていることが多く、地域住民にキーパーソンがおり、そこにつながることで、多文化ソーシャルワーカーにもつながることが多い。たとえば、愛知県豊田市にある保見団地は、住民の約半数超が外国人である[6]。ケアや日本語の学習などでお互いの住民が助け合うような NPO がいくつか存在して、交流、共生のた

第 1 部 各論

めの活動が行われている[7]。そうした NPO と多文化ソーシャルワーカーとの連携が既に図られているため、NPO に持ち込まれた問題は、NPO 自身が解決することもあれば、多文化ソーシャルワーカーの出番となることもあろう。

　ここで多文化ソーシャルワーカーが行うことは、通常のソーシャルワーカーと変わらず、本人の困りごとやどうしたいかの意思を確認し（意思確認）、支援できることとできないことを明確に区別した上で（仕分け）、各機関へ「つなぐ」こと（連携）である。これらの役割を果たすにあたり、やや気をつけるべき点がある。

　まず、意思確認において最も困難となるのは、言語の壁と制度の違いを理解してもらうことである。日本語があまりできない外国人の場合、困って地方公共団体の相談窓口に行ったとしても、自分の状況やニーズを担当者に伝えることは難しいであろう。となると、第一言語で自分の状況やニーズを伝え、それを理解してくれる人が必要となる。この点で、多文化ソーシャルワーカーが当該言語を聴き取り、話すことができれば言葉の壁自体は解消する。それだけでは終わらず、多文化ソーシャルワーカーは、対象者のニーズを理解した上で、日本の制度において何ができるのかを伝える必要もある。つまり、日本の制度を他言語で伝えることができることが重要である。

　次に、仕分けについては、日本の制度でできることできないことを明確にすること、また、対象者が何を利用したいと考えているのか、その意思と制度がマッチしていることを認識できることが重要であろう。そのため、たとえば愛知県のガイドブックによれば、個別支援基準が定められており、「社会的弱者の福祉的利益に供するもの」であって、「情報提供のみでは相談者自身や他の支援組織による解決が困難であり、多文化の視点からの専門的な

6）2024年10月1日現在、57.9%が外国人である（豊田市ウェブサイト「外国人統計：豊田市外国人データ集（令和6年10月1日現在）」(https://www.city.toyota.aichi.jp/shisei/tokei/sonohoka/1004767.html)。

7）NPO 法人保見ヶ丘国際交流センター (http://homigaoka.jp)、特定非営利活動法人トルシーダ (https://torcida.jimdofree.com) や保見アートプロジェクト (https://homi-ap.com)、JUNTOS (https://www.instagram.com/juntos.like/?hl=ja) などの活動が見られる。

知識や技術を要するソーシャルワーカーによる支援が必要と判断される場合」に支援が限られている。逆に支援しないものについて「民事上の争いに関するもの、営利目的なもの、職員に危険を及ぼすもの」とされている[8]。

最後に、連携については、各期間に配置された多文化ソーシャルワーカーのネットワークを活用し、必要な支援へとつなげる必要がある。多文化ソーシャルワーカーは、その地域の地域資源である各種行政機関、NPO などの団体、地域住民などに目をくばり、つなぐ役割を果たすことなろう。

2 点在地域における多文化ソーシャルワーク

一方、点在地域の多文化ソーシャルワーカーの場合、困難を抱える外国人のニーズの傾向を把握することはなかなか難しく、活用できる地域資源もそれほどないことが考えられる。このような場合であっても、少なくとも地域で提供できる行政サービスの把握と NPO や地域住民が提供できるサービス、支援の把握はしておく必要があろう。

また、言語のニーズも、多様な言語の通訳が必要な場合も考えられよう。ハローワークのウェブサイト「通訳がいるハローワークのご紹介」を見てみると、通訳がいないのは16県、通訳がいる31県のうち対応言語が1言語のみという県は2県（福島県は中国語のみ、富山県はポルトガル語のみ）となっている。職業紹介ひとつとっても扱える言語に地域差がある。対応可能な通訳者との連携はもちろん、対応可能でない場合の「やさしい日本語」での対応などもソーシャルワーカー自身が身につけておく必要があるかもしれない。

Ⅳ　トラブルとその解決

1 言葉の問題から生じるコミュニケーションの問題

考えられるトラブルとして、外国人労働者の日本語運用能力があまり高くないことから生じる職場でのトラブルが想定される。2007年の雇用対策法・

8）愛知県地域振興部国際課多文化共生推進室ウェブサイト「多文化ソーシャルワーカーガイドブック」(https://www.pref.aichi.jp/uploaded/attachment/21240.pdf〔2024年8月20日閲覧〕) 5頁。

第 1 部　各論

地域雇用開発促進法改正では、外国人の雇用・離職について、厚生労働大臣（公共職業安定所長）への届出、また、外国人の離職時の再就職援助などを雇用主の努力義務として定め、「外国人労働者の雇用管理の改善等に関して事業主が適切に対処するための指針」も策定された（雇用対策 8 ）。同指針には、「雇用する外国人労働者が円滑に職場に適応し、当該職場での評価や処遇に納得しつつ就労することができるよう、職場で求められる資質、能力等の社員像の明確化、職場における円滑なコミュニケーションの前提となる条件の整備、評価・賃金決定、配置等の人事管理に関する運用の透明化等、多様な人材が能力発揮しやすい環境の整備に努めること」といった適切な人事管理に加え、生活指導や教育訓練の実施等についても、盛り込まれている。

　当該指針はいくたびか改正され（2019年 4 月、2020年 3 月、2020年 4 月）、外国人雇用に関して、使用者が対応すべき内容について細かに定めるほか、労務管理に関して、外国人社員と働く職場の労務管理に使えるポイント・例文集や雇用管理に役立つ多言語用語集、外国人社員向け就業規則の作成など実践的な資料（厚労省ウェブサイト「外国人の方に人事・労務を説明する際にお困りではないですか？」）を提示している。また、企業側に対する支援として、名古屋市では独自に、中小企業に対して、外国人材の採用・定着まで専門家によるコンサルティングを受けられる中小企業外国人材雇用支援事業も実施している。

　多文化ソーシャルワーカーとしては、対象者に日本語の習得を目指す意思があれば、JICE が行っているような日本語の講座への参加を勧めたり、上記指針やそれに従う企業を伝えるなど、情報提供をすることができるであろう。また、企業に対しても、行政がさまざまな支援を行っていることを伝えることができるであろう。

2　在留資格を失った場合の執行停止

　多文化ソーシャルワーカーが直面する最も大きな問題は、外国人が在留資格を失ったときへの対処であろう。多文化ソーシャルワーカーが対応するのは、必ずしも合法的に滞在している外国人に限らないからである。

　意図せず、外国人が在留資格を失った場合、出入国在留管理庁による強制

第 8 章　日本で暮らす外国人に対するソーシャルワーク法

退去手続が進行する。手続が進行していることを理解できない場合もあり、多文化ソーシャルワーカーは状況を伝える役割を果たすことになろう。また、法的な手続である異議申出（入管49）や対抗手段の１つである執行停止（行訴25②）の手続の利用などの助言をする場合もある[9]。

　また、強制退去手続中に、収容施設に収容された場合の面会や差し入れもあるが、健康上、人道上の理由から収容を行わない仮放免（入管54）や監理人による監理の下、収容しないで、相当期間にわたり、社会での生活を許容して退去強制手続を進める措置である監理措置制度（入管44の２以下、52の２以下）が適用になる場合もある。こうした面会や差し入れ、手続について、支援する団体も存在しており、多文化ソーシャルワーカーはこうした団体へつなぐことや、こうした問題に詳しい弁護士等へつなぐ役割を果たすことになろう。

V　課題と展望

　日本国内の深刻な人手不足を背景に、日本は1999年以降、専門的・技術的分野の外国人の積極的な受け入れを表明し（第９次雇用対策基本計画［平成11年８月13日閣議決定］）、その方針を2019年にも改めて確認した（出入国在留管理基本計画［平成31年４月法務省］）。また、専門的・技術的分野も、2019年以降「特定技能１号」および「特定技能２号」を設け、介護、建設、宿泊、自動車運送業など特に人手不足が深刻な特定産業分野を16分野指定して、外国人の受入れを拡大してきた。このような背景のもと、2023年現在（外国人雇用状況の届出状況まとめ［令和５年10月末時点］）の外国人労働者は約205万人と、増加の一途を辿っている。

　こうした状況のなかで、2024年６月21日に開催された閣僚会議では、受入共生策の改訂を行った。そのなかで、生活上の困りごとを抱える外国人を支

9）退去強制令書発付処分の場合、強制送還に関しては、執行停止を認める裁判例が多いとされる。というのも、強制送還者は、一定期間日本に入国できなくなり、その不利益が大きい一方で、強制送還のみを停止しても、送還が先送りになるだけで、行政上の支障はほとんどないからとされる（野呂充＝野口貴公美＝飯島淳子＝湊二郎『行政法［第３版］』［有斐閣、2023年］226頁）。

111

第1部　各論

援する専門人材の育成等にかかる検討などもはじまっている。これがまさに
多文化ソーシャルワーカーが行っていることなのではなかろうか。多文化ソ
ーシャルワーカーは、外国人の人権を守り、共生のための手助けをする大き
な役割を、今後も担い続けていく重要な専門職といえよう。

コラム　イギリスの外国人労働者と社会保障

　イギリスは、EU 離脱以降、外国人労働者（特に EU 域外の「保健・介
護ルート」(Skilled Worker – Health and Care)）が増加の一途を辿っ
ていた。しかし、2023年をピークにやや減少傾向にある。というのも、
介護労働者の受入れ先による不正や搾取が散見されたために、介護労働
者の家族帯同の禁止や、受入れ先に対する CQC (Care Quality
Commission) への登録義務化を図ったことが原因にあるとされている
（JILPT ウェブサイト「外国人の増加に減速の兆し」〔2024年6月〕）。

　イギリスにおける外国人労働者の社会保障法上の権利については、入
国にあたり、公的資金に頼らない (No Recourse to Public Funds
〔NRPF〕) という原則が付される一方、在留資格により、どの公的給付
を受ける権利があるかガイダンスで枠組みを定めている (Public
funds：caseworker guidance ／ 5 October 2023)。公的資金 (public
funds) に分類される給付金・サービスは、1999年移民庇護法第115条
および移民法規則第6条にリスト化されている。もちろん、入国管理上
の制限を受けない給付金やサービスもあり、たとえば、新型求職者手当
(New-Style Jobseeker's Allowance)、法定傷病手当金、労働災害障害
給付金、法定親手当などがそれにあたる。また、地方政府が提供するソ
ーシャルケアサービスは、公的資金には分類されず、NRPF 条件に該
当する人を含め、状況によっては、在留資格に関係なく利用することが
できる。

〈参考文献〉

・愛知県地域振興部国際課多文化共生推進室ウェブサイト「多文化ソーシャルワー
　カーガイドブック」(https://www.pref.aichi.jp/uploaded/attachment/21240.

pdf）。

・公益財団法人愛知県国際交流協会ウェブサイト「相談員のための多文化ハンドブック」（https://www2.aia.pref.aichi.jp/sodan/j/manual/manual.html）。

・出入国在留管理庁ウェブサイト「外国人材の受入れ及び共生社会実現に向けた取組（令和 6 年 7 月更新）」（https://www.moj.go.jp/isa/content/001335263.pdf）。

＊本研究は2024年度南山大学パッヘ研究奨励金Ⅰ‐A‐2の助成を受けたものです。

第 9 章
犯罪をした者に対するソーシャルワーク法

事例

　Aさん（32歳）は、3歳の時に両親が離婚し、それ以来母親と2人で暮らしていた。Aさんは高校中退後知人の紹介で販売や配管工などいくつかの仕事をしたが、粗暴な性格で周囲とぶつかってばかりいたこともあってどれも長続きしなかった。これまで3回ほど窃盗や傷害などで逮捕されたが、いずれも起訴猶予や執行猶予処分を受けていた。自宅にいるといつも母親と衝突してしまうので地元の仲間の家を転々としているうちに、Aさんは特殊詐欺の受け子をして逮捕され、懲役2年の実刑判決を受け、収監された。刑務所でAさんは不得手な他人とのコミュニケーションが原因で他人と衝突してしまうことや、簡単な計算などができず日常生活能力を欠くような点が確認されたので、刑務所の福祉専門官であるSさん（社会福祉士）が診断を受けさせたところ、Aさんには軽度の知的障害があることがわかった。そうこうしているうちにAさんの母親が死亡したために、Aさんは帰るべき家がなくなってしまい、手持ちのお金もなくなってしまった。Aさんの満期出所に備え、SさんはAさんが釈放された後にどのような生活基盤をつくるべきかを考えている。

I　法制度

1　「犯罪をした者」

　犯罪をした者、というと、犯罪者や受刑者のように、素行が悪く刑法に触れる行為をしたことで逮捕勾留され、有罪判決を受けて刑務所を出所したよ

第9章　犯罪をした者に対するソーシャルワーク法

うな人を思い浮かべるかもしれない。しかし実は「犯罪をした者」はそのような人ばかりではない。

　令和5年犯罪白書によると、刑事事件処理件数およそ75万件のうち懲役・禁錮刑が確定したのが4万2千人、そのうち執行猶予でなく実刑となったのが1万5千人程度である。刑務所での更生が認められた仮釈放が1万人くらい、満期釈放が5千人程度である。つまり刑事事件のうち刑務所に収監されたのは2％程度にすぎない。この数字から見えるのは、社会生活を営む上での生きづらさを抱えているのは、犯罪をしても刑務所に入っていない人が大多数だということである。

　法律では、そのような犯罪行為をしたことで地域生活を営むのに支障があり、安定した職業に就くことができずに住居を確保することができないために円滑な社会復帰をすることが困難な状況にある人のことを「犯罪をした者」と呼んでいる（更生保護1、再犯防止1、3①）。この「犯罪をした者」という切り取り方は、犯罪をした者には地域社会に包摂されるための社会的障壁が立ちはだかっていることに目を向ける（再犯防止3①）。そのため、地域社会は犯罪をした者等を矯正施設（刑務所、少年刑務所、拘置所、少年院及び少年鑑別所）に収容されている間だけでなく、そこを出所して社会に復帰した後も途切れることなく社会的障壁を除去することが必要となる。犯罪をした者の生活問題は職業や住居をはじめとして多岐にわたるため、各種の施策を行う機関が有機的に連携した支援体制が構築されなければならない（再犯防止3②）。

2　「入口支援」と「出口支援」

　犯罪をして矯正施設を出所した者が地域社会に包摂されるための仕組みを、刑務所などの矯正施設から出た者を支援するという意味で「出口支援」ということがある。本章もこれを中心に検討することになる。

　先に述べたよう、犯罪をした者であっても矯正施設を経由しないで地域社会で生活するものも多い。不起訴、起訴猶予、微罪処分、罰金、科料などの刑にあたるものである。これらも地域社会で尊厳を持って暮らすには様々な社会的障壁があり、何らかの支援を必要とされることが多い。このような者

115

第1部　各論

に対する支援は「出口支援」に対する意味で「入口支援」と呼ばれることがある。

3　基本的な考え方

(1)　刑事司法と社会福祉

　報道に接していると、近年は治安が悪化して犯罪が増えているような印象を受けるかもしれない。しかし、刑法犯の認知件数（道路交通法違反を除く）は、2002（平成14）年の285万件をピークに、2022（令和4）年には4分の1以下の60万件に減少している。

　犯罪件数が減少傾向にある中で、高齢者による犯罪は増えている。2000年代初頭の検挙人員に占める高齢者率は10％に満たなかったが、2022（令和4）年は23.1％であり、特に女性における高齢者率は33.2％である（以上、令和5年犯罪白書）。精神障害を有すると診断された入所受刑者は1989（平成元）年に760人で全受刑者のうち3.1％であったが（令和元年犯罪白書）、2022（令和4）年には2,435人で16.8％と、5倍に増加している。

　このような人々には経済的な問題や医療の問題だけでなく、生活習慣や地域社会との関係、人間関係の孤立化といった多様かつ複合的な問題を抱えていることが少なくなく、それら要因が複合的に生じてやむなく犯罪行為を行うことがある。そうすると、刑事司法の側面から単に犯罪行為に対する罰を与えることでは十分でなく、安定した職業に就き、あるいは安定した収入を得て、住居を確保し、地域社会で孤立することなく社会復帰をすること支援することが必要となる（再犯防止3①）。他方で社会福祉の側面からは、福祉サービスを必要とする犯罪をした者が抱える保健医療、住まい、就労等に関する課題を把握し、地域住民の地域社会からの孤立状態を解消することができるよう、社会福祉サービスが提供されなければならない（社福4③）。このように、犯罪をした者が地域社会で尊厳を持って暮らすようになるためには、刑事司法と社会福祉の両輪の施策を講じられる必要があり、両輪にまたがるソーシャルワークが重要となる。

(2)　更生保護法の基本的な考え方

　犯罪をした者を矯正施設に収容して行う処遇を施設内処遇と呼ぶのに対し、

第9章　犯罪をした者に対するソーシャルワーク法

現実の社会の中で自立した生活を営ませながら改善更生を図る措置を社会的処遇という。社会的処遇の一般法は更生保護法である。

　社会内処遇は、犯罪をした者を取り巻く人間関係、社会環境を念頭に、社会内に存在するあらゆる社会資源を適切に活用しながら、犯罪をした者を地域社会全体で支える処遇である。犯罪をした者の中には他者に対して拒否的な感情を持ち他人を容易に受け入れないものも少なくない。ソーシャルワーカーなどが適切な働きかけをすることによって立ち直ろうとする意欲を引き出し、地域社会に働きかけることによって包摂され、自立していく基盤を確立することが重要となる。そこで更生保護法は、適切な社会内処遇を行うことにより犯罪をした者が善良な社会の一員として自立し、改善更生することを助けることを目的に（更生保護1）、国と民間団体又は個人と連携協力して実効性を挙げようとしている。

(3)　再犯防止推進法の基本的な考え方

　もっとも、更生保護法は犯罪をした者の自立更生と犯罪予防による社会保護がその中心的な目的である（更生保護1）。そこには犯罪をした者の円滑な社会復帰を阻害している状況を除去するとの視点は希薄である。

　そこで再犯防止推進法は、犯罪をした者等の多くが安定した職業に就くこと及び住居を確保することができない等のために円滑な社会復帰をすることが困難な状況にあるとの現状認識を示す（再犯防止3①）。この困難な状況を除去するために、犯罪をした者の特性に応じ、矯正施設に収容されている間のみならず、社会に復帰した後も途切れることなく必要な指導または支援を受けられるように、各種の支援を総合的に講じる（再犯防止3②）。これが実を挙げるためには、犯罪をした者等が被害者等の心情を理解すること、自ら社会復帰のために努力することが再犯の防止のために重要である（再犯防止3③）。

(4)　社会福祉法の考え方

　ところが車の両輪のうち片輪にあたる社会福祉法では、犯罪をした者に特化した法体系を構築しているわけではない。先に見た社会福祉法などが、各種福祉ニーズに対応する形での施策を、一般的な社会福祉サービスとして行っているに過ぎない。確かに、社会福祉法は地域社会からの孤立を防止する

117

第1部 各論

ことを目的としているし、生活困窮者自立支援法では生活困窮者の尊厳の保持を図りつつ、生活困窮者の就労や心身状況、地域社会からの孤立の状況その他の状況に応じて包括的かつ早期に自立支援が行われるべきとしている（生困2①）。これからすれば、生活困窮の犯罪をした者の側面を捉えて支援することはむしろ当然であるともいえる。しかしそこには犯罪をした者固有のニーズや支援の特性といった視点を欠き、犯罪をした者への対応が一般的な福祉サービスの中で消化できるものとしているわけではない。この点を捉え、次に見るよう、更生保護と社会福祉の有機的連携が進展しつつある。

(5) 非行少年

本章では主として成人の犯罪をした者を対象としているが、少年に関して少し解説しておく。犯罪をした少年（「非行少年」。再犯防止2①）は人格が発達途上であり、環境の影響を受けやすく犯罪への低抗力が弱い。そして成人よりも可塑性に富むことから、犯罪をしたことに対して単なる制裁や処罰をするよりも教育的な処遇をする方が改善更生・再犯の防止に有効であるといった特徴がある。そこで20歳に満たない犯罪をした者に対しては少年法で特別の手続、処遇を行うことにしている。

刑法では刑事責任年齢を14歳としている（刑41）。そのため、13歳以下で刑罰法令に触れる行為は犯罪とならず刑罰を科すことはできない。しかし被害は犯罪と同じように発生するため、このような行為を触法行為という。警察は、触法行為をした少年を児童相談所に送致し、1週間程度児童相談所が児童を保護する間に医学、心理学、社会診断を行い、家庭裁判所へ送致することが適当か判断する。家庭裁判所では、非行があった少年が再び非行をすることがないよう、少年の抱える問題に応じた措置をとる。その結果、保護観察や少年院送致などの保護処分の決定や、刑事処分とするために検察官送致の決定をする。非行防止や立ち直りを図る必要性があるような、犯罪のおそれがある少年に対して保護教育を行う場合も同様であり、教育や訓練を目的とした少年院に送致されることがある。

犯罪をした少年（「犯罪少年」）は罪を犯した14歳から19歳までの少年であるが、地方裁判所等での判決により刑罰を科す施設である少年刑務所に収容される。少年刑務所を退所した者についての出口支援は、原則として成人の

118

図表1　非行少年に関する手続の流れ

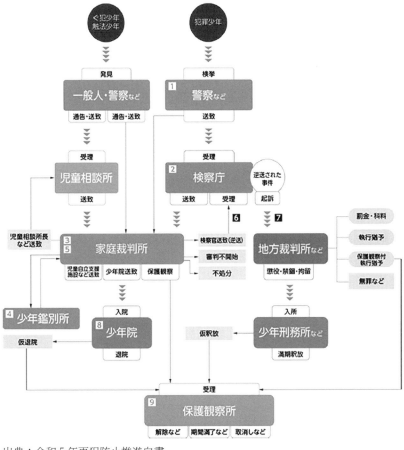

出典：令和5年再犯防止推進白書

それと同様の方法で少年であることの特性に配慮して行われる。

4　出口支援の概要

(1)　更生保護

　刑事司法手続は、通常、警察、検察、裁判、矯正の流れにある。矯正のあとすぐに社会生活へ移行させるのではなく、通常は更生保護の手続で社会内

第1部　各論

処遇が行われる。

更生保護法は、犯罪をした者が再び犯罪をすることを防ぐことと、その者が善良な社会の一員として改善更生することを目的としている（更生保護1）。これに基づき、仮釈放、保護観察、生活環境の調整、更生緊急保護、犯罪被害者等施策、恩赦の制度が設けられている。

このうち仮釈放は懲役などの受刑者を刑期満了前に釈放する制度であり、悔悟の情及び改善更生の意欲があり、再び犯罪をするおそれがなく、かつ、保護観察に付することが改善更生に資すると考えられる場合に認められる。ただ、地域社会が犯罪をした者を受け入れるかどうかも重要であり、帰住先（帰るあてがあるか）、身元引受人の有無が重視される。帰住先や身元引受人がいない場合には更生保護施設（更生保護事業2⑦）や自立更生センター、自立準備ホーム等の施設を利用することがある。

仮釈放となった者は、仮釈放の期間中、矯正施設出所後、保護観察に付される（更生保護40）。**事例**のように満期出所の場合には保護観察が付されることがない。

(2)　矯正施設における生活環境の調整

仮釈放の対象者には保護観察が行われる。帰住先を確保することができ更生の意欲がある者が対象であるから、**事例**のように満期釈放となることが多い帰住先がなく知的障害により更生の意欲が疑われる者は保護観察の対象とならない。矯正施設の収容者にとって、釈放後に適切な生活基盤が確保されているかどうかは、社会内処遇を円滑にするかどうかだけでなく、地域社会で尊厳を持って生活することができるかどうかにとっても重要な問題である。

そこで、保護観察長は、矯正施設に収容されている者、保護観察付執行猶予者、勾留中の者について、社会復帰を円滑にするために必要と認めるときには、対象者の家族その他関係人を訪問して協力を求めるなどして、釈放後の住居、就業その他の生活環境の調整を行う（更生保護82、83、83の2）。これを生活環境の調整という。

生活環境の調整は、対象者（「生活環境調整対象者」）が矯正施設に収容されている期間、継続的に行われる（社会内処遇規則120②）。調整内容は①釈放後の住居確保、②引受人等の確保、③生活環境調整対象者の家族その他関

第 9 章　犯罪をした者に対するソーシャルワーク法

係人の理解協力を求めること、④釈放後の就業先又は通学先の確保、⑤生活環境調整対象者の改善更生を妨げるおそれのある生活環境について、釈放された後に影響を受けないようにすること、⑥釈放後に公共の衛生福祉に関する機関その他の機関から必要な保護を受けることができるようにすることなどである。これを行っているのが**事例**の福祉専門官Ｓさんである。

　生活環境調整対象者にとって重要なのは、帰住先の有無だけでなく自尊心を維持しつつ生計を確保するための就労先の存在である。法務省と厚生労働省は、刑務所出所者等総合的就労支援対策を実施しており、ハローワーク（公共職業安定所）の職員が矯正施設で職業相談、職業紹介等を行っている。

(3)　特別調整と地域生活定着促進事業

　矯正施設を出所後に帰住先や就労先をすぐに確保できない者は少なくない。特に**事例**にあるように、頼ることができる親類がおらず、これまでの犯罪行為によって周囲に迷惑をかけてきたことから、容易に帰住先が見つからない場合がある。特に高齢者や障害者などで犯罪をしたことにより、必要な福祉サービスを受けることができる帰住先を見つけることは困難が伴う。

　そこで生活環境の調整のうち、特に矯正施設出所後に福祉サービスを受ける必要がある者を対象に、生活環境の調整をその特性に配慮した特別な手続を行う。これを特別調整という。この過程で住民票の有無、福祉サービスの利用歴、障害者手帳の有無を確認し、釈放後速やかに医療、介護、年金、生活保護等の福祉サービスを受けられるように支援される。

　特別調整の受け皿として、福祉分野では地域生活定着促進事業が行われている。地域生活定着促進事業は地域生活定着支援センターを設置し、高齢者、障害者が直面する生活課題解決に向けて、対象者と面談しながら勤務先への訪問、医療機関や福祉機関などの関連機関との連携を図っている。2009（平成21）年度より開始されたこの事業は当初出口支援を対象としていたが、2021（令和３）年度より被疑者・被告人等で高齢または障害により自立した生活が困難な人に対する入口支援も開始されている。

　この事業の対象となるのは①高齢（おおむね65歳以上）であり、又は障害（身体・知的・精神のいずれか）があると認められること、②適当な住居がないこと、③高齢又は障害により、健全な生活態度を保持し自立した生活を営

121

第1部　各論

図表2　地域生活定着支援センターの業務フロー

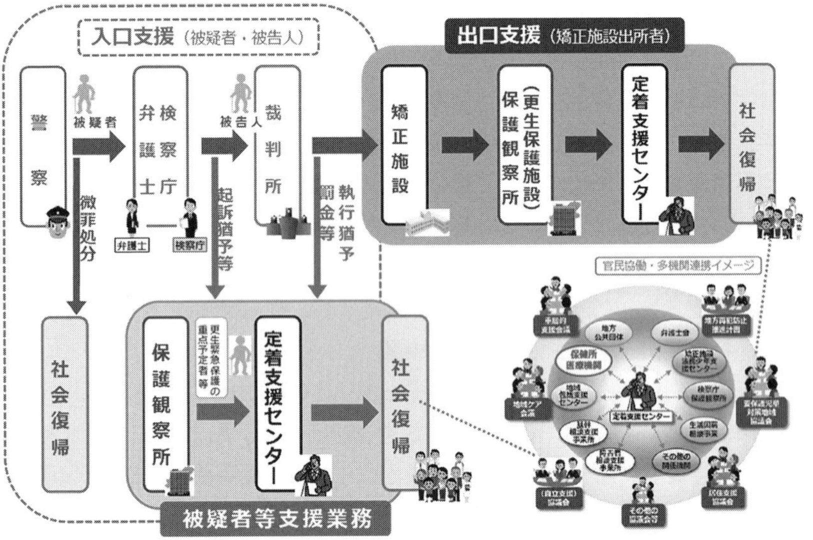

入口支援（被疑者・被告人）　出口支援（矯正施設出所者）

被疑者等支援業務

出典：厚生労働省「矯正施設退所者等の地域生活定着支援について」

む上で、公共の福祉衛生に関する機関等による福祉サービス等を受ける必要があると認められる者、のすべてを満たす者である。その上、保護観察所長が更生保護施設に一時的に受け入れることが必要かつ相当であると認められるものでなければならない。

(4)　更生緊急保護

　事例のように、矯正施設を満期出所した者は、その時からどのように暮らすことができるのだろうか。どこか知人を頼るにしても連絡通信手段がない、あったとしてもそこまで行く交通費がないかもしれない。一時的にせよ住む場所がなく食費も持ち合わせがない。満期出所が予定されている者については、出所前から矯正施設内でそのような現実を容易に予想することができるだろう。このような場合、更生緊急保護が個人の改善更生のために必要な限度で、国の責任において行われる。

　更生緊急保護は、保護観察長が実施必要性の有無を判断し、必要があると

122

第9章　犯罪をした者に対するソーシャルワーク法

認めた場合に限って実施されるが、保護の対象となる者の意思に反して行うことができず（更生保護85④、86、）保護観察所に書面で申出をすることとされている（社会内処遇規則118①）。もっとも、これらの手続を知らないことが少なくないことから、実務的には矯正施設で釈放前に更生保護施設での生活を希望する場合に、必要性が認められると保護カードが手渡され、釈放後に保護観察所で面接を受けて更生保護施設に入所することが一般的である。

　更生緊急保護の措置は、保護観察所が行うものと、更生保護事業者に委託して行うものがある（更生保護85③）。実務上は宿泊を伴う継続的な保護（その多くは更生保護法人への委託）と、宿泊を伴わない一時的な保護（その多くは保護観察所が行う）がある。前者の例としては更生保護施設を運営する更生保護法人に委託して宿泊場所や食事を提供し、就労支援や生活指導などが行われる。保護観察所が行う一時的な保護は食事の提供、移動に必要な交通費の援助、衣料品等の給与などである。

(5)　更生保護施設

　更生保護施設は、保護観察又は更生緊急保護の対象者のうち、帰住先がないなどの理由で直ちに自立更生することが困難な者を保護し、食事の提供、就労支援、社会生活に適応させるための生活指導を行うことで社会復帰を促進する宿泊施設である（更生保護事業2⑦）。更生保護施設は、更生保護施設で保護される被保護者（更生保護事業2⑤）の処遇計画を立て、被保護者の心身の状況や生活環境の推移等を把握し、その状況に応じた適切な保護を実施する。そして被保護者に対し、自助の責任を自覚し、社会生活に適応するために必要な能力を会得させる（更生保護事業49の2①）。

　更生保護施設における保護は、主として保護観察所からの委託によって実施されている。委託期間は原則として6か月であり、その間に職に就いてお金を貯め、自立生活を営む基礎を持つことが期待される。

Ⅱ　ソーシャルワークの担い手

1　矯正施設のソーシャルワーカー（福祉専門官）

2014（平成26）年から矯正施設に常勤職員として福祉専門官が配置され、

第1部　各論

高齢者、障害者などの受刑者の出所後の生活の場の調整などを行っている。福祉専門官は社会福祉士又は精神保健福祉士の有資格者であり、司法ソーシャルワーカーともいわれる。

　矯正施設に福祉専門官が配置されるようになったのは、矯正施設での特別調整が開始されたことを契機とする。矯正施設では福祉専門官が釈放後に福祉的ニーズがあると考えられる受刑者と面接し、生活環境や障害の程度を把握し、場合によっては障害者手帳や障害年金、釈放後の生活保護受給に向けた手続支援などを行う。必要に応じて特別調整の対象者となることを保護観察所へ通知するなどして出所後の生活基盤を整えようとする。

2　保護観察官

　事例のような満期出所の場合には保護観察が付されることはない。しかし、出所後の生活に不安があるような場合には、出所予定者の申出に基づき、出所後6か月以内に更生緊急保護が行われる。この場合の対応先となるのが保護観察所である。

　保護観察所には保護観察官が配置される。保護観察官は常勤の公務員であり、心理学、教育学、社会学等の専門知識に基づき保護観察、調査、生活環境の調整と犯罪予防活動等の業務に従事している。保護観察官は犯罪をした者の社会内処遇を主宰する責任者として、その専門性を活かしつつ指導監督と補導援護を行う。**事例**の場合では、矯正施設に収容中されている者の生活環境の調整に従事し、さらに特別調整に従事することになる。

　特別調整等の対象となった者の円滑な社会復帰のため、保護観察官は保護司と協働して矯正施設入所当初から対象者や家族その他関係人を訪問して協力を求める（更生保護31、32）。保護司は保護司法に定める無給の民間篤志家であり、保護観察官の補助的業務を行う（保護司11）。保護観察の場合、保護司は保護観察官が作成した実施計画に基づいて概ね月に2回程度本人や家族等と面接し、本人の生活状況を把握しながら問題の改善につながるように生活相談に乗り、指導助言を行う。保護司は地域社会の住民なのであるから、その地域の事情に精通し、自立に向けた有効な社会資源に熟知し、それを調整する役割を担う。このため、犯罪をした者が地域社会で包摂されて社会内

第9章　犯罪をした者に対するソーシャルワーク法

処遇により自立生活をすることができるかどうかは、保護司に大きな期待が寄せられる。

3　地域生活定着支援センター・自立準備ホーム

地域生活定着支援センターは、高齢者又は障害者が矯正施設から退所後に自立生活を営むことが困難であると認められる者について、保護観察所と協働して、退所後直ちに福祉サービス等を利用することができるように設置されている。同センターは保護観察所からの依頼に基づき福祉サービスに係るニーズ調査を行い、受入先施設のあっせんや申請支援を行い（コーディネート業務）、本人を受け入れた施設等に対して必要な助言等を行い（フォローアップ）、本人又はその関係者からの相談に応じて助言その他必要な支援を行う（相談支援業務）。地域生活定着支援センターには設置基準が定められ、職員6名を基本として社会福祉士、精神保健福祉士等の資格を有する者又はこれらと同等に業務を行うことが可能であると認められる者を1名以上配置しなければならない（地域生活定着支援センターの業務及び運営に関する指針）。

自立準備ホームは、矯正施設出所後の一時的な帰住先として受け入れを行う施設である。更生保護施設も同様の役割を担うが、自立支援準備ホームは保護観察からの委託を受けて行う民間法人事業所であり、更生保護施設ほどの厳格な設置基準はない。薬物依存者の自助グループ、障害者施設やグループホーム、ホームレス等の自立生活支援のためのNPOが所有するアパートなど、多彩なものがある。

4　生活困窮者自立支援事業所

犯罪をした者の支援を担うのは更生保護制度を中心とする刑事司法の流れが中心である。しかし住む場所も就労先も見つからないという点では、生活困窮者自立支援法の対象となる場合がある。この点を捉えて厚生労働省地域福祉課長も「矯正施設出所者の生活困窮者自立支援法に基づく事業の利用等について（通知）」（厚生労働省社会・援護局地域福祉課長通知・社援地発0327第8号平成27年3月27日）を発出した。

同通知によると、保護観察所等において、矯正施設出所者が生活困窮者自

125

第1部　各論

立支援制度の利用を希望していることを把握した場合であって、当該制度の利用が適切であると考えられる場合に、矯正施設出所者に対し、自立相談支援機関の連絡先を教示するなどとともに、自立相談支援機関に情報提供することとされている。

Ⅲ　ソーシャルワークのプロセス

1　入口支援

　事例では判然としないものの、Aさんの場合複数回の犯罪をしているが、犯罪に至った原因と有罪判決を受けて矯正施設に入るまでに、知的障害があったことが影響している可能性を検討する必要がある。さらに、収監中にずっと一緒に暮らしてきた母親が死亡したことの影響も考えなければならない。

　刑事事件で逮捕されて被疑者となった場合、本人や家族が契約する私選弁護人か、裁判所によって選任される国選弁護人が付される。これら弁護人が刑事裁判において弁護活動を行うことは当然であるが、刑事裁判において更生支援計画を提出することにより円滑な社会内処遇が可能であることを示すことで収監されずに地域社会で自立更生することができるようになる場合がある。弁護人は、社会福祉士や精神保健福祉士といった福祉専門職に相談依頼を行い、福祉専門職が弁護人や被疑者と面会打ち合わせを行い、被疑者の家族や医師、公認心理師、臨床心理士等関係者からの情報を得て更生支援計画が策定される。実践可能な更生支援計画が刑事裁判に提出され、刑事裁判では福祉専門職が更生支援計画を実践することで更生に資することができる。被告人にはそれが可能な意思と能力があることを出廷して証言する。裁判所が支援の内容が有効であると判断した場合には、量刑においてそれが考慮される。更生支援計画策定の過程において、依頼を受けた福祉専門職は、被告人の障害者総合支援法や知的障害者福祉法に基づく障害認定、国民年金法にいう障害基礎年金の障害認定などを行い、地域生活への移行をスムーズにするようにしている。

　もっともこのような取組みは法律に基づいているのではなく、いくつかの都道府県で試行的に行われているに過ぎない。各地方の弁護士会がその取組

みの状況を把握しているのでそちらで確認することになろう。

2　矯正施設におけるソーシャルワーク

矯正施設では福祉専門官が受刑者と面談し、必要とされる福祉ニーズを把握し、何らかの福祉サービスを受ける場合に本人が行う申請手続を援助する。職業訓練や就労指導などを受け、さらいハローワークと連携して受刑者専用求人などをもとに職業紹介等を行う。そして傷病や障害がある受刑者には在監中に対応する福祉サービスなどを行うほか、釈放後の受入先となる医療機関、福祉施設の開拓や受け入れに向けた連絡調整などを行い、本人が希望する場合には特別調整の対象として地域生活定着支援センター職員と連携して出所後の生活環境調整を行う。

3　地域生活定着促進事業におけるソーシャルワーク

受刑者が満期出所となって特別調整により地域生活定着支援センターに入所した場合、同センターの社会福祉士又は精神保健福祉士が中心となって、コーディネート業務、フォローアップ業務、相談支援業務を行う。そこでは司法機関（矯正施設、保護観察所、更生保護施設）や本人だけでなく、家族、保護司、福祉事務所や知的障害者更生相談所、精神保健福祉センターや社会福祉協議会等と常に連絡調整をとりつつ支援計画を策定することになる。

地域生活定着支援センターは原則として6か月の利用期間が定められているため、退所前に福祉施設等と利用調整を行う。受入先事業所が利用者に適しているか否かを判断するため、事業所と面談を行う。また、障害者総合支援法に基づく障害認定が必要となる場合があるため、療育手帳の取得等を行い、社会保険労務士等と連携して障害年金の取得に向けた障害認定の準備等を行うこともある。

4　自立生活支援とアフターケア

地域生活定着支援センター退所後すぐ必ず適切な施設等へ入所できるわけではない。それが一時的な場合であればシェルターに居住し、状況が許せば福祉施設（たとえば、グループホーム）へ入所することがある。Ａさんは就労

第 1 部　各論

可能であるので、就労継続支援B型事業所で就労しつつ、適応していけば就労継続支援A型事業所に移行することも考えられる。その間、定期的に医療機関での診察を受けるために障害者総合支援法に基づく通院への同行サービスを利用する。経済的な面では障害基礎年金を取得しているが、その金銭管理のために社会福祉協議会が行っている日常生活自立支援事業を利用する。定期的に支援者会議が開催され、福祉・医療等の関係者が支援方針を再検討している。

Ⅳ　トラブルとその解決

1　支援を断る場合

　Aさんはこれまで社会で承認されてきた経験が少なく、他者を受け入れることに否定的、攻撃的になるかもしれない。逮捕起訴された時点から反社会的人物であるとの扱いを受けてきたのであるから、自分のことを理解してくれる人がいるということを受け入れることが難しいかもしれない。また、自己否定的感情を持っている上に知的障害があるので、他人と同じように地域に包摂された自立生活を営むことを難しく感じており、過去の経験から提案された自立支援計画を拒否することもあろう。また、当初は自立生活に意欲的であったとしても、時間の経過とともにつらくなって途中で放り出してしまうこともある。

　もしかしたら地域社会はそのようなAさんをなかなか受け入れようとしないかもしれない。

　しかし、ソーシャルワークはそのようなことが起こることを念頭に支援計画について協議し、計画を策定し、実施し、モニタリングし、計画を変更し、実施を続けていく気の長い営みである。確かに法律には支援を断ってはならない、と書かれていない。しかしこれまで数々の失敗を重ねて社会的に適応しなくなってきたAさんを再び社会が包摂するために、ソーシャルワーカーがAさんに伴走しながらずっと支援を続けていくことは、Aさんが自立生活を獲得する上でも重要である。

第9章 犯罪をした者に対するソーシャルワーク法

2 地域社会との軋轢とコミュニティソーシャルワーク

もっとも地域社会が犯罪をした者を積極的に排除しようとするのであれば、いくらソーシャルワーカーが努力しても社会内矯正が進まない。地域生活定着支援センターを建設しようにも、付近の住民が反対すればなかなか実現しない。そこで活躍するのが地域で犯罪をした人を支える役割を担う保護司、協力雇用主の存在である。保護司は民間の私人であり、犯罪をした者の自立更生に積極的であるだけでなく、地域住民として事情に精通し、住民に理解を求める役割が期待される。犯罪をした者が再び犯罪をしないようにするためには、安心して働くことで自らが社会の役に立っているとの自尊心を維持できるような雇用が重要である。協力雇用主は、犯罪をした者を雇用し、犯罪をした者の社会的靭帯を形成する役割を担う。このように犯罪をした者の社会内矯正を進めることが、誰もが暮らしやすい地域づくりを進めることにつながるのである。

Ⅴ 課題と展望

懲役は矯正施設のような刑事施設に拘置して所定の刑務作業を行わせる刑であり（刑12②）、禁錮は刑事施設に拘置する刑で刑務作業が義務づけられない（刑13②）。しかし刑務所に入った者のほとんどが懲役刑であり、禁錮刑はごくわずかに過ぎない。しかも禁錮刑とされた者の大半は自ら進んで刑務作業をしており、禁錮刑が有名無実化しているとの批判があった。そして懲役刑においても就労や福祉的な支援が行われるのが釈放直前であって、受刑者の特性や環境に応じた支援を行うことが難しい状況にあった。

そこで2022（令和4）年に懲役刑と禁錮刑を一本化して「拘禁刑」を創設する刑法改正が行われた。この改正により、現在懲役受刑者に課されている刑務作業が義務づけられなくなる一方で、受刑当初から継続的な就労支援や福祉的支援を含む社会復帰支援が行われることになった。そして学習能力に問題がある受刑者に対しては、受刑当初より基礎学力の向上に向けた支援が行われ、その後に就労指導や作業・職業訓練などが行われる。高齢や障害により心身機能の低下が著しい受刑者に対しては、当初より健康的な体力作り、

129

第1部　各論

福祉的支援を行い、釈放前に認知機能や身体機能の維持・向上のための訓練・作業などが行われることになった。これらの施行は2025（令和7）年6月が予定されている。

図表3　拘禁刑導入後の矯正処遇（イメージ）

出典：法務省「刑事施設の概要」

〈参考文献〉

・杉本敏夫監修『刑事司法と福祉』（ミネルヴァ書房、2023年）
・日本司法福祉学会編『改訂新版司法福祉』（生活書院、2017年）
・山本譲司『刑務所しか居場所がない人たち ── 学校では教えてくれない、障害
　と犯罪の話』（大月書店、2018年）

第10章

生活保護に関するソーシャルワーク法

事例

　Aさん（35歳）は中学校時代にいじめられたことをきっかけに不登校となり、単位制高校も中退してからは自宅で引きこもりの状態にある。Aさんは母子家庭で母親のBさんと一緒に暮らしてきたが、3か月ほど前にBさんが癌で死亡してしまった。Aさんはずっと落ち込んでいたが、生活費もなくなったのでZ市福祉事務所で生活相談をして生活保護を受けることになった。Aさんの担当であるケースワーカーSさんは、Aさんには健康状態に問題がないため働いて生活保護から抜けることが良いと判断し、お弁当製造事業所Xで就労する訓練計画を立てた。Aさんは当初一生懸命働こうとしていたが、遅刻が続き、叱責され、仕事ができずコミュニケーションが下手なので同僚からも疎まれて10日ほどで行かなくなってしまった。Sさんは何度もAさんにXの所長に謝って真面目に出勤するよう伝えたが、Aさんはやはり欠勤し続けて毎晩オンラインゲームをしている。Sさんはいくら指示してもAさんが態度を改めようとしないので、Aさんの生活保護を廃止すべきかとも考え始めた。

I　法制度

1　生活保護を必要とする人の自立

　生活保護法は、国が生活に困窮する国民に対して最低限度の生活を保障するための法制度である（生保1）。どんなに貧困状態にあって苦しい思いをしていたとしても、国家がある程度の生活費や住宅の家賃、医療費や介護に

第10章　生活保護に関するソーシャルワーク法

要する費用を支給することで、安心して暮らすことができる。厚生労働大臣
は最低限度の生活水準を決定し（生保8）、生活保護を受ける被保護者（生保
6①）が努力しても足りない部分について保護を行う（生保4①）。

　努力しても最低限度の生活を営むことができない状態になっていることに
は様々な原因が考えられる。**事例**のように、肉体的には働くことができるけ
れども何らかの事情によって働くことができないこともあろう。そこで生活
保護法は、最低限度の生活を保障するともに、被保護者が本来持っている自
立する能力を向上させることも法の目的にしている（生保1）。

　それでは自立が目的である、ということはどういうことであろうか。この
点についてはずっと以前から議論されてきたが、2005（平成17）年から自立
とは「就労自立」「日常生活自立」「社会生活自立」から構成されると理解さ
れるようになった。ソーシャルワークの担い手はそのことを意識しつつ最低
生活保障と自立助長を実現するように職務を遂行することになる。

2　生活保護法の規範構造

(1)　生活保護法

　生活保護を利用するためには、生活保護法に定める要件を満たさなければ
ならない（生保2）。「要件」というのは、特定の法律上の効果を発生させる
ために必要とされる前提条件のことである。生活保護法の条文を見ると、保
護の要件は4条1項にだけ登場する。これを見ると、「利用し得る資産能力
その他あらゆるものを活用すること」（生保4①）だけが要件となっている。
つまり、「資産、能力その他あらゆるもの」以外に何があったとしても（た
とえば扶養義務者がいたとしても）、あるいは要件以外の何かがなかったとし
ても（たとえば扶養義務者が扶養をしていないとしても）、保護の要件さえ満た
していれば保護を受けることができる、という関係にある。

　生活保護法はその27条1項でケースワーカーSさんが保護の目的達成に必
要な指導又は指示をすることができると定め、62条1項ではこの指導又は指
示をしたときは保護の利用者はこれに従わなければならないことを定めてい
る。そしてこれに従わないときには保護の変更、停止又は廃止をすることが
できる旨定めている（生保62③）。

133

第1部　各論

　この規定から見ると、ケースワーカーＳさんが「働きなさい」と指導又は指示をすることは、自立の助長という生活保護法の目的を達成するためであって、これに従わないＡさんの保護を廃止することができるように見える。しかし、ケースワーカーＳさんが行う指導又は指示はＡさんの自由を尊重し必要最小限にしなければならず（生保27②）、Ａさんの意に反して強制することができないことも法で定められている（生保27③）。そして生活保護法55条の7では「被保護者就労支援事業」を定めているが、Ａさんに被保護者就労支援事業を行わなければならないのか、行うべきか、行うとすればどのような支援を行うべきなのか法律は答えてくれない。それにＡさんはこのことについてケースワーカーＳさんに相談しているわけではない。結局Ａさんの自立に向けてケースワーカーＳさんはどのようなことをすべきか法律は何も教えてくれない。

3　法規命令と行政規則

(1)　厚生労働省令

　被保護者就労支援事業について定める生活保護法55条の7第2項で見たように、法律の条文を眺めていると「厚生労働省令で定めるところにより」といった表現に出くわすことがある（ほかにも生保28②、44②⑤など）。これは生活保護法が厚生労働省に対して策定を委任した「生活保護法施行規則」のことをいう。このような委任された規定を法規命令という。

　ここでいう「厚生労働省令」とは生活保護法施行規則18条の12である。毎年度出版されている『生活保護法関係法令集』には「『厚生労働省令』＝規則18の12」と明示されており、それを見ると対応関係がわかる。ただ、e-gov の生活保護法56条の2第2項ではそのリンクがないので、「厚生労働省令」というのが施行規則であるということを知っておく必要があり、そこから条文を探し出す必要がある。

　規則18条の12では、「厚生労働省令で定める者」を社会福祉法人又は一般社団法人、一般財団法人、特定非営利活動法人その他保護の実施機関が適当と認めるものとされている。つまり、都道府県や市町村でなくNPOなどの民間団体でもよいが、営利企業である株式会社であれば保護の実施機関が認

134

めるものに限られるということになる。これからすると、お弁当製造事業を営むＸが委託団体となることができるかどうかは、生活保護を実施している福祉事務所が決定することになる。

(2) 告示

　ところでＡさんに支給される生活保護費はいくらになるのであろうか。生活保護法では厚生労働大臣の定める基準により測定した要保護者の需要から満たすことのできない不十分を補う程度を行うこととされている（生保8①）。つまり、国会で立法によって定めるのではなく、厚生労働大臣が行政機関として定めることにしているのである。それでは「厚生労働大臣の定める基準」とは何か。同じように『生活保護関係法令通知集』では「『基準』＝昭和38年4月厚告第158号『生活保護による保護の基準』」と記載されている。それを見ると、所在地域別に6つのブロック（1級地1から3級地2まで）に分け、年齢別の生活扶助基準（個人別の第一類と世帯共通経費の第二類）、加算などから構成されている。これがいくらになるかを Web などで計算してほしい。

(3) 事務次官通知

　各省の長である大臣を助けるために置かれる事務次官（国家行政組織18①②）は、大臣が発する告示の少し具体的な内容を示す。これを厚生労働省事務次官通知という。

　ただ、この事務次官通知は、厚生労働省事務次官が各都道府県知事・各指定都市にあてた文書であり、あくまでも厚生労働事務次官が生活保護を実施する地方自治体に通知した処理基準に過ぎず、福祉事務所と保護の利用者との間を規律するものではない。つまり、福祉事務所がこの基準と違うことを行ったとしても、法律的には福祉事務所の行為が違法無効となるわけではない。ただ、福祉事務所のそのような行為は厚生労働省との間で問題となり、業務監査で指導を受ける。それ故にこの厚生労働事務次官通知は、保護利用者との関係では法的な効果がないものの、事実上その関係を規律する規範としての効果を持つ。これは後に見る通知・通達も同様である。

(4) 社会・援護局長通知

　厚生労働省はその政策に応じていくつかの局に分かれている。生活保護を

司るのは社会・援護局である。社会・援護局には局長がおり、その社会・援護局長が発する通知として「生活保護法による保護の実施要領について」（社発第246号昭和38年4月1日）がある。これは事務次官通知をより具体化するもので、法や次官通知よりも少し具体的な事情を概括的に定めている。その範囲は世帯認定から収入認定、申請手続といったように、全般的な領域にわたる。

(5) 課長通知

局長通知をより具体化するのが課長通知である。社会・援護局の保護課長が発する通知は「被保護者就労準備事業の実施について」（社援保発0331第20号平成27年3月31日）といった就労準備事業に関する総論的な通知のほか、その内容をさらに詳述する「被保護者就労準備支援事業及び就労準備支援事業における福祉専門職とに連携支援事業の実施について」（社援保発第0329第1号・社援地初第0329第1号平成29年3月27日）などがある。

(6) 生活保護問答集

生活保護行政を担っているのは保護の実施機関であり、保護の実施機関は都道府県と市、そして福祉事務所を設置する町村部である。このような地方自治体は国とは独立して独自に生活保護行政をどのようにするか決定することができる。しかし生活保護は国の責任において行われるものであり、本来は国が行わなければならないことを地方自治体に任せている。これを法定受託事務という。法定受託事務を実施するための指針として各種の通知は厚生労働省（事務次官、社会・援護局長、保護課長）が機能する。

しかし地方自治体の福祉事務所が保護利用者と接する中で、法や通知を見てもどのように処理してよいかわからない問題が生じることがある。そこで各福祉事務所が厚生労働省の保護課に質問をして、保護課がそれに回答する。これは他の福祉事務所においても参考となるから公表されることがある。それが「生活保護問答集について」という事務連絡である。この事務連絡は「課長通知」に示されない個別具体的な内容であり、毎年度末厚生労働省社会・援護局保護課が全国の生活保護担当者を集めて行う「課長会議」で示されている。

したがって事務連絡は行政機関内部で「このようにやった方がよいです

第10章　生活保護に関するソーシャルワーク法

よ」という連絡に過ぎず、国民の代表者が行った立法行為ではない。もっとも、生活保護行政を司る保護の実施機関にとってはそれが業務の指針となるのであるし、個々のケースワーカーが常に参照すべきものになるから、毎年度『生活保護手帳別冊問答集』として公刊されている（オンラインには全文公開されていない）。なお、生活保護法、生活保護法施行規則、厚生労働大臣告示、次官通知、局長通知、課長通知の内容を場面ごとに解説した『生活保護手帳』も毎年度公刊されている。『別冊問答集』は『生活保護手帳』をより場面に即した具体的事例の回答を示したものである。

(7)　行政規則と裁判規範

このように見てくると生活保護のケースワーカーにはたくさんの定めがある一方で、保護の利用者にとってはそのほとんどが間接的な定めに過ぎず、裁判で争うための指針となり得ないことがわかる。それではケースワーカーが『生活保護手帳』などに従って行った行為はすべて適法であり、すべてそれを甘受しなければならならいのだろうか。それにはここまで見てきた法律と行政規則の構造を振り返ってみることが有益である。法律と行政規則との関係は次のようになっている。

図表1は実線部分がその法律や行政規則が定めている範囲を示している（厳密には法律による委任を受けていない行政規則は規範構造の下位に属するものではないが、ここでは説明のために簡略化している。）。この関係は一般的な規範（上位規範。最高法規は日本国憲法〔憲98①〕）の範囲内で下位規範（日本国憲法の下位規範が生活保護法）が定められ、下位規範は上位規範に反してはならない、ということを意味している。

下位規範が上位規範に反した、あるいはその趣旨を逸脱したことを定めている部分（上の図では点線で囲まれた部分）は、いくらそれが生活保護行政の現場で用いられているものであっ

図表1　生活保護法の規範構造
（筆者作成）

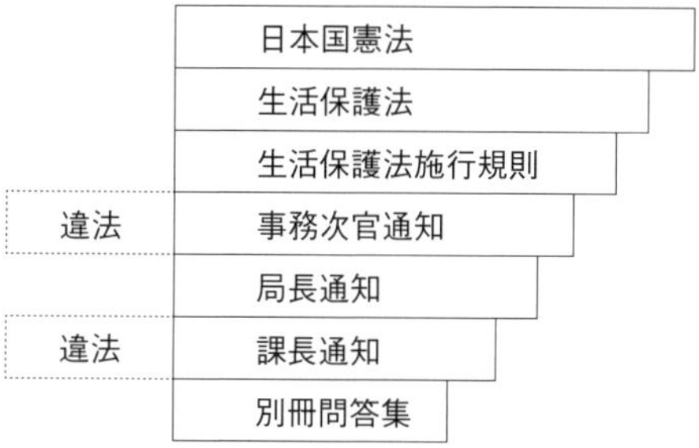

	日本国憲法
	生活保護法
	生活保護法施行規則
違法	事務次官通知
	局長通知
違法	課長通知
	別冊問答集

137

第1部　各論

たとしても、上位規範に反する定めであるから違法の評価を受ける。したがって、裁判の場で上の図の例では事務次官通知と課長通知が点線部分にあたり生活保護法の趣旨に反する、裁量権を逸脱濫用したもので違法であると主張して、それが認められる場合には処分が違法と評価される。

Ⅱ　ソーシャルワークの担い手

1　生活保護の実施機関

　生活保護を実施するのは都道府県知事、市長及び福祉事務所を管理する町村長である（生保19）。都道府県及び市（東京特別区を含む）は条例で福祉事務所を設置しなければならず（社福14①）、町村は福祉事務所を設置することができる（社福14④）。福祉事務所は必ず生活保護法に関する事務を司ることとなっており（社福14⑤⑥）、生活保護を受けようとする人の居住地がない、あるいは不明である場合には、現実に居住している地域（現在地）の福祉事務所がその担当となる。

2　福祉事務所の組織と社会福祉主事

　福祉事務所には法律で配置しなければならない所員が定められている。査察指導員（スーパーバイザー）は法律上「指導監督を行う所員」と定義され、福祉事務所長の指揮監督を受けてケースワーカー（「現業を行う所員」）の指揮監督を行う（社福15①③）。

　ケースワーカーは福祉事務所長の指揮監督を受けて、援護、育成または更生の措置を要する者の家庭訪問をするなどして、生活保護受給者等に面接し、本人の資産、環境等を調査し、保護その他の措置の必要の医務及びその種類を判断し、受給者等に対して生活指導等を行う（社福15①④）。そしてこれに福祉事務所長の指揮監督を受けて庶務を司る事務を行う所員が加えられる（社福15①⑤）。

　これらの職員の人員定数は条例で定められる。ただし、ケースワーカーについては生活保護の受給世帯数がおおむね80世帯に対応して1人以上の配置をしなければならない。その最低数は都道府県が6人、市が3人、町村が2

人以上となっている（社福16）。

　ケースワーカーは生活保護の最前線で受給者の支援を担う重要な人物である。そして日本の生活保護は生活保護受給者の生活相談だけでなく指導などを行いつつ、生活保護受給者の保護の要否判断、種類及び程度を決定する際に非常に重要な役割を担っているし、生活保護受給者が指導指示に従わない場合に保護を制裁的に停止・廃止するなどの権限行使に重要な役割を持っている。つまり、ケースワーカーは、生活保護受給者に対する支援を業務としつつも、生活保護受給者の生殺与奪も握っているのである。

　そこで、ケースワーカーとケースワーカーを指導監督する査察指導員は、社会福祉主事という専門資格を持っていなければならない（社福15⑥）。資格とはいってもその業務に従事するために要求される資格であり、その業務に従事していない人にとって役立つものではない任用資格と呼ばれる。社会福祉主事を取得するには大学などで社会福祉概論、社会保障論、民法などの３科目以上を履修した場合、都道府県知事の指定する養成機関又は講習会の課程を修了した場合、社会福祉事業従事者試験に合格した者などがこれにあたる。この中でも大学などで特定の科目を履修したことで取得する（いわゆる「３科目主事」）者が最も多く、社会福祉の専門職性を示す資格であるかどうかについては議論がある。ただ、社会福祉主事は社会福祉法で「人格が高潔で、思慮が円熟し、社会福祉の増進に熱意がある」者だとされているから（社福19）、そのような適性を備えた者が活躍しているともいえる。

　事例では、Ｂさんから生活状況を聞き取り、希望を聞いた上で転居の希望が叶えられるかどうかを判断するのがケースワーカーであるＳさんの仕事ということになる。その際には高潔な人格で、円熟した思慮をもって、社会福祉の増進に熱意をもって業務にあたることになろう。

3　民間事業者

　生活保護は国の責任で行われ、それは地方自治体の福祉事務所によって担われる公法上の関係である。もっとも生活保護法の目的である自立の助長のために民間事業者が果たす役割・機能は少なくない。

　事例のような保護を利用する人が就労支援を受けて働く訓練をする場合、

139

第1部 各論

訓練先が市町村役場であるとは限らない。他人とのコミュニケーションが不得手な人にとっては１人で作業することができるものつくり系統の就労支援が適切であるし、上手な人にとっては介護事業などが向いているのかもしれない。それらの事業は実際に社会を支えている民間事業者であり、そのような事業者に委託することで実践的な能力を養うことができる。そして就労支援の対象者にはどのような適性があり、自立に向けた支援計画を策定し実施してモニタリングをしていくのは専門的な能力が必要である。福祉事務所はそのような事業を民間事業者に委託することがある。

Ⅲ　ソーシャルワークのプロセス

1　稼働能力の活用
(1)　稼働能力活用要件の意味

　生活保護法は、利用し得る能力を活用することが保護の要件であることを定める（生保4①）。この能力を稼働能力というが、それを活用しているかどうかはこれまでの裁判例で①稼働能力があるかどうか、②その具体的な稼働能力を前提として、その能力を活用する意思があるかどうか、③実際に稼働能力を活用できる場を得ることができるかどうか、により判断されてきた。

　事例のＡさんは健康状態には問題がなさそうであるが、だからといって仕事ならなんでもできるということではないだろう。なんらかの就労を阻害する要因があるのならばそれを除去するケースワークが必要になる。それには保護利用者本人の阻害要因（たとえば昼夜逆転生活、人見知り、失敗体験、自己否定感、就労経験の不足など）をどのように軽減していくかということと、保護利用者を取り巻く環境上の阻害要因（親の介護、育児、DVなど）をいかに改善していくべきかというケースワ

図表2　稼働能力の有無とケースワーク（筆者作成）

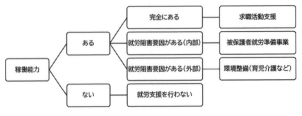

140

第10章　生活保護に関するソーシャルワーク法

ークに分けることができよう。これら阻害要因はケースワークに着手したからといってすぐに問題が解決するのではなく、行きつ戻りつ漸進的に改善するのであり、ある程度の時間を必要とする。

(2)　稼働能力の存否判断

　そもそも稼働能力があるかどうかはどのように判断するのであろうか。次官通知第４では「要保護者に稼働の能力がある場合には、その稼働能力を最低限度の生活の維持のために活用させること」とし、局長通知第４では「稼働能力があるか否かの評価については、年齢や医学的な面からの評価だけではなく、その者の有している資格、生活歴・職歴等を把握・分析し、それらを客観的かつ総合的に勘案して行うことと」されている。そして局長通知第11-4では稼働能力の有無について疑いがあるときは検診命令（生保28①）を命じることにしている。

　これに対して課長通知では稼働能力を有しているかどうかの判断をどのように行うべきかについては定めていない。そこで『生活保護手帳別冊問答集』を見ると、「稼働能力の有無や適職の判断を行う場として、稼働能力判定会議等を設置することが有効」であり、稼働能力判定会議は福祉事務所内部で構成すべきでなく「内科医、整形外科医、精神科医などの医師、社会福祉士、精神保健福祉士、キャリアカウンセラー、臨床心理士、福祉事務所嘱託医、就労支援専門員、査察指導員、ケースワーカー等から、実施機関が必要と認める者により構成することが考えられる」として、保護利用者を取り巻く肉体的・精神的・就労といった各方面から検討することになっている。この検討内容は単に稼働能力があるかどうかだけを判断するのではなく、その後の就労支援プログラムの策定や就労支援プログラムにおける保護利用者の取組状況、支援機関の支援内容の点検、見直しに活用される。

2　就労支援計画の策定

(1)　自立支援プログラム

　保護利用者には多様な生活問題を複合的に抱えている人が少なくない。そのような人が自立生活を送ることができるように問題を解きほぐし、段階的に自立に向けた支援を行うことができるように「平成17年度における自立支

141

第1部　各論

援プログラムの基本方針について」（社援発第0331003号平成17年3月31日）が発出された。これは高齢者、障害者、母子世帯、多重債務者などの類型ごとに取り組むべき自立支援の具体的内容を定め、支援を組織的に「自立支援プログラム」を実施しようとするものである。ここでいう自立は、身体や精神の健康を回復・維持し、自分で自分の健康管理を行うなど日常生活において自立した生活を送る「日常生活自立」、社会的なつながりを回復・維持し、地域社会の一員として充実した生活を送る「社会生活自立」、就労により経済的に自立する「経済的自立」の3つの概念が含まれるものとした。

　自立支援プログラムの支援内容は各福祉事務所で選択できるが、就労支援に関してはすべての福祉事務所で実施することとされた。平成17年度当初より「生活保護受給者等就労支援事業」が実施され、公共職業安定所と福祉事務所との連携により保護利用者の就労支援を行うこととされた。もっともその具体的な内容は福祉事務所に委ねられており、積極的な取り組みにより効果を得たところがあればそうでない福祉事務所も存在した。

(2)　被保護者就労支援事業：アセスメントから定着支援まで

　2015（平成27）年の法改正で生活保護法に被保護者就労支援事業が法定化された（生保55の7）。これに伴い「被保護者就労支援事業の実施について」（社援保発0331第20号平成27年3月31日）が発出され、具体的な支援方法が示された。

　この通知は段階的な支援方法を示している。まず、対象者の課題を把握し、その背景や要因を分析し、課題に応じた適切な支援の方向を見定める「アセスメント」の段階を設定する。そこでは対象者自身の現状把握、自己理解への支援、職業理解への支援を促す。

　そして次に自立に向けた取り組みについて本人に説明し、同意を得た上で個別シートを作成し、定期的に面談の機会を設けて取組みが計画通りに行われているか、対象者がどのような状況にあるかなどを確認しつつ場合に応じて支援内容を見直す。

　稼働能力があり就労阻害要因がない場合には求職活動を支援する。その場合には履歴書や職務経歴書の作成指導、面接の受け方指導などを行う。提携しているハローワークへの同行などによりハローワークの利用方法や適職探

142

第10章　生活保護に関するソーシャルワーク法

しについて助言することがある。そして時間の経過とともに就労支援の内容
や目標の見直し、新しい課題に対する支援の再検討を行う。

　実際には就職先などがなければ支援の実効性がないので、職業紹介や個人
求人の開拓を行いつつ、事業主からの希望を聞いて理解が得られるように調
整しながら求人を出してもらうように働きかけを行う。

　これらが奏功して保護利用者が就職につながったとしても短期間のうちに
離職することを防ぐために、職場に定着するための支援などフォローアップ
を行う。

(3)　被保護者就労準備支援事業

　上で見た被保護者就労支援事業は稼働能力があり就労阻害要因が少ない者
が対象となる。**事例**のＡさんのように、日常生活自立支援が必要な場合には
不適切であろう。そこで「被保護者就労準備支援事業（一般事業分）の実施
について」（社援保発0409第１号平成27年４月９日）が発出され、就労に向け
た日常生活習慣の形成や基礎技能の習得等の準備を要する保護利用者を支援
することとなった。

　この事業の対象者は「決まった時間に起床・就寝ができない等、生活習慣
の形成・改善が必要である」「自尊感情や自己有用感を必ずしも十分持てて
いない」「就労の意思が希薄である」「長期にわたって引きこもりの生活を送
っている」といったような者である。

　事業は電話による起床、適切な身だしなみに関する助言、職場見学、ビジ
ネスマナー講習などを内容とする。支援にあたっては被保護者就労準備支援
シートを作成し、計画を立てて就労体験などを行う。この就労体験は労働契
約でないとされているから所定の作業日・作業時間に従事するか否かは対象
者の自由であり、作業時間の延長などは指示されない。欠席・遅刻・早退に
対する手当の減額制裁がないなど、体験すること自体に価値を置いているこ
とが重要である。他方で安全衛生や災害補償の問題は不可避であるから、そ
の整備等も配慮をしている。

　この事業により一般就労に向けた準備が一定程度整ったと判断される場合、
ステップアップして被保護者就労支援事業の対象者となることがある。状況
に応じてはハローワークなどでの職業紹介を経て労働契約を締結して職業生

143

第1部　各論

活自立を実現することが目指されている。

3　支援の実施と変更
(1)　合意に基づく支援関係

　ソーシャルワーク一般にいえることではあるが、ソーシャルワーカー（ここではケースワーカー）はクライアント（ここでは保護利用者）からのアセスメントに基づき、計画を策定し、それをクライアントに説明し、クライアントが理解した上で支援を実施することについて合意することによって支援が開始される。この関係は合意に基づく支援の関係である。

　法的にこれを見ると、生活保護法27条の2では、保護利用者から求めがあったときにそれに対応する形で就労支援事業を行うことになる。もっとも保護利用者から求めることは少ないだろうから、「求め」ることについてケースワーカーが被保護者就労支援事業について十分な説明をすることによって保護利用者が支援を「求め」ることになろう。そうするとこの関係は任意に始まった支援関係であるから、その終結も任意に終わることになる。ということは途中でやめたとしても法的な責任を負うことはない。実際、生活保護法27条の2の事業をやめたとしても不利益変更処分や罰則は予定されておらず、強制的に従事させることができないのである。したがって、被保護者就労支援事業への取り組み状況が芳しくないとしても、あるいは事業に取り組むことを拒否しているとしても、そのことを理由に生活保護の停止や廃止などをすることはできないのである（保護の要件を欠く場合は除く）。なお、生活保護法27条の2に基づく「相談及び助言」は地方自治体の自治事務であるから、どのような支援を行うべきかを地方の特色に応じてアレンジすることができる。

(2)　指導・指示による支援関係

　これに対して、稼働能力があり就労阻害要因がない場合にはどうなるだろうか。保護の要件を充足するかどうかは既に見たように稼働能力を活用する意思があるかどうかにかかわっている。実際には働くことができる、あるいは現状よりももっと長時間働くことができるにもかかわらずそれをしない場合には保護の停止・廃止が検討される。

144

第10章　生活保護に関するソーシャルワーク法

この前段階において、福祉事務所は保護利用者に対して指導・指示を行う（生保27①）。最初は口頭で指示するなどソフトなやり方で指導するが、それにもかかわらず改善されない場合には文書による指導が行われる（生保則19）。文書指導によっても改善されない場合には保護の停止・廃止が検討され、改善しない理由に関しての弁明の機会が付与（生保62④）された後は保護が停止・廃止される（生保62③）。

保護が停止・廃止されたことを不服に思う場合には、都道府県知事に対して審査請求を行い、審査請求の裁決に不服がある場合には取消訴訟を提起することができる。

Ⅳ　トラブルとその解決

1　就労支援事業への取組みに消極的な場合

生活保護の就労支援で問題となるのは、保護利用者が就労支援事業に参加しない場合、参加しても途中でやめるなど、事業への参加が消極的な場合があろう。

保護利用者が参加しない場合であっても法的には参加を強制することはできない。これは憲法で意に反する強制ができないこと、個人を尊重しなければならないことに端を発しているが、生活保護法でも就労支援事業は法27条の2に位置付けられているから、法文上も強制することはできない。しかしながら本人にその気がなくとも参加することが必ず保護利用者の利益になる、だから一定程度参加を強制することもやむを得ない、ということも理解できる。しかしながら保護利用者がそのように思っていないから参加しないのであって、パターナリズム的介入は避けるべきである。ケースワーカーができることは粘り強く説明し、説得し、伴走することに尽きる。そのためには保護利用者との間でしっかりしたラポールが形成されていることが不可欠である。

それでは途中でやめる場合にはどうすればよいだろうか。それは当初の計画と現実が異なっていたからか、あるいは事情が変わったかが原因である。いずれも当事者で話し合って再び継続にチャレンジするか、それとも計画を

145

第1部 各論

変更して支援を継続するかになろう。そのような状況であるのに保護利用者を責めても問題解決にならないばかりか、信頼関係を喪失させてしまう。原因を探究し、次に繋げていく自信をつけさせることが重要となるだろう。

2 適切な支援が行われない場合

被保護者就労支援関係は法定受託事務ではなく、その多くが自治事務である。それゆえに地域資源によっては利用できるものとできないものがあろう。そうすると本来必要な支援が提供できずに、保護利用者の自立に有効な手立てが少なくなってしまう。

この場合にはやむを得ない。適切な問題解決には〈ないもの〉を求めるよりは〈あるもの〉をどのように有効活用できるかを考えるべきであろう。その際にはケースワーカーが保護利用者とじっくり協議し、多くの関係者を巻き込んで支援体制を構築することになる。そのような関係は、資源がないから支援ができないというデメリットよりも、数多の当事者で伴走しながら支援をするという安心感をもたらす。

Ⅴ 課題と展望

近年の社会福祉政策は、国家が財やサービスを提供するにとどまらず、孤立・孤独を防ぎつつ自尊心を維持するための適切な社会サービスを結びつける相談・支援を行うことに比重を置きつつある。生活保護を利用する人は何らかの生活問題を複合的に持っていることが多く、それをひとつひとつ解きほぐしながら個人の尊厳に繋げていくことは、生活保護法制定当初から考えられていたことであった。このような問題状況は生活保護にとどまらず、障害者や高齢者、ひとり親、あるいは生活困窮者一般にも共通する課題である。現在はそれぞれの分野で就労支援が広がりつつあるが、今後は領域ごとに分断されず、個人のニーズを正面から捉えた仕組みを作っていくことが重要になるだろう。その際に生活保護法が最低限度の生活保障と自立の助長を目的としていることは忘れてはならない。

146

第10章　生活保護に関するソーシャルワーク法

> **コラム　映画「わたしは、ダニエル・ブレイク」（ケン・ローチ、2016年）**
>
> 　イギリスのニューカッスル。高齢男性のダニエルは心臓発作で倒れて大工の職を失い、就労不能給付を受けようとするが資格テストでは心臓について聞かれることがなく、受給資格なしとされてしまう。やむを得ず求職者手当（失業保険と生活保護）を受けることになり、医師からは仕事を止められているにもかかわらず、生きるためには仕事を探さなければならない。そもそも申請はオンラインでやらなければならないが、ダニエルはPCに疎く、どうやってもうまくいかず、街の人々も相当の不満を持っている。ついにダニエルは制度の矛盾に怒りを爆発させてしまう。
>
> 　この映画は国家が社会保障給付のニーズをスコア化して評価し、機械的な手続で社会保障制度を合理化してきたことの矛盾をついている。必要な人に必要なだけ財やサービスが行き渡ることはとても重要である。しかしこの映画はそれだけでなく、人が人の気持ちを汲み取って助け、助けられる関係があることがその前提であることを教える。ソーシャルワーク法はそれを実現できるだろうか。

〈参考文献〉

・『生活保護手帳〔各年版〕』（中央法規出版、2024年）

・『生活保護手帳別冊問答集〔各年版〕』（中央法規出版、2024年）

・池谷秀登『生活保護ハンドブック──「生活保護手帳」を読みとくために』（日本加除出版、2017年）

第11章
生活困窮者に対するソーシャルワーク法

事例

　生活困窮者自立相談支援事業所の相談支援員であるS_1さんの下に、同市内の地域包括支援センターのS_2さんから次のような問い合わせがあった。現在、S_2さんがAさんの父のケアプランを作成するなかで、精神的に不安定で身の回りのことを自分1人で行うのが難しいAさんの母の面倒をひとり息子のAさんが見ており、そのため高校卒業以来働くこともできておらず彼の将来が不安だという話を聞いたという。その不安を取り除くためにもAさんへの支援を検討してほしい、という相談であった。

　S_1さんはまずAさんに会い、数度の訪問を重ねながら、まずは市内の就労準備支援事業所での就労体験プログラム参加について渋々ながら了承を得ることができた。そこでS_1さんは、同事業所の就労支援員で個人的に旧知のS_3さんに支援を委ねることとした。

　ところが、支援開始から2か月ほど経ったある日、Aさんの無断欠勤が続き、連絡がつかないとの知らせがS_3さんからあった。S_1さんも電話をかけてみたものの、出てくれない。そこで、S_2さんに状況を聞いてみたところ、母が精神科医院への通院開始をきっかけに以前にも増して不安定となり、どうやら自宅でのAさんの負担が増している様子だという。S_1さんは、家族の状況とそれに関するAさん自身の思い・考えなどを踏まえずに支援を開始したことがこうした結果を招いたと考え、Aさんに「もう一度状況を整理して、できることを考えてみましょう」と提案してみることにした。

第11章　生活困窮者に対するソーシャルワーク法

I　法制度

1　生困法に基づく「支援」

　本章のタイトルは、生活困窮者自立支援法という法律に由来する。同法は様々な「事業」（→次頁図表１）の実施を通じて、「生活困窮者の自立の促進を図ること」を目的とする（生困１）。以下で見るようにその構造は独特であるが、ソーシャルワーカーは同法の定める「事業」の一員として、生活困窮者の「自立の促進」に資する「支援」を展開することになる。

　生困法には、生活困窮者支援の「基本理念」として、「生活困窮者の尊厳の保持を図」ること、その「状況に応じ」たものであること、「包括的かつ早期に」支援すること（生困２①）、また、関係機関や民間団体との「緊密な連携その他必要な支援体制の整備に配慮して」支援すること（生困２②）が書かれている。これらは紛れもなく重要であるが、その上で読者は、具体的な支援の内容やソーシャルワーカーのやるべきことがこの法律にはほとんど何も書いていないことに気づくだろう。実はここに生活困窮者支援を理解する第１のポイントがある。

　おそらく読者のイメージする社会保障・社会福祉法制度は、法律で、ある条件（資格・要件）を満たしていれば特定の金銭による給付・サービスの提供を受けることができる旨が定められており、それゆえソーシャルワーカーとしては、支援の相手方がある法律に定められた条件を満たしているかを確認し、あるいは満たすために必要となる状況を整えることに努める、というのが一般的であろう。これに対し生困法には、（住居確保給付金［図表１参照］を除き）どのような条件を満たすことで具体的にどのような「支援」を受けることができるのかが明確にされていない。すなわち、同法はいくつかの「事業」の定義を示しつつ（生困３②以下）、市町村や都道府県等（以下、「都道府県等」とする。）に対してこれらの「事業」の実施を求める（生困５〜７）、という構造となっている。これは同法が、それぞれの「事業」及びそこで行われる「支援」の内容について、地域（都道府県等）の実情やそこで

149

第1部　各論

図表1　生困法上の各種事業とその内容

事業名	事業内容	義務の程度
生活困窮者自立相談支援事業（法3条2項）	生活困窮者が抱える多様で複合的な問題について、生活困窮者及び生活困窮者の家族その他の関係者からの相談に応じ、必要な情報提供及び助言をし、並びに関係機関との連絡調整を行うとともに、さまざまな支援を包括的かつ計画的に行うことにより、生活困窮者の自立の促進を図る。	必須（法5条1項）
生活困窮者住居確保給付金の支給（法3条3項）	生活困窮者のうち離職又は個人事業主による事業廃止、あるいは個人の責によらない収入減少等により経済的に困窮し、住居を失い、又は家賃の支払いが困難な者について、就職を容易にするという観点から、家賃等の相当額の給付金を支給する。	必須（法6条1項）
就労準備支援事業（法3条4項）	就労に向けた準備が整っていない生活困窮者に対して、一般就労に向けた準備としての基礎能力の形成からの支援を、計画的かつ一貫して実施する。	努力義務（法7条1項）
家計改善支援事業（法3条5項）	家計収支の均衡がとれていないなど、家計に課題を抱える生活困窮者からの相談に応じ、相談者とともに家計の状況を明らかにして家計の改善に向けた意欲を引き出した上で、家計の視点から必要な情報提供や専門的な助言・指導等を行う。	努力義務（法7条1項）
一時生活支援事業（法3条6項1号）	一定の住居を持たない生活困窮者に対し、一定の期間内に限り、宿泊場所の供与、食事の提供及び衣類その他日常生活を営むのに必要となる物資の貸与又は提供により、安定した生活を営めるよう支援を行う。	任意（法7条2項1号）
地域居住支援事業（法3条6項2号）	現在の住居を失うおそれのある者であって地域社会から孤立している者等に対し、一定期間内に限り、入居支援や訪問による必要な情報の提供及び助言、地域社会との交流の促進、住居の確保に関する援助など日常生活を営むのに必要な支援を行う。	任意（法7条2項1号）
子どもに対する学習・生活支援事業（法3条7項）	貧困の連鎖を防止するため、生活保護受給世帯を含む生活困窮世帯の子ども及び保護者を対象として、学習支援、生活習慣・育成環境の改善、進路選択等に関する支援等を行う。	任意（法7条2項2号）

第11章　生活困窮者に対するソーシャルワーク法

認定就労訓練事業 （法16条）	雇用による就業を継続して行うことが困難な生活困窮者に対し、就労の機会を提供するとともに、就労に必要な知識及び能力の向上のために必要な訓練等の便宜を供与する事業。実施主体は民間事業者であり、都道府県知事の認定を受けて行う。	民間事業者の任意

出典：生活困窮者住居確保給付金及び認定就労訓練事業を除き「要綱」参照。前
　　　二者については法及び法施行規則を参照。

生活する生活困窮者の個別の状況に応じて具体化することを求めていること
に由来する。つまり、同法に基づく「支援」は、定型的なサービスの提供で
はなく、「非定型的」に対象者の具体的状況に応じて個々のソーシャルワー
カーが組み立てていくことを求めているのである。

2　生活困窮者とは？

　「非定型的」なのは支援内容だけではない。その対象である「生活困窮
者」という概念にもいえる。生困法の「生活困窮者」の定義（生困3①）は
かなり抽象的である。実はこの対象者に関する「非定型的」な定義こそ同法
の特徴であり、第2のポイントである。これを念頭に、どのような対象者を
受け止めることが想定されているかを整理しよう。

　第1に、同法は「最低限度の生活を維持することができなくなるおそれの
ある者」という文言に見られるように、生活保護受給に至る前段階からの支
援を求める。「最後のセーフティネット」といわれる生活保護制度は、いわ
ゆる補足性の原理（生保4）に基づく要請として、その有する資産・稼働能
力を活用していることを利用条件とするほか、現に最低生活水準を下回る貧
困状態になっていなければ制度を利用することができない（⇒第10章を参照）。
そこで生困法は、このような経済的困窮状態に至る前、あるいは資産不活用
等の要因で生活保護制度を利用できない場合にも支援を行う仕組みを設けよ
うとしている（生活困窮者の生活支援のあり方に関する特別部会「報告書」〔2013
年1月25日、以下「2013年報告書」と略記〕4頁）。

　第2に、「就労の状況、心身の状況、地域社会との関係性その他の事情に
よ」る困窮という、いわゆる経済的困窮のみならず、その者の健康状態や

151

第 1 部　各論

「関係性」の貧困のような非経済的な困窮要因にも着目がなされている。非経済的要因も放置すると経済的困窮にいずれ繋がるという問題意識も見出せるが、同法立法時において特に意識されていたのは「孤立」に伴う問題であった（2013年報告書10頁）。同法は、こうした要因により利用し得るサービス利用を自ら拒絶・断念してしまっている者・世帯などに対してもアプローチしようとしている。

　第3に、同法は本書で言及してきた「児童」、「障害」、「高齢」などの類型には必ずしも当てはまらない、あるいはこれら様々な類型に伴う困難が重なり合っている状態など、既存の制度では必ずしも受け止めきれない困難を抱えている対象を広く捉えようとしている（2013年報告書10頁）。

　このように、「生活困窮者」概念の非定型性は、既存の（制度上の）類型に必ずしもフィットしない困難を広く受け止め、かかる困難への解消に向け、困難の性格に応じて異なる支援を実現するという意図を含意している。

3　支援にあたって依拠する法制度

　生活困窮者支援に携わるソーシャルワーカーは、いかなる根拠に基づいて支援を行うか。前述のとおり（→前記 I 1）、生困法は都道府県等に対して各種事業の実施を求めるが、その設計もまた都道府県等に委ねられている。そのため、生困法あるいは同法の委任に基づく厚生労働省令（生困法施行規則。以下、単に「規則」）が示すのは大枠的な内容に過ぎず、実務上求められる支援の内容は各都道府県等の定める「実施要領」等を見る必要がある。

　もっとも、国は骨子あるいはモデルとなる内容を「実施要綱」という形で整理しており、都道府県等の「実施要領」等もこの「実施要綱」に依拠したものになっていることが多い[1]。そこで以下では、法律・規則だけでなく「要綱」にも依拠して説明していきたい。

---

1 ）「生活困窮者自立相談支援事業等の実施について」（厚生労働省社会・援護局長通知・社援発0301第79号令和6年3月1日）・別紙「生活困窮者自立相談支援事業等実施要綱」（以下、「要綱」という。）。以下の記述では逐一参照しないが、同13-16頁を主として参考にしている。

152

第11章　生活困窮者に対するソーシャルワーク法

Ⅱ　ソーシャルワークの担い手

1　生困法上の各種事業の概要

　生活困窮者支援の中核となるのは、各種「事業」のうち「自立相談支援事業」である。以下では、同事業に配置されるソーシャルワーカーが学んでおくべきことを解説するが、その前に、同法がどのような「事業」の実施を予定しているかを見ておきたい（→図表1）。自立相談支援事業のソーシャルワーカーは、生活困窮者の支援にあたり、これらの「事業」その他様々な取り組みを活用しつつ（→後記Ⅲ2）、支援を組み立てることになる。

　生困法が予定する給付のうち金銭の給付は「住居確保給付金」のみで、そのほかは対人サービス＝非金銭的給付（支援）であるのが特徴である。また、これらの事業には必ず実施しなければならないもの、努力義務にとどまるもの、あるいは任意に委ねられているものがあることも押さえておこう。

2　自立相談支援事業の実施主体及び役割

　自立相談支援事業は、市及び福祉事務所を設置する町村、それ以外の区域についてはその都道府県を単位として（生困4①、②2。以下、これらを総称して「都道府県等」という。）、その実施が義務付けられている（同5①。いわゆる直営型。）。もっとも都道府県等は、同事業を「適切、公正、中立かつ効率的に実施することができる者」に対して委託することができる（同5②及び規則9。いわゆる委託型。）。委託先には社会福祉協議会が多くを占める。

　自立相談支援事業では、①生活困窮者及びその家族その他の関係者からの相談に応じ、情報提供・助言、そして当該「地域における福祉、就労、教育、住宅その他の生活困窮者に対する支援に関する業務を行う関係機関」（以下、「支援関係機関」という。）との連絡調整を行うこと、②生活困窮者に対して、訪問等の方法による状況把握、自立支援計画の作成、当該計画に基づき支援を行う者との連絡調整、支援の実施状況及び生活困窮者の状態の定期的な確認とそれを受けての計画の見直しなど、支援が「包括的かつ計画的に行われるために必要な援助」を行うこと、そして③認定就労訓練事業の利用あっせ

第1部　各論

図表2　自立相談支援機関に配置される支援員とその役割

職種	主な役割
主任相談支援員	自立相談支援機関における相談業務全般のマネジメントを行うほか、他の支援員の指導・育成、支援困難ケースへの対応などの高度な相談支援を行うとともに、社会資源の開拓・連携等を行う。
相談支援員	生活困窮者へのアセスメント、プランの作成を行い、様々な社会資源を活用しながらプランに基づく包括的な相談支援を実施するとともに、相談記録の管理や訪問支援などのアウトリーチ等を行う。
就労支援員	生活困窮者へのアセスメント結果を踏まえ、公共職業安定所や協力企業を始め、就労支援に関する様々な社会資源と連携を図りつつ、その状況に応じた能力開発、職業訓練、就職支援等の就労支援を行う。

出典：「要綱」参照。

ん、を行う（生困3②各号。②につき、規則2）。

　自立相談支援事業を実施する自立相談支援機関には、原則として主任相談支援員、相談支援員、就労支援員が配置される（**図表2**）。これらの各種支援員は、原則、国（厚生労働省）及び都道府県が実施する研修を受講し、修了証を受けた者でなければならない（社会福祉士等は必置ではない）。

3　「支援体制」の下での支援

　生困法に基づく支援は、支援を受ける者と支援者との一対一の関係でなく、他の支援関係機関も関わりながら展開されていくことがすでに法令レベルで想定されている。まず、自立相談支援事業には、他の支援関係機関との「連絡調整」が予定され、相談を受け止めた上で他機関へと繋げつつ、その後も定期的な状況確認や計画の見直しなど継続的に関与し続ける（→後記Ⅲ2）。また、複合的な困難を抱える者が同法の対象とされていることからすれば（→前記Ⅰ2）、当然に、複数の機関が関与しての支援が想定される。かくして自立相談支援事業のソーシャルワーカーには、他機関とともに「支援体制」を構築し（生困2②参照）、それぞれ行われる支援に"横串を刺す"役割

154

が期待されている。

　なお、こうした観点から重要なのが「支援会議」の仕組みである（後記Ⅲ
2で述べる「支援調整会議」とは異なる。）。生困法は、支援のために「必要な
情報の交換を行うとともに、生活困窮者が地域において日常生活及び社会生
活を営むのに必要な支援体制に関する検討を行う」ため、都道府県等は関係
機関等で組織された「支援会議」を設けることが「できる」と定める（生困
9）。あくまで都道府県等の任意であるものの、こうした支援ネットワーク
の常設が当該地域における単独のサービス・支援機関では解決しにくい困難
を抱える人々・世帯をより早期に認識し支援に繋げ得ることを踏まえると、
その設置・活用が強く期待されよう。

Ⅲ　ソーシャルワークのプロセス

　自立相談支援事業のソーシャルワーカーには、以下に見る支援過程全体に
伴走していく役割（いわゆる「伴走型支援」）が期待されている。

1　支援の入口

　生困法は、その立法当初から相談を断らないことを重視してきた（2013年
報告書10頁）。これは、既存の制度類型には必ずしもフィットしない相談を
も受け止めるという要請とともに、より早期に困難を抱える者・世帯を認識
し支援に繋げるために求められる。「入口」で断らずに相談を受け止める姿
勢が貫かれていることは、これから相談しようとする者、あるいは公的な制
度への信頼を失っている者がアクセスしやすい環境作りに寄与し得る。

　具体的には、まず相談者の主訴を聞き取る。その上で、明らかに他制度等
の紹介のみで対応可能な場合や他制度・他機関での対応が適当であると判断
される場合を除き、自立相談支援事業の「利用申込」を受け、「本人同意」
を得て支援を開始することが求められる（支援関係の成立）。ここでの「同
意」は、単なる利用開始の同意ではなく、支援の基本的な仕組みや流れ等に
ついて説明し、その内容について納得を得るとともに、本人の置かれた状況
やそれについての考え・思いなどについての適切な理解を踏まえて同意を得

155

第 1 部　各論

ておくことが求められよう（→後記Ⅳ）。**事例**の S₁ さんの対応は、たしかに
Ａさんの「同意」を得ているが、どのように支援が進められるかの説明、Ａ
さんを取り巻く状況やそれについてのＡさんの考えを踏まえずに支援を開始
している点で望ましいものではない。

　なお、契機となる相談は**事例**の S₂ さんがまさにそうであったように、生
活困窮者本人からだけでなく、その「家族その他関係者」からの相談も含ま
れる（生困 3 ② 1 号参照）。この場合、本人との間で支援することへの同意を
得ていないところから始まるから、別途本人の同意を得る必要がある。

2　支援の展開

　本人の利用申込・同意を得て支援関係が成立すると、自立相談支援機関の
ソーシャルワーカーは、本人及び本人を取り巻く環境についての情報把握・
分析（アセスメント）を行うことが求められる。そして、アセスメントの結
果を踏まえ、「支援が包括的かつ計画的に行われるため」の「自立支援計
画」を策定する（生困 3 ② 3 号及び規則 2）。「計画」には、当該生活困窮者
の「生活に対する意向」、「生活全般の解決すべき課題」、「支援の目標及びそ
の達成時期」、「支援の種類及び内容」、「支援を提供する上での留意事項」を
盛り込むことが求められる（規則 1）。「支援の種類及び内容」で想定される
のは、自立相談支援事業自身の行う「情報の提供」や「助言」（生困 3 ② 1
号）、**図表 1** で示した各事業のほか、各種公的事業や民間団体・地域住民に
よって行われるインフォーマルな支援も含まれる。

　しかし、「計画」を策定し、あとは他機関に繋げば良いわけではない。ま
ず、計画策定段階で当然、他機関に支援の了承を取り付け、本人のアセスメ
ント結果その他の情報共有が求められる。そこで、「要綱」では、この段階
で他機関を構成員とする「支援調整会議」を開催し、計画の内容が適切なも
のであるかの確認及び関係機関との役割分担等について調整を行い、その了
承を得ることを求めている。

　次に、支援調整会議による調整を経て「計画」の内容が了承されたら、当
該計画に盛り込まれる各種事業の開始について、都道府県等に報告し、「支
援決定」を受ける。その後の自立相談支援機関を含む各機関による支援は、

第11章　生活困窮者に対するソーシャルワーク法

「決定」を踏まえた「計画」に基づき行われることになる。

　さらに、他機関に繋いだ後にも、自立相談支援機関は本人と他機関との関係形成を促し、支援開始後にも本人の状況等を継続的に把握するとともに、定期的な「計画」の評価・見直しを行うことが求められる（規則2参照）。

　以上を踏まえると、**事例**のS₁さんは旧知のS₃さんに支援を依頼しているが、Aさんに関するアセスメント、とりわけAさんの「生活」にとって重要な要素をなしていた家族の状況及び意向の確認も不十分なまま、さらにS₃さんに支援を丸投げし、その後の状況把握等を怠っていた点に問題があったといえる。また、「計画」において「生活」への考慮を盛り込むことが求められていることからすると、家庭環境や家族に対する支援状況を考慮に入れ、それを理解した上で支援が進められるように、S₂さんやS₃さんあるいはAさんの父なども交えて「計画」を策定すべきであったといえよう。

3　支援の終結

　支援の終結判断は定期的な「計画」の評価において行われる。評価は、支援調整会議を通じて行われることが求められている。終結の判断は、本人と連絡が不通になるなど支援を中断せざるを得ない場合のほか、①目標としていた自立達成の目処がたった場合、②生活困窮状態の脱却までには至っていないものの大きな課題が解決するなどした場合になされるものとされる[2]。もっとも、内容が非定型的で、継続的な伴走が要請される生活困窮者の支援において、なにをもって「終結」と判断するかは慎重な判断が求められる（→後記Ⅳ）。仮に「終結」を決定したとしても、自立相談支援機関にはしばらく継続的に状況を把握し、必要に応じて相談に応じられる環境を整えておくことが求められている。

　「終結」にまでは至っていないと判断される場合、計画を見直した上で支援が継続される。この場合、アセスメントの上で、改めて「計画」を再策定・決定することが求められる。

2）「生活困窮者自立支援制度に係る自治体事務マニュアル（令和5年5月8日第13版）」46頁。

第1部　各論

Ⅳ　トラブルとその解決

1　生活困窮者支援の特徴と支援者に求められること

　生活困窮者支援においては、対象者の状況に応じ、継続的な関係形成の過程で具体的な支援内容が固められていくことが想定される。この支援内容の流動的・動態的性格は、支援される側にとって"あるべき"支援を示す基準がなく、決定される支援内容に異議を申し立てる手掛かりを欠くことを意味する。また、支援に関する知識や支援を継続するかどうかの判断権限が支援する側に偏り、さらに生活困窮者の多くが自己肯定感、自尊感情を失っている傾向にあることを踏まえると、どうしても支援をする側が優位に立ちやすい。こうした特徴は、望ましくない支援が行われていても、本人がそれに異議を申し立て「トラブル」として表面化する契機に乏しいことを意味する。

　また、支援対象たる本人がどのような「自立」を目指すかは原則として本人自身の意思に委ねられるべきこと、そして、本人には自らの「生活」があり、それぞれの抱える生活背景の中で「自立」を目指しているということも確認しておきたい。支援する側にとって望ましいと考えられるものでも、それが本人の目指す「自立」のあり方と異なる可能性があり、また支援の実施により本人の「生活」に良い影響も悪い影響も与え得る。

　以上の点、さらに生困法が「基本理念」のひとつとして「尊厳の保持を図りつつ」支援が行われるべきことを確認していることをも踏まえると、ソーシャルワーカーには、「トラブル」として表面化する以前に、支援が恣意的なものとならないように努め、そのために「自立」に向けた本人の自己決定を尊重し、かつ、それを支える姿勢（課題の解きほぐし・説明・情報提供・支援環境の調整等）が求められる。この点を踏まえつつ、具体的なトラブルとなり得る場面を考えてみよう。

2　本人の同意の獲得

　生活困窮者支援においては早期に予防的な対応を行うことの重要性が謳われるものの、肝心の当事者が支援に同意していない、あるいは積極的に拒否

第11章　生活困窮者に対するソーシャルワーク法

している状態も考えられる。支援者として支援の必要性は認識されるものの、当事者の同意を得られていない事態をどのように受け止めるか。

　まず、支援の入口時点においてはこのような場合も含めて、必ず本人の同意を得て支援を開始することが求められる。本人の意に反して支援を開始することは自立のあり方を自ら決定する権利を尊重するという要請に反し、たとえば以後の支援の不調和により何らかの（精神的なものを含む）損害が生じた場合には（→後記3）、自立相談支援機関、場合によっては支援者自身にも法的責任を発生させうる。他方で、同意しないからといって当人の気が向くまで放っておくことは、「関係性」等にも着目して対象者を設定する生困法の定めからすれば望ましいものではない。当事者を継続的に見守り、また、同意を得るための関係を築く努力が（法的な義務とはいえないまでも）求められよう。

　また、生活困窮者支援は、支援関係形成後、継続的な関係の下で具体的な状況に応じて支援の内容が確定・変更されていくことが予想される。支援内容を確定・変化させる局面においては、それが恣意的に決定されることのないよう、また、本人の「生活」への影響をも踏まえたその後の支援の円滑化・実効性確保のためにも、支援方針について都度適切な説明・情報提供を行ない、本人の納得の下で決定されることが望ましい。ここで求められる説明・情報提供の内容について一般的な基準を述べることは困難だが、どのような支援が予定されるか、本人の生活にどのような影響を与えるかなど、その具体的な事情・状況に照らして必要となる説明・情報提供が求められよう。このような説明・情報提供を欠いたままその後の支援が展開されたことで、本人と支援関係機関との間で不調和が生じ（→後記3）、それが何らかの損害を生じさせた場合には法的責任を問われる可能性もある。

3　支援関係機関との不調和

　他の支援関係機関との間で不調和が生じた場合、あるいは明らかに不適切な支援が行われていることを認識した場合には、自立相談支援機関が本人と支援関係機関との関係を調整する役割を担う。ここでの調整役割に際しては、支援する側（ここでは他機関）が優位に立ちやすい構造に鑑み、自立相談支

159

第 1 部　各論

援機関は利用者たる本人の権利・利益の保護・擁護を第一義的に考慮しつつ、それが生命・身体に関わる不適切な支援であれば支援の中止を決定し、また、支援の不調和が生じている場合には支援を巡る環境を調整することが要請される。具体的には、不調和の要因を確認しつつ当該要因の除去をまずは検討すべきであるが、それが以後の支援継続にも支障を来たすと考えられる場合には支援の中止を含む自立支援計画の見直しを検討すべきであろう。

4　支援の終結の判断

　支援の「終結」判断には慎重さが求められる。生困法上の各事業については一応の期限が設定されており[3]、また、自立支援計画にも「支援の目標」が記載されることとなっているものの、それらが達成されれば当然に終結となると考えるべきではない。支援の内容は本人の置かれた状況により異なるから、支援の現状や課題解消の状況はもちろん、本人の希望も考慮した判断が要請されるといえる。また、同法の「生活困窮者」の定義が「関係性」等の非経済的な困窮要因にも着目したものになっていることを踏まえると、果たして本人の「自立」を支える「関係性」が築かれているかも重要な検討事項となろう。

　また、「終結」判断が問われる場面として問題となり得ることとして、支援目標の達成に向けて本人の積極的な姿勢が乏しいような場合に支援を継続すべきか、を想起できる。前述の支援を巡る環境を調整するという要請に照らし、本人のかような姿勢がいかなる要因によって生じているかを慎重に見極めることが求められるといえるが、消極的姿勢が改善されない場合には、支援終結に伴う影響等の説明を踏まえた上で支援を終結させ、改めて（本人が支援開始に同意しない場面と同様に）信頼関係を築く努力が求められる。

3）住居確保給付金につき原則 3 か月（最大 9 か月。規則12）、就労準備支援事業につき 1 年以内（同 5）、一時生活支援事業につき 3 か月以内（同 7）、地域居住支援事業につき 1 年以内（同 8）である。ただし給付金を除いて、いずれも都道府県等の決定による延長を許容している（各条ただし書）。

第11章　生活困窮者に対するソーシャルワーク法

Ⅴ　課題と展望

　生困法は、生活保護受給の前段階のセーフティネットとして（そして、雇用保険等の社会保険制度を「第1のセーフティネット」だとして）「第2のセーフティネット」を構成するといわれる。しかし、前述のように（→前記Ⅰ2）、生活保護制度の受給要件の厳格さ、また、生困法が経済的困窮とは異なる「関係性」の貧困のような非経済的困窮にも着目していることに鑑みると、生活保護を利用できないものの経済的に困窮する者・世帯や孤立する者・世帯、あるいは非経済的な困窮状態にある者・世帯にとっては「最後のセーフティネット」を担う存在にもなり得る（生活困窮者自立支援及び生活保護部会「報告書」〔2017年12月25日、以下「2017年報告書」という。〕4頁参照）。

　また、生活困窮者支援に関わるソーシャルワーカーには、個別の支援を通じて「支援体制」を構築しつつ（→前記Ⅱ3）、既存の社会資源をつなぎ直し、あるいは新たに創造していくことをも期待されている。こうした要請は「地域づくり支援」といわれるが、人々の生活を支える「地域」を作ることができれば、さらに生活上の困難を抱える人々を発見し、支援に繋げていくという好循環を期待できる（2017年報告書4・6頁）。

　このように見ると、生活困窮者支援に携わるソーシャルワーカーにはまさに地域・社会のセーフティネットを張り直すという重要な役割があり、個別の支援にとどまらない創造的な支援が期待されている。社会福祉分野では都道府県等の任意に委ねられている事業・施策も多いが、たとえば支援を進めるなかで必要だと考えられるものの当該地域では実施されていないものがあれば、その実施を要求し、あるいは自ら創出することもソーシャルワーカーの役割である。

第1部　各論

コラム　包括的支援体制の整備と重層的支援体制整備事業

　国は近年、「制度・分野ごとの『縦割り』や『支え手』『受け手』という関係を超えて、地域住民や地域の多様な主体が『我が事』として参画し、人と人、人と資源が世代や分野を超えて『丸ごと』つながることで、住民1人ひとりの暮らしと生きがい、地域をともに創っていく社会を目指す」、「地域共生社会」の実現という政策目標を掲げ、さまざまな施策を展開している[4)]。この政策目標に沿って、平成29年の社会福祉法改正で市町村の包括的支援体制整備（努力）義務が定められ（同法106の3）、令和2年にはそれを具体化するための事業として（国による財政支援によりその推進を図る）「重層的支援体制整備事業」が設けられた（同法106の4以下）。多くの市町村では現在、上記義務を実現すべく重層的支援体制整備事業の導入ないし検討を行っている段階にある。

　包括的支援体制の構築にあたっては①「断らない相談支援」、②「参加支援」、③「地域づくり支援」の3つを一体的に行うことが重要であるとされる（地域共生社会推進検討会「最終とりまとめ」〔2019年12月26日〕）。これらは生活困窮者支援への期待と重なる。すなわち包括的支援体制の整備とは、生活困窮者支援の考え方をさらに推し進め、①児童・障害・介護その他の既存の困難類型に関する相談に応じる各種機関に対しても、どのような相談でもまずは受け止めることを求め、②分野横断的な支援体制の下で、地域住民の抱える困難を解消してその社会参加を支えながら、同時に③そうした人々の社会参加の受け皿となる住民の取り組みを支えることで、地域共生社会の実現の基盤を作ろうとするものなのである。こうした体制の整備自体は市町村に課された義務ではあるが、かかる体制及びその理念の下では、ソーシャルワーカーにも、担当分野や所属する機関に関係なく、広く人々の生活上の困難を受け止め、多機関で協働しながらその人を支え、またそうした体制を創ることが求められているといえる。

4）「我が事・丸ごと」地域共生社会実現本部「『地域共生社会』の実現に向けて（当面の改革工程）」（平成29年2月7日）2頁。様々な施策について参照、厚生労働省「地域共生社会のポータルサイト」https://www.mhlw.go.jp/kyouseisyakaiportal/、2024年8月30日最終アクセス。

第11章　生活困窮者に対するソーシャルワーク法

〈参考文献〉

・五石敬路＝岩間伸之＝西岡正次＝有田朗編『生活困窮者支援で社会を変える』
　（法律文化社、2017年）

・嵩さやか「生活困窮者自立支援法の意義と課題」社会保障法35号（2019年）
　159-172頁

・林健太郎「生活上の困難から見る『伴走型・重層型支援』の課題」週刊社会保
　障 No. 3202（2023年）36-41頁

第2部　総論

第12章
日本の法

事例

　特別養護老人ホームＸの生活相談員であるＳさん（社会福祉士）は、介護職員Ａさんが担当するユニットの入所者Ｂさんのベッド脇の私物入れから財布を取って現金を抜き取っているのを目撃した。そのことを施設長Ｃさんに報告したが、施設長ＣさんはＡさんにはこれまで４～５回程度そのようなことがあったのでかねてからそのことをＡさんに注意しているが、人手が足りないので退職されると困るとして穏便に処理するように言った。やむを得ずＳさんはＡさんの所業を黙っていたが、その後Ａさんが入所者Ｂさんの通帳を抜き取りお金を引き出して自分のものにしていることを知った。再びＳさんは施設長Ｃさんに相談したが、何も対応されなかった。そこでＳさんは黙っていることができなくなり、特別養護老人ホームを監督する県庁の介護保険課にＡさんの所業について施設長Ｃさんが放置していることを、Ａさんが入所者Ｂさんの通帳を抜き取って私的に着服していることについて市の保健福祉センターに通報した。

　数日後、市と県から特別養護老人ホームＸに調査が入り、施設長Ｃさんはこの対応に追われたが、Ｓさんから事情を聞かれることはなかった。それから数日後、施設長ＣさんはＳさんを呼出し、Ｓさんが行った行為が職務上知り得たことを外部に漏らし行為にあたり、就業規則に反するとして懲戒解雇した。Ｓさんはこれに到底納得できないが、裁判を起こすほどの余力がないのでやむを得ず黙っていた。

I　法とルール

1　法の規範構造

(1)　規範構造

　法というと、たとえば校則のように私たちの自由を縛る窮屈なルールであると思われるかもしれない。法にはそのようなものもあるが、実は私たちに保障された自由が侵害されないための仕組みが大多数である。

　その仕組みの中でもっとも重要なのが日本国憲法である。日本国憲法はその98条で憲法が最高法規であるということを定めている。この意味は、日本には数多くの法的なルールがあるが、そのすべてが日本国憲法と矛盾するルールを策定してはならないということである。このため、憲法に反する法律は裁判所でその効力が否定される（たとえば優生保護法による優生手術が憲法13条、14条に反するとしてその効力を否定した最大判令和6年7月3日裁判所ウェブサイトがその例である。）。そして裁判所も日本国憲法に反する判決を書くことは許されない。その意味で、日本国憲法が何を定めているかを知っておくことは、ソーシャルワーカーだけでなく、生活する市民として重要である。

(2)　日本国憲法

　憲法は人権と統治機構から構成されている。人権規定は国家が国民の自由を侵害しないようにするための法的仕組みであり、国家権力の自己抑制をその内容とする。しかし実際には制定された法律や法律に基づいて行われた行政行為によって国民の権利利益を侵害することがある。先に見た優生保護法による優生手術はその例である。この場合、市民は国会に対してそのような法律の廃止を求める、あるいは実際に行われた優生手術が憲法に反するとして裁判所へ訴えることが期待される。そして国民が政治過程に参加する自由を保障するために憲法が統治機構を定めている。このように、憲法は国民の自由を保障するための体系である。

(3)　法　律

　日本国憲法に基づいて国会が法律を制定する。法律が成立するには、原則として衆参両議院で出席議員の過半数で可決される必要がある（憲56②、59

②、95)。

　国会に提出される法律案は、議員提出法案と内閣提出法案がある。前者を議員立法というが、議員が所属する会派の承認などの手続があることから、それほど多用されない。内閣提出法案は所管省庁が省庁内部で、あるいは審議会（たとえば、社会保障審議会やその下に設置される障害者部会など）での審議などのプロセスを経て法律案の原型を作成し、各種の手続を経て国会に提出される。

　国会に提出されると委員会（厚生労働委員会）で趣旨説明、質疑、討論、裁決が行われ、その後本会議で審議され、各議院の出席議員の過半数賛成で可決成立する。審議の過程で法律に盛り込むことができなかった将来的な検討事項や解釈の指針などは附帯決議に書き込まれることがある。附帯決議には法的拘束力がないものの、その問題を取り扱うソーシャルワーカーにとって重要な事項が含まれることがある。

(4) 法規命令

　法律条文を見ていると、「政令で定める基準」や「厚生労働省令で定める」といった表現に出くわすことがある。たとえば、介護保険法では、介護認定審査会について必要な事項は「政令で定める」とし（介保17）、居宅介護支援事業者が指定を受けたときは「厚生労働省令で定める事項」（介保85）を公示しなければならない。

　「政令」とは内閣が制定する命令（憲73六）であり、「施行令」がこれにあたる。介護保険法17条がいう「政令」は介護保険法施行令であり、介護保険審査会についての必要な事項は介護保険法施行令5条から10条に定められている。

　「省令」とは各大臣がその所掌事務について作成する命令であり、「施行規則」がこれにあたる。介護保険法85条がいう「厚生労働省令で定める事項」は介護保険法施行規則133条の2で定められる。編纂された六法（たとえば『介護保険六法』など）では法律と政令・省令の対応関係が明示されることがある。オンラインでは政府が作成するe-govでリンクが明示される。

(5) 条 例

　条例は、地方自治体がその区域内で通用するルールを定めるものである。

条例は法律の範囲内で定めることができるものであるから（憲94）、その効力は憲法や法律よりも劣ることになる。

介護保険法では「条例で定める」ところにより市町村が徴収する第一号被保険者の保険料を決定する。これを受けて各市町村が「○○市介護保険条例」などを制定し、保険料を定める。このほか、地方自治体が設置する社会福祉施設を設置するための条例は、その運用方針のほか、職員定数などを定める。

(6) 条 約

条約は国家間の取決めであり、誠実に遵守されなければならないものである（憲98②）。条約の効力は憲法よりは下であるが、法律よりは上位の規範である。社会権規約（1979年批准）など法制定の指針となるような条約のほか、国家間で年金の加入調整を行う社会保障協定なども条約にあたる。

2 法律の分類

(1) 公法と私法

日本国憲法は国家と国民との間のルールである。このように国家や地方自治体といった公権力と国民（私人〔しじん〕という）との間を規律する法律を公法という。公法には日本国憲法のほか、行政法（代表的には行政事件訴訟法や行政不服審査法などであるが、健康保険法、生活保護法などの社会保障法の大部分が含まれる。）、刑法、刑事訴訟法などが含まれる。

これに対して私人間（しじんかん）の関係を規律する法律を私法という。その一般法が民法であり、ほかに商法などがある。

民法の基本的なルールは当事者で話し合ってその内容を自由に決めるという契約自由原則が支配する。ところが社会では私人間であっても一方当事者が優位であれば他方当事者がそれに従わざるを得ず、不平等なルールを押しつけられてしまうかもしれない。このため、私人間の関係に国家が介入し、実質的な平等を取り戻そうとする法律が制定される。このような私人間の関係に介入する法律を社会法という。社会法には労働基準法、労働組合法など労働法のほか社会保障法、生活保護法、社会福祉法や独占禁止法などがある。なお、社会保障法は行政法各論でもあり社会法でもある。

169

第2部　総論

(2)　一般法と特別法

憲法と法律では憲法が上位の規範であるが、法律と法律の中で矛盾が生じているような場合にはどの法律を使うのであろうか。これは特別法が一般法に優先するということになっている。一般法とは、ある事柄に関して幅広く定めているルールであり、特別法とは特定の事柄について定めているルールである。

たとえば、人びとの間の基本的なルールを定める民法は、働くことに関して雇用契約を定めている（民623）。そこには賃金額をいくら以上にしなさい、ということが書かれていない。そうすると民法のルールに従うと、いくら安い賃金でも問題がないように見える。その一方で労働基準法では賃金の最低基準を定め、更にそれを最低賃金法で定めることにしている（労基28）。

この場合、民法と労働基準法、そして最低賃金法のうちどのルールが適用されるのであろうか。民法は労働関係以外も含む一般的なルールを定める一般法であり、労働条件についての定めを置く労働基準法はその特別法である。したがって民法ではなく労働基準法が使われる。労働基準法では最低賃金の決め方などを定めておらず、最低賃金法にそれを委ねているのであるから最低賃金法のルールに従うことになる。

(3)　強行規定と任意規定

民法は「期間によって定めた報酬は、その期間を経過した後に、請求することができる。」と定めている（民624②）。このルールに従うと、月給制の場合、今月働いた分の給料は翌月にならないと受けられないように見える。しかしこれを厳格に適用すると、4月入社の新入社員の給料は5月にならないと受け取れないことになってしまう。そこで会社としては毎月20日にその月の分の給料を支払うことしたいのだが、これは違法なのであろうか。

翌月に払うべき給料をその月に支払うことによって、誰かに何か困った問題が生じることはないだろう。そこで民法では「公の秩序に関しない規定」と異なる取決めをした場合には、その取決めが優先することを定めている（民91）。このような規定を任意規定という。任意規定は、当事者間でルールを決めていない場合に適用されるルールとしての役割を果たす。したがって労働者と使用者の間で「毎月20日にその付の賃金を支払う」と決めていれば、

170

それが民法に反していたとしても、その取決めが適法に使われることになる。

これに対して法律に反する取決めをしてはならないものもある。労働基準法に定める基準に達しない労働条件に関する労働契約は、達しない部分について効力がない（労基13）。たとえば、当事者で合意して時給300円の契約が成立していたとしても、300円は最低賃金に満たないので、最低賃金と同額の賃金を支払わなければならない。このように当事者の意思を超えて必ず守らなければならない規定を強行規定という。

それでは強行規定と任意規定を区別する方法があるのだろうか。残念ながら明確にこれを区別する方法は存在しない。法律の表現の中に「しなければならない」のような強制力を持たせるようなものがある場合や、罰則が予定されている規定は強行規定である。さらに公法は私人への適用関係において強行規定となる。しかしそれ以外は、その取決めをすることによって誰かに不利益が及ぶかどうか、及ぶとすればそれは強行規定であるということが1つの指標となるだろう。

(4) 法律と判例

それではSさんが解雇されたことは法的にどのように評価できるだろうか。民法では一方当事者はいつでも雇用契約の解約を申し出ることができ、その場合には解約の申出から2週間で契約が終了する（民627①）。つまり、民法ではどのような理由があろうとも解雇することができるということになる。

しかし民法の特別法である労働契約法では「解雇は、客観的に合理的な理由を欠き、社会通念上相当であると認められない場合は、その権利を濫用したものとして、無効とする」と定める（労契16）。つまり、民法では解雇を自由に行うことができるが、労働契約法では解雇してはならない場合があるということを定めているのである（このほか、特定の場合に解雇が禁止される場合がある。）。

しかしSさんの解雇に「客観的に合理的な理由」があるかどうか、「社会通念上相当」といえるかどうかは、それぞれの人の主観によって異なり、一義的に定まるものでもない。そこで、これまでの裁判で「客観的に合理的な理由」「社会通念上相当」がどのように判断されてきたかを見ることが有益である。この裁判が示した解決基準を判例という。判例は法律ではないが、

171

第 2 部　総論

判決文の中で示された原理・規範が法と同じように取り扱われる。

Ⅱ　法律の調べ方、使い方

1　法律の題名、法令番号

Sさんは社会福祉士の資格を保有しているが、これはどのような法的な位置づけになっているのであろうか。社会福祉士の資格について定めるのは社会福祉士法である。ここでは e-gov をみてみよう。

図表1　社会福祉士及び介護福祉士法（e-gov）

法律名の上にある「昭和62年法律第30号」というのは、この法律が昭和62年の30番目に成立した法律であるということである。ただ、成立したのが昭和62年のことであって、それが施行されて法律の効力が発生するのは「交付の日から起算して1年を超えない範囲内において政令で定める日」とされていた。これは法制定時に法律の最後につけられた「附則」の1条に記載されている。「附則」は法が改正されるたびに施行日や経過措置を設けるためにつけられるものであり、いつの附則かを区別するために法制定時に付けられ

第12章　日本の法

た附則を「原始附則」、それ以降を「（昭和・平成・令和）○年（法律○号）附則」と呼ぶ。附則に対応するため本体部分を「本則」と呼ぶことがある。なお、図の上部左側に記載されているのは法改正の状況と改正法の施行状況である。国会で「○法改正法」という法律が成立することによって法律が改正される。この法律のもっとも最近の改正は上部右側にある「令和6年5月27日施行デジタル社会の形成を図るための関係法律の整備に関する法律」に基づいている。

2　条文の構造

⑴　前文、目次と章

　日本国憲法のように、法律の前に「前文」があるのを見たことがあるだろうか。前文はその法律の趣旨や制定された目的、基本原理などを示した文章であるが、前文が置かれる法律はそれほど多くない。社会福祉の領域では高齢社会対策基本法、少子化対策基本法が前文を持っている。

　社会福祉士及び介護福祉士法について e-gov では目次がリンクとして表示されている。本則を内容ごとに整理するために「章」を設ける。民法などの条文が多い法律では、その中に「節」「款」などが設けられる。

⑵　条・項・号

　社会福祉士の国家試験を受験する場合、受験料が必要なのであろうか。社会福祉士及び介護福祉士法の条文から探してみる。

　法の条文には「○条」というものと、その前に括弧書きで見出しが入っている。社会福祉士及び介護福祉士法第9条の前に（受験手数料）との見出しがあり、「第9条」に2つのことが定めてある。この「第9条」を「条名」といい、通常は「第」を省略して発音することが多い。これをみると、「受験手数料を国に納付しなければばらない。」、その次の行に「2　前項の受験手数料は、これを納付した者が社会福祉士試験を受けない者においても、返還しない。」と定めている。これは1つ目を「第1項」と呼び、2つ目を「第2項」と呼ぶ。第1項の項番号は付けられずに省略されているが、書籍によっては編集者が付している場合がある。

　項の中で何かを列挙する場合、漢数字で番号をつけた「号」が用いられる。

173

第2部　総論

社会福祉士試験の受験資格を定める7条に1号から12号まで列挙されているが、これらに優劣や順番はなく、並列に列挙されているものである。

これに対して介護保険法に定める介護支援専門員の規定を見てほしい。（介護支援専門員の登録）との見出しがあるのは介護保険法69条の2とされている。見出しは法の制定当時から付けられているものが多いが、法令集の編集者が利便性のために付している場合がある。

「の2」を枝番号という。法改正時に69条と70条との間に新たな条文を追加する必要が出てきた場合、新たな条文を70条とすればその後の条番号がすべてズレてしまう。ズレた場合、同じ法律や他の法律でズレた条名だけでなく、その法律について書かれた文書（たとえば教科書や法律の解説）もすべて書き直さなければならない。そのような煩雑さを避けるために枝番号が用いられる。したがって、枝番号が付いている条文はそれ自体が独立した「条」である。介護保険専門員の場合、枝番号が39まであるので、69条と70条との間に38もの新たな条文が付け加えられたことになる。では、「○条の2」と「○条の3」の間に新たに加えたい場合にはどうするか。労働者災害補償保険法では「12条の2」と「12条の3」の間に「12条の2の2」という枝番号を新設している。また、繰上げを避けるという理由で、不要となった条文については、介護保険法175条のように「第○条　削除」となる。

(3)　規定の順序

法律の規定の順序についても一定のルールがある。一般的な法律では、①最初に総則的な規定、②次に実体的な規定、③雑則的な規定、④罰則の順序になる。たとえば社会福祉士及び介護福祉士法では第1章が①にあたり、第1条に目的規定、第2条に定義規定と続き、この順番で目的規定と定義規定を冒頭に置く法律が多い。「第2章社会福祉士」「第3章介護福祉士」が②実体的な規定である。そして「第4章社会福祉士及び介護福祉士の義務等」が③雑則的な規定であるが、雑則とはいっても社会福祉士や介護福祉士が守らなければならない重要な事項が定められている。それらに反した場合、「第5章罰則」が④罰則規定であり、対応する罰が定められる。

この規定の順序を把握しておけば、初めて見る法律でも必要な事項を探し出すことができるようになるだろう。

174

第12章　日本の法

Ⅲ　事例を法的に読み解く

それではここで事例を法的にみてみよう。法的に読み解くということは、複数の登場人物に適用されるそれぞれの人に対する規制がどのようになっているか、登場人物の関係を一対一に分解してみた場合にどのような法的関係があるのかを明らかにした後、総合的にみるとどのような結論を得ることができるのかを考えることである。

1　ソーシャルワーカーが守らなければならないルール
⑴　仕事をする上でのルール：就業規則
就業規則とは労働契約関係において使用者が事業場における労働条件や服務規律を定めたものである（労基89）。もともと労働契約は使用者と労働者が話し合ってその内容を定めるべきものであるが、細かな内容まで話し合って決めることは現実的ではないし、同じ事業場で働く人たちには同じルールを適用することが望ましいだろう。そこで本来は話し合って決めるべきことを使用者が就業規則として一方的に決め、その内容が合理的なもので、きちんとその内容を知らせている場合には、就業規則が一人ひとりの労働契約の内容となる（労契7）。したがって就業規則に「秘密を漏らした者は懲戒解雇とする」と定めていると、Ｓさんはそれに従わなければならないことになる。

しかし就業規則に書いてあることに当てはまる行為をしたのかどうかという、評価の問題は別である。Ｓさんは漏らしてはならない「秘密」を漏らしたといえるのか、情報を漏洩しないことによる利益と情報を漏洩したことによる利益のどちらが重要なのかを考えてみる必要があるのではないだろうか。

⑵　虐待の通告義務
①　高齢者虐待防止法の虐待類型
そこでＳさんが行った行為によって何を守ろうとしていたのかを考えてみる。Ｓさんはなぜ市や県に通告したのか。それはＡさんや施設長Ｃさんの行為を非難したかったと同時に、Ｂさんの財産を守りたかったのではないか。

175

第2部 総論

　高齢者虐待防止法では、その定義規定（高虐2）の中に「養護者による高齢者虐待」と「要介護施設従事者等による高齢者虐待」の類型を設ける。後者について、介護保険法8条27項に規定する介護老人福祉施設の業務に従事する者が、その施設に入所する高齢者の「財産を不当に処分することその他当該高齢者から不当に財産上の利益を得ること」という経済的虐待を虐待の類型としている（高虐2⑤一）。Aさんの行為は高齢者虐待防止法の経済的虐待にあたる。

② 高齢者虐待防止法の通告義務

　Aさんによる経済的虐待を目撃したSさんはどうすべきだったのか。特別養護老人ホームXで働いているSさんは高齢者虐待防止法21条1項にいう「要介護施設従業員」である。Sさんは他の要介護施設従事者（この場合はAさん）による高齢者虐待を受けたと思われる高齢者を発見した場合、速やかに市町村へ通報しなければならない（高虐21①）。もしもAさんが行っている行為が本当に虐待に当たるかどうか、Sさんに自信がないとしても「虐待を受けたと思われる」場合に通報しなければならないから、迷う必要はない。

　もっとも、Sさん以外の職員がAさんの行為を通報しなかったといって法的に責任を負うことはない。高齢者虐待防止法の罰則は通報しなかった場合に適用される余地がない（高虐29、30）。

　Sさんが通報したことは、何らかの法律に反することになるだろうか。法では「刑法の秘密漏示罪の規定その他の守秘義務に関する法律の規定」にあたらず（高虐21⑥）、通報をしたことを理由として、「解雇その他不利益な取扱いを受けない」とされている（高虐21⑦）。これは強行規定であるから、就業規則の「秘密を漏らした者」にもあたるとしても高齢者虐待防止法で解雇が禁止されるから、施設長Cさんが行った解雇は違法無効なものとなる。

(3) 公益通報者保護法

　近年、企業の不祥事が従業員からの内部告発によって明らかになってきた。内部告発はそれが真実である限り公益に資するし、企業のコンプライアンス向上の役割も担う。しかし内部告発は企業にとって信頼を毀損する行為なのであるから、内部告発をした者が企業で不利益な取扱いを受けるかもしれない。公益通報者保護法はこのような不利益取扱いを禁止することで、企業の

コンプライアンスを高め、社会全体の発展に資するために制定されている。

公益通報者保護法では、個人の生命・身体・財産などにかかわる犯罪行為の事実（通報対象事実）を通報したことにより行われた解雇（公益通報3）、降格、減給、退職金の不支給その他不利益取扱い（公益通報5）などが禁止される。そして公益通報によって事業者が損害を受けたとしても、通報者に対して損害賠償を請求することができない（公益通報7）。

公益通報者保護法は自らが勤める事業者が違法行為を行っているということを通報した者を保護するための法律である。したがって、Ｓさんが通報対象事実を通報したと評価されると、公益通報者保護法によって保護されることになる。これは施設長Ｃさんがさんに対して何ら不利益を課すことができないということも意味している。

2　損害賠償

(1)　不法行為と債務不履行

ＡさんがＢさんのお金を取ったからそれを返して欲しいという場合、法的にはどのように請求することになるだろうか。いくらＡさんが憎いとしてもＢさんが自力でお金を奪い返すことは許されない。Ｂさんが認知症などで判断能力が十分でないときには成年後見人が裁判で請求することになる（⇒**第14章**参照）。

誰かが誰かに対して損害を与えたとき、加害者は被害者に損害賠償を支払わなければならない。これには①法的に保護される約束（契約）をしていたにもかかわらず、その約束を守らずに損害を与えた場合と、②約束はないが損害を与えた場合に分けることができる。①が債務不履行であり、約束をちゃんと守らなかったことが証明されると賠償責任が発生する（民415）。

これに対して②は約束がなかったものであり、全くの他人との間でも成立する。これを不法行為という。不法行為は「故意又は過失によって他人の権利又は法律上保護される利益を侵害した者は、これによって生じた損害を賠償する責任を負う。」（民709）と定めているが、この条文を分解して理解することが重要になる。次にこの点を見てみよう。

177

第2部　総論

(2)　条文を分解して考える

①　故意又は過失

　Aさんの行為に故意または過失があるとき、不法行為が成立する。故意とはわざと、という意味であり、過失はついうっかり、という意味である。Aさんは自分が悪いことを知っていながらBさんの財産を奪ったのであり、故意があったということができる。

②　権利または法律上保護される利益の侵害

　Aさんの行為によってBさんの権利または法律上保護される利益が侵害されたときに不法行為が成立する。この「権利」「利益」には財産に関する権利利益と財産以外の権利利益（人格的権利）がある。財産権は、その不法行為によって失った財産と、本来なら得ることができたであろう財産から構成される。人格的利益とは、たとえば慰謝料のように精神的に被った苦痛を金銭で評価するものである。Bさんは財産を失ったのであるから財産的権利利益を侵害されたということができる。

③　損害の発生

　不法行為の成立にはAさんの行為によってBさんに損害が発生したことが必要である。仮にSさんの行為が社会的に非難される行為であったとしても、それによって財産的に何も損害が発生しておらず、精神的にもダメージを受けていない場合には不法行為が成立しない。Bさんはお金（現金と通帳から引き出されたお金）の損害を受けている。

④　因果関係

　仮にAさんの故意又は過失によってBさんの権利利益が侵害され損害が発生しているとしても、Aさんの行為と損害の発生との間に因果関係がなければ不法行為が成立しない。因果関係というのは、ある行為がなければある結果が生じないという関係である。

　たとえば、ナイフで心臓を刺して大量の出血により死亡した場合、ナイフで心臓を刺す行為と死亡との間に因果関係がある。これに対し、「お米を食べると死亡する」ということに因果関係があるだろうか。この問題は「お米を食べなければ死亡しない」という命題は成立しない。これには因果関係がないということになる。「ナイフで刺さなければ死亡しなかった」というこ

178

とは成立するのでこちらには因果関係がある。

　それではAさんの行為によってBさんの権利利益が侵害されたことに因果関係があるか。Aさんの行為によりBさんの財産が侵害されたのであり、Aさんの行為がなければBさんの財産が奪われることはなかったのであるから、因果関係があるといえる。

　以上によりAさんの行為はBさんに対する不法行為（民709）が成立し、AさんはBさんに対する損害賠償責任を負うことになる。

Ⅳ　法的な紛争の解決

1　自主的な解決

　ここまで各当事者の間でどのような紛争が生じるかをみてきた。しかし、紛争が生じたからといって損害が小さければすぐに裁判で訴えて白黒つけようとまでは思わないかもしれない。

　法律的な紛争が生じた場合、最終的には裁判所がそれを判断する。しかしそれほど難しい事例でなければ、法律や判例をみるとどのような解決がなされるかは予想ができる。

　このような場合、当事者が自主的に話し合って解決することが望まれる。社会福祉事業の経営者には、事業所内に利用者からの苦情を解決するための責任がある（社福82）。これを受けて施設内に苦情解決のための仕組みを置くことが多く、施設内に掲示してあるだろう。

　Sさんが通報により解雇されたことについて自主的に解決するためにはどうすればよいであろうか。Sさんが施設長Cさんと話し合うことは当然であるが、おそらくそれでは解決しないだろう。そこでSさんは1人で話し合うのではなく、集団となって加入している労働組合、あるいは問題を解決するために加入した労働組合と、施設長Cさんが話し合うことができる。これを団体交渉といい、憲法で保障された権利であるほか（憲28）、正当な理由なく施設長が団体交渉を拒むことは禁止されている（労組7二）。

179

第2部　総論

2　裁判外の紛争解決

　しかし施設内部の苦情解決には限度がある。そこで第三者に入ってもらって、その苦情が正しいのか、正しいとすればどのように解決すべきなのか意見を求めることがある。社会福祉法では都道府県に運営適正化委員会を設置し（社福83）、相談に応じ（社福85）、事業者に対し助言等を行う（社福84）。

　Ｓさんが通報したことにより解雇されたということはどうすればよいだろうか。先ほど団体交渉について見たが、施設長Ｃさんが正当な理由なく団体交渉を拒んだり、不誠実な話し合いの態度であれば都道府県に設置される労働委員会に不当労働行為として救済申立をすることができ、労働委員会は誠実に団体交渉に応じるように命令を発することができる（労組27の12）。

　また、Ｓさんが労働組合に加入していないとしても、都道府県や国の出先機関である労働局などが相談に応じ、解決に向けた話し合いの場を提供することもある。

3　民事訴訟

　しかしながらやはり裁判で決しなければならないこともあろう。その場合、民事訴訟が提起される。

　民事訴訟を提起し、地方裁判所や簡易裁判所が出す判決にはいくつかの種類がある。事件が裁判に適さない場合には却下され、内容に入る前に門前払いとなる。判決には原告の請求をすべて認める認容、すべて認めない棄却のほか、たとえば賠償額の一部だけを認めるといった一部認容判決がある。

　第1審の判決に納得できず、上訴することを控訴という。さらに控訴審の判決に納得できずに上訴することを上告という。上告審の多くは最高裁判所が担うが、上告審は事実に関する判断をせず、上告できる理由も限られているため、上告を受理しないということが起こりえる。上告審が控訴審の判決と異なる見解を取る場合、元の裁判所にやり直しを命じる破棄差戻しか、上告審自ら見解を示す破棄自判の判決がある。

第12章　日本の法

V　法的な解決

　法的な解決は、すべての登場人物の間でどのような関係が成立しているかについてばらばらに分解し、それぞれの関係を検討することによってすべて解決することになる。

　特別養護老人ホームＸとＢさんの関係はサービス利用契約関係である。適切な介護サービスを提供することと、それに対する利用料を支払うことが中心的な関係になるが、これに加えてＢさんに対して安全に過ごす場所を提供する義務を負っている。それにもかかわらずＢさんに損害を与えたのであるから、特別養護老人ホームＸはＡさんとともに損害賠償責任を負うことになる。

　以上が民事の関係である。話はこれで終わらない。公法上の関係を忘れてはならない。Ａさんの行為が刑法上の犯罪に当たるとされた場合、Ａさんは国家から罰を受けることになる。さらに特別養護老人ホームＸは介護保険法と老人福祉法に基づいて設置された介護保険施設なのであるから、設置基準などに従わないなどの不正があった場合には介護保険施設としての指定が取消されることがある（介保84）。この結果、特別養護老人ホームＸは介護保険による報酬を得ることができなくなる。そしてＸの利用者はこれまでの何倍もの利用費を支払わなければならなくなる。そうすると利用者は他の施設に移ってしまうだろう。この場合には経営が成り立たなくなるから特別養護老人ホームＸが廃業することになるかもしれない。

　このように、法律の関係はすべての登場人物と、社会福祉事業では国・地方自治体との関係がどうなるかをひとつひとつ分析する必要があるのである。

〈参考文献〉
・白石忠志『法律文章読本』（弘文堂、2024年）
・柳澤武＝三輪まどか編著『大学生のための法的思考入門——トピックから学ぶ法学』（みらい、2023年）
・永野仁美ほか『ソーシャルワーカーのための法学入門』（有斐閣、2024年）

181

第13章
ソーシャルワークと法

事例

　市の福祉事務所のケースワーカーのＳさんは、生活保護の申請を行ったＡさん（50歳）の担当である。Ａさんは精神的な病気になって仕事を辞め、貯金も尽きたので生活保護を申請した。ＳさんはＡさんに収入や資産がないこと、扶養できる親族がいないこと、病気のためすぐに働いて最低生活費を得られる状況でないことを確認し、生活保護の支給決定を行い、保護基準に基づいて生活保護費の支給を行った。保護決定後、ＳさんはＡさんを定期的に訪問するなどして、通院や生活習慣の改善の支援を行ってきた。その後病状も改善し、軽作業であれば可能であると医師も診断するようになったことから、就労して自立できるようになるため、就職活動の支援も行ってきた。Ａさんは当初はＳさんのきめ細かな相談助言に従っていたが、就職活動がうまくいかないこともあり、だんだん自立のための努力を行わなくなった。その後Ｓさんの福祉事務所は、就労努力を行わない場合は生活保護の停止を行う旨の指導指示を再三出したが、Ａさんは従わなかったので、保護の停止処分を行った。Ａさんはこれを不服として審査請求を行ったが棄却されたので、裁判所に保護停止処分の取り消しを求めて提訴した。

Ⅰ　ソーシャルワークと法

1　ソーシャルワーカーにとっての法

　なぜソーシャルワーカーは法を考える必要があるのだろうか。それは、ソーシャルワークの実践は、法の実践と密接な関わりがあるからである。ここ

第13章　ソーシャルワークと法

で法とは、制定された法律に限らず、法律に基づく諸法令や契約なども含む。ソーシャルワークに対して法は、①法的な権限と義務、②倫理的価値、③実践の基準と規制を与え、実践の枠組みを与えるものである。

　具体的なソーシャルワークと法の関わりでいうと、第1に、法はソーシャルワーク実践の舞台装置である。制度は実践を規定する枠組みであり、実践は制度に基づいて行われる。第2に、ソーシャルワークの実践は、ソーシャルワークの専門的技術行為と法的な権限行使の両方を含んでいる。第3に、ソーシャルワークに対して、司法介入が行われることがある。**事例**は、生活保護分野でのソーシャルワーク（ケースワーク）が、生活保護法と関係法令の枠組みに基づいて行われていることを示す例である。ソーシャルワーカー（ケースワーカー）は、利用者の自立支援のための相談助言を行う一方、法に基づく給付や指導指示などの法的な権限行使を行っている。さらに、ソーシャルワーカーの行為が適法であったかどうかについては、裁判所で法的に司法判断が行われることがある。

2　倫理と権利

　ソーシャルワーカーの倫理は、社会福祉学や社会福祉専門職団体により、特に重要なものとして論じられている（⇒**第16章**参照）。これらのうちの多くのものは、法的な価値と重なる部分が多い。たとえば、各種ソーシャルワーカーの倫理綱領のうち、最も言及されることが多いソーシャルワーク専門職のグローバル定義（国際ソーシャルワーカー連盟、2014年）では、「社会正義、人権、集団的責任、および多様性尊重の諸原理は、ソーシャルワークの中核をなす。」とされている。このほか、利用者の関与と多職種の連携、利用者の選択と自己決定、自律の尊重、エンパワメント、平等、多様性の尊重などの価値理念も、ソーシャルワーカーの倫理であると同時に法的な価値である。これらの重なる価値理念を、法とソーシャルワークそれぞれの原理に基づき、実践していくものであると解することができる。

　法的権利と福祉ニーズの関係については、状態が基準から乖離している「福祉的ニーズ」のうち、回復・改善の必要があることの社会的承認があり、規範になったものが「法的権利」になると考えられる。法的権利は福祉的ニ

183

第 2 部　総論

ーズを規定するものであるとともに、福祉実践におけるニーズ認識の中から
作り上げられていくものである。福祉的ニーズのうち、基準化・明確化でき
るものはしていき、法的権利性を高めていくことが重要である一方で、個別
の状況に応じて専門的判断を行い、法的支援に限らず事実上の支援を行うこ
とも重要である。

3　法に基づくソーシャルワーク実践

(1)　法を知ったうえでの実践

　法を知った上でのソーシャルワーカーの実践の要素として、8つのことが
あげられる[1]。①対象集団に関連する法の知識、②過程に関する知識と技術
を知り、起こりうるリスクや遅延の可能性に備えること、③対象集団に関す
る知識を超える広い知識（心理や発達に関する知識を含む）、④法的手続きに
関する知識（裁判・行政における手続、証拠に関するルールなど）、⑤法とソー
シャルワーカーの関係を理解すること、⑥具体的事例における法的知識と倫
理・権利の統合、⑦技術的能力（証拠集めや法の適用に関する法的技術や措置
入院・入所に関する実践的知識などを含む）、⑧ソーシャルワーカーの役割に関
する知識であり、法的な役割を超えるものもあることを認識する必要がある。

(2)　法に沿った意思決定

　ソーシャルワーカーの実践における、法に沿った意思決定としては、次の
ようなものがあげられる[2]。①合法性：法的な義務を法の範囲内で果たすこ
と、人権を尊重すること、②合理性と適切性：決定が論理的で基準に合い、
適切であること、③適時性：遅れることなく適切なタイミングで判断するこ
と、④関連する事項をすべて考慮すること：十分に精査し、先入観なく、バ
ランスよく考慮すること、⑤適切な裁量：機械的に基準を適用しないこと、
⑥相談・参画・情報共有、⑦理由の明記：抽象的な理由でなく具体的なもの
であること、を求められる。

---

1) Suzy Braye and Michael Preston-Shoot, *Practising Social Work Law, 4th ed.* (Palgrave
　MacMillan, 2016) pp.20-24.

2) Michael Preston-Shoot, *Making Good Decisions-Law for social work practice*
　(Palgrave MacMillan, 2014) pp.22-36.

(3) ソーシャルアクション

既存の法に従った行動をするだけではなく、法をあるべき姿に近づけていくための、現場の実践に基づく法制度の改善運動も重要である。これはソーシャルワーク技術としてはソーシャルアクションとよばれる。

II ソーシャルワークにおける法の役割

1 ソーシャルワークにおける「法的実践」と「専門的実践」
(1) 法的実践と専門的実践の違い

ソーシャルワークの中には「法的実践」と「専門的実践」の両方がある。「法的実践」とは、基準・権利・権限を重視する法的原理に基づき、給付決定・代理代行決定・司法介入などの法的権限行使を代表とするものであり、「専門的実践」とは、利用者との個別的関係・ニーズ・共感を重視するソーシャルワーク原理に基づき、ニーズアセスメントとケアプラン策定・意思決定支援・伴走型支援などの専門的技術行為を代表とするものである。このような法的な面とソーシャルワーク技術的な面は、現場の福祉実践において明確に二分されるものではなく、グラデーションのようになっていると理解できる（図表1）。①法廷における抗弁や、更生支援計画の作成は、法的な面が強く現れる場面である一方、②ニーズアセスメントやケアプランの作成は、ソーシャルワークの専門的な実践である。その中間に、③児童保護における親子分離命令や成年後見における身上監護など、法とソーシャルワークの双方の実践に関わるものがある。

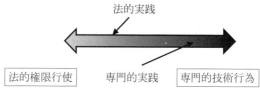

図表1　法的実践と専門的実践

(2) ソーシャルワークにおける法的権限行使とジレンマ

ソーシャルワークにおける権限行使は、行き過ぎとして批判される場合と、足りないとして批判される場合がある。

第 2 部　総論

たとえば、

(A)　親Aの育児放棄を疑った児童相談所は、親から子どもを引き離して一時保護したが、親は虐待をしておらず、子どもは食が細いだけであるとして、子どもの取り戻しを裁判所に訴え、児童相談所の権限の濫用であると批判した。

(B)　親Bの虐待を疑った児童相談所は、子どもの見守りをしていたが、家庭訪問をしても会えないことが多かった。その後その子どもは虐待のため死亡し、児童相談所は権限を適切に行使しなかったとして批判された。

(A)は児童相談所が権限を濫用したとされ、(B)は権限の不行使により虐待死を招いたとされる例である。

2　ソーシャルワークの舞台装置としての法

(1)　ソーシャルワーク現場の実践と法制度の関係

ソーシャルワークの実践は、法制度によって支えられている。これを舞台装置になぞらえると、もちろん主役は利用者であり、ドラマは利用者とソーシャルワーカーによって行われるのであって、舞台装置を見に来る者はいないが、法制度が実践を規定し、実践は法制度の枠組みの中で行われるのである（図表2）。通所介護・訪問介護などのサービス内容・手続（給付法）、施設人員・設備の最低基準（規制法）、居宅介護支援・成年後見などの契約支援や地域計画などの地域資源づくりの仕組み（支援法）、介護保険など財政や費用の支払いの仕組みや、社会福祉士や介護福祉士の資格制度（組織法）などの例を思い浮かべると分かりやすいであろう。ただし、舞台装置は使われるものでなく使うものであり、また現場の声によ

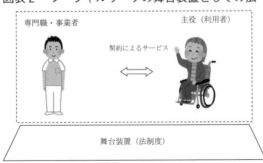

図表 2　ソーシャルワークの舞台装置としての法

り不断につくっていくものであることを忘れてはならない。

(2) 利用者とソーシャルワーカー（支援者）の法的関係

　措置制度においては、利用者の受けるソーシャルワークはソーシャルワーカーの法的権限行使として提供される（例：生活保護）。一方、契約制度においては、利用者とソーシャルワーカーの契約によってソーシャルワークが行われる（例：介護保険のケアマネジメント）。

3　ソーシャルワークへの司法介入

　ソーシャルワークと法の協働の面としては、ソーシャルワーク実践に司法が介入する場合があげられる。まず、法制度上、ソーシャルワーク実践の一定の場面において家庭裁判所が関与することが想定されていることがある。少年法による司法手続、児童保護における親権者の同意が得られない場合の一時保護や児童養護施設への入所措置、親権停止・成年後見の審判などがその例である。

　また、ソーシャルワークに対しては、専門家の一定範囲の裁量が認められるが、ソーシャルワーカーが裁量の範囲を超えて権限を濫用した場合や、権限を適切に行使しなかった場合には、司法介入が行われることがある。児童保護措置、生活保護、サービス支給決定などにおける裁判例がある。

　ほかに、裁判に至らなくても、司法介入に準じた中間的なものがある。苦情解決制度、オンブズパーソン制度、虐待防止制度などがある。

Ⅲ　法におけるソーシャルワークの役割

1　実定法におけるソーシャルワークの位置づけと機能

　実定法上のソーシャルワークについて整理しておきたい。社会福祉学では、社会福祉サービスの提供過程全体であるソーシャルワーク過程を「相談援助」といい、狭義の相談や相談支援（援助計画作成など）が含まれるとする。これに対し、実定法上、ソーシャルワークに近いものとしては、多様なものが存在する。

　(1)　一般的な「相談」（「相談支援事業」）である。市町村の相談（老福5の

187

第2部 総論

4②)、障害総合支援2①)、基本相談支援（障害総合支援5⑲)、障害者相談支援（障害総合支援77①)、民生委員・相談（民委14①二)、包括的支援体制の整備における地域住民による相談（社福106の3①二)などがこれにあたる。必ずしも専門的なものに限られず、行政や住民など多様な者が担っている。

(2) 給付手続や個別支援計画として専門的に行われるサービスとしての「相談支援」（≒ケアマネジメント)がある。介護支援専門員の相談と連絡調整（介保7⑤)、計画相談支援（障害総合支援5⑱)、居宅介護支援（介保8㉔)、相談助言（生保27②)などである。相談支援が個別支援計画の作成として行われ、サービスの内容をアレンジするもので、「ケアマネジメント」に近い場合が多い。

(3) 行政処分の手続としての「相談」であり、児童相談所の相談（児福11①)、更生相談所の相談（身障11)、指導指示（生保27)などがある。単に相談を受けるだけではなく、措置入所や認定、給付停止までの行政処分の前提とする手続きである。

(4) 伴走型支援としての「相談」がある。自立相談支援事業（生困3②)、地域包括支援センターの総合支援相談業務（介保145の45②)、地域相談支援（障害総合支援5⑱)、包括的相談支援事業（社福106の4②一)などである。

(5) 専門的行為であるソーシャルワークは「相談援助」とされている（社会福祉士及び介護福祉士2①)。

2 ソーシャルワークプロセスの法的位置づけ

(1) ソーシャルワークプロセスの各場面

ソーシャルワーク（相談援助)の標準的な過程は、①「問題発見」→②「アセスメント」→③「契約」→④「援助計画作成」→⑤「援助計画実行」→⑥「モニタリングと評価」として示される。社会福祉サービス提供過程の法的位置づけをソーシャルワークのモデルを用いて分析してみると、過程の各段階が法令によって明示されている場合とそうでない場合があることがわかる（図表3)。

(2) 給付手続と支援

ソーシャルワークは、援助計画作成そのものでなく、援助計画作成よりも

第13章　ソーシャルワークと法

図表3　福祉サービスの提供過程（広義の相談援助）
※下線は狭義の相談・相談支援

	①問題発見	②アセスメント	③契約	④援助計画作成	⑤援助計画実施	⑥モニタリング・評価
在宅介護（「介護保険法」）	・情報提供 ・<u>総合相談</u>	・要介護認定 ・<u>居宅介護支援</u>	・サービス利用契約 ・権利擁護	・<u>居宅介護支援計画の作成</u>	・サービス提供 ・<u>相談、連絡調整</u>	・定期訪問 ・虐待防止 ・苦情解決 ・質の評価
在宅介護（「障害者総合支援法」）	・情報提供 ・<u>市町村相談支援</u> ・<u>基本相談支援</u> ・<u>基幹相談支援センター</u>	・<u>計画相談支援</u> ・障害支援区分認定 ・支給決定	・サービス利用契約 ・権利擁護	・<u>サービス利用計画の作成（計画相談支援）</u>	・サービス提供 ・<u>地域相談支援</u> ・相談、連絡調整	・定期訪問 ・自立支援協議会 ・虐待防止 ・苦情解決 ・質の評価
生活保護（「生活保護法」）	・情報提供 ・<u>相談、面接</u>	・申請 ・調査	・給付決定	・<u>援助方針の作成</u>	・保護給付 ・<u>指導指示</u> ・<u>相談助言</u> ・<u>就労支援</u>	・家庭訪問 ・不服申立
施設入所（各法）	・情報提供	・介護認定 ・入所申請	・入所契約	・<u>施設サービス計画作成</u>	・サービス提供 ・<u>相談支援</u>	・モニタリング、苦情解決

広いものである。単に給付のための手続である援助計画作成等の手続や、そのための関係機関の連絡調整にとどまらない。必ずしも給付を伴うものにも限らない。初期の相談が援助計画作成に結び付くこともあるが、相談支援だけにとどまることもある。また、援助計画作成の結果、援助計画の実施段階でサービスや現金の給付が行われることもあるが、相談支援だけが行われることもある。相談支援は、介護等のサービス給付や現金給付と異なるもので、課題解決に収斂しない問題発見と寄り添いによる援助である。

第2部　総論

　生活保護における給付決定とケースワークの関係に関しては、古くから議論されてきた。昭和30年代には、保護決定という権限行使とケースワークを分離すべきか、一体的に行うべきかといった論争が行われた。近時も、生活保護における自立支援のための相談助言や就労支援の重要性への認識が高まる中、これらを現金給付とは別の仕組みとして分離すべきだとする議論がある。児童相談所の児童虐待への対応についても、2019年の改正で一時保護等の介入的対応を行う職員と保護者支援を行う職員を分離することとした（児虐11⑦）が、これも行政処分としての給付決定と専門技術としての相談支援（狭義のソーシャルワーク）を区別する考え方に基づいている。

　専門的ソーシャルワーカーと地域住民の相談支援の役割分担も重要である。社会福祉サービス提供過程の中では、アセスメントや援助計画の策定などの専門技術を要するものは専門家の役割であり、住民の役割としては、問題発見（①）、モニタリングと評価（⑥）のほか、援助計画の実施（⑤）における地域住民による見守りや居場所づくり（認知症カフェ、コミュニティサロンなど）、ボランティアなどが中心になる。

3　社会福祉の法体系とソーシャルワーク

(1)　社会福祉の法体系

　社会福祉の法体系論（法の分類論）には、さまざまなものがあるが、ソーシャルワークをくくり出す形でその仕組みを踏まえて分類してみると、給付法・規制法・支援法という分類を行うことができる（図表4）。2000年代以降、社会福祉の利用方式が従来の措置方式中心から変化して契約による利用が中心となり、利用のための個別支援と地域支援を取り込んだ仕組みとなったため、行政が果たすべき公的責任は、ニーズのある者を行政措置により福祉施設に入所させる関係（縦のマネジメント関係）から、地域における利用者と事業者・地域住民の間の多様な契約・互助関係（横のガバナンス関係）を支援するために行政が規制・給付・その他の支援の形で介入する形に大きく変化したことをふまえたものである。

　①　**給付法**　利用者に対する適切なサービスの提供を確保するため、行政が利用者に直接サービスもしくはサービスに要する費用、または現金を公

190

第13章　ソーシャルワークと法

図表4　社会福祉の法体系

	代表的な法律			
	（高齢者）	（障害者）	（児童）	（その他）
給付法	介護保険法	障害者総合支援法	子ども・子育て支援法	生活保護法
規制法	老人福祉法	身体障害者福祉法 知的障害者福祉法 精神保健福祉法	児童福祉法 認定こども園法	
支援法	社会福祉法、児童虐待防止法、民法、行政不服審査法など			

的に給付する仕組みを定める法制度である。現行法では、介護保険法、障害者総合支援法、子ども・子育て支援法、生活保護法、ほかに児童手当法など手当各法が主にこれにあたる。その内容は、給付決定に関する事項である。また、給付を受けるための要件を認定するための利用者に対する行政処分も給付法に含まれる。なお、財政措置（介護保険の保険料の徴収・運営管理、国・自治体の負担など）も、給付法に含まれるとすることができる。

　②　**規制法**　利用者に対する適切なサービスなどの提供を確保するため、行政が事業者（サービス提供者）や利用者を規制する仕組みを定める法制度である。現行法では、老人福祉法、身体障害者福祉法・知的障害者福祉法・精神保健福祉法、児童福祉法が代表的である。内容の第1は、事業者の事業実施の規制であり、事業の認可や届出（老福15など）と、施設の設備及び運営の基準（最低基準：老福17など）を含む。第2は、実施主体の規制であり、社会福祉法人の認可など（社福31など）を含む。第3は、契約による利用が著しく困難である場合等に行政処分により個人の施設入所等をさせる措置の手続である（老福11など）。

　③　**支援法**　直接の規制や給付ではないが、個人の社会保障制度の利用を支援する仕組みである。利用者の適切なサービスの利用を確保するため、利用者の契約によるサービス利用を個別に支援したり、地域におけるサービス提供体制を整備したり、サービス提供に係る行政決定過程に参加したりする仕組みに関する法制度である。ソーシャルワークは、とくにこの支援法と密接にかかわる。

191

第2部　総論

(2)　社会福祉の支援法とソーシャルワーク

支援法には、①利用者支援のための個別支援、②サービス体制整備と住民参加促進のための地域支援、③住民の政治参加のための政策決定過程参加支援、の3つがある。

①　個別支援　　個別の利用支援の仕組みは、社会福祉基礎構造改革によって福祉サービスの主な利用方式が措置から契約へと変更された際に、医療・福祉サービスの利用者が行為能力において十分でない場合や情報の非対称性がある場合が多いため、意思決定や選択を支援する仕組みとして、主に社会福祉法に規定された。このなかには、権利擁護（意思決定支援）、情報提供、契約規制（説明と同意）、質の評価、苦情解決、一般的な相談支援などがあり、ソーシャルワークはその全体に関わる。

②　地域支援　　利用者が医療や福祉のサービスを適切に利用できるようにするためには、行政が地域において医療福祉関係の資源を開発するとともに、存在している資源の連携を図る必要があるが、こうしたサービス供給体制整備のための仕組みである。地域全体を対象としてサービス供給体制の整備を行い、地域における支援者の支援として、資源開発とネットワーク化を行うものである。このとき、行政によるサービスや市場において民間事業者によって提供されるサービスのほか、地域住民による自主的な参加のもとに行われるサービスの意義に着目することが必要である。このなかには、供給体制整備、人材養成、地域計画が含まれる。

③　政策過程参加支援　　社会福祉の政策決定や行政処分に対して市民参加することを支援する仕組みである。政治的手続、行政手続、行政争訟など多様なものが含まれ、具体的には、審議会、ワークショップや住民集会、パブリックコメントや聴聞などの行政手続、行政不服審査や行政訴訟などの行政争訟などがあげられる。

コラム　イギリスの Social Work Law

　専門職としてのソーシャルワーカーの長い歴史をもつイギリスでは、近時、ソーシャルワーカーの法的責任を問われる場合が多くなり、裁判所でその行動の是非が問われるケースも増えていることから、ソーシャ

第13章　ソーシャルワークと法

ルワーカーの実践と法との間の緊張関係と、その協働の必要性が強く認識されるようになった。ソーシャルワーカーの学位取得のための主要科目や、卒後教育の要件に法学教育が含まれるようになっている。

　こうした状況の下に、ソーシャルワーカーの法的な実践・教育・役割に関するSocial Work Lawという学問分野が確立しつつある。法を知るだけではなく、法はどのように使われるかを知ることが必要であるとされており、その意味で極めて実践的な学問分野である。①ソーシャルワーク実践と法的実践の原理的違いとその協働、②法制度・法実践におけるソーシャルワークの位置づけと機能、③専門職の資格・人材と法教育の3つがその内容とされている。

　本書は、イギリスの新しい学問分野としてのSocial Work Lawを参考にして書かれている。ただし、参照する際には、①法理論の体系というよりも、現場実践に役立つものとして主に論じられていること、②イギリスのソーシャルワーカーは、原則として地方自治体の公務員であり、現物サービスのみを扱っていること（国の事務である生活保護などの所得保障を扱う職員とは別）に注意する必要がある。

〈参考文献〉

・Brammer, A., *Social Work Law, 6th.ed.*（Pearson, 2024）
・Carr H. and Goosey D., *Law for Social Workers, 17th ed.*（Oxford University Press, 2024）
・空閑浩人『ソーシャルワーク論』（ミネルヴァ書房、2016年）
・西村淳「第3章・給付中心から支援中心の社会保障法へ」「第5章・ソーシャルワークの法的構造」同『参加・貢献支援の社会保障法』（信山社、2023年）
・西村淳「ソーシャルワーカーと法の関係に関する日英比較——ソーシャルワーカーの実践・教育・役割に着目して」社会福祉研究134号（2019年）91-97頁。

第14章
ソーシャルワークと権利擁護

事例

　社会福祉士であるＳさんは、認知症でひとり暮らしをしているＡさん（80歳）の成年後見人を受任した。地域包括支援センターからの通報で状況を把握した市役所の担当課による成年後見の市長申立を受けて、家庭裁判所により選任されたものである。Ａさんは、消費者被害を受けたり、離れて住む息子に経済的虐待を受けたりしていた。Ｓさんは、Ａさんの財産の管理を行うほか、行政の窓口・年金事務所・銀行などの各種の契約などにおいて手続を行って日常の財産管理を行ったり、ケアマネジャーや訪問介護事業所と連絡を取って介護サービスの利用契約を締結して利用できるようにした。消費者被害の回復や息子との関係改善にも努めている。できるだけ訪問を行い、本人ができないことを代理するだけではなく、介護サービスの利用などにおいてＡさん本人の希望や意思をできるだけ尊重するようにしているほか、近所の認知症カフェへの参加や猫の世話など、本人ができることを支援するように努めている。

I　権利擁護とは何か

1　ソーシャルワーカーと権利擁護

(1)　ソーシャルワーカーの権利擁護の役割と必要性

　「ソーシャルワーク専門職のグローバル定義」では、「社会正義、人権、集団的責任、および多様性尊重の諸原理は、ソーシャルワークの中核をなす」とされ、その注釈で「人権と社会正義を擁護し支持することは、ソーシャル

ワークを動機づけ、正当化するものである。……ソーシャルワークの主な焦点は、あらゆるレベルにおいて人々の権利を主張することにある」とされている。権利擁護はソーシャルワークの本質であり、ソーシャルワーカーは権利擁護の専門職であるといえる。社会福祉サービスの利用方式において現在主流となっている契約制度においては、対象者が必要なサービスを受けられるようにするための支援がなければ、サービスを利用できない。また、行政処分によって給付が行われる措置制度においては、行政のソーシャルワーカーの権限行使は、サービスを受ける権利の実現の支援になり、適切な行使がされないことは権利侵害になりうる。

(2) **事例の説明**

事例では、消費者被害や虐待の防止、あるいは被害回復のために、社会福祉士が成年後見人を受任した。社会福祉士は成年後見人として本人の財産管理を行うほか、日常の財産管理、介護サービス利用契約の締結などの身上保護にかかわる法律行為を行うことになる。この際、ソーシャルワーカーとしては、本人に寄り添ってその意思決定を支援し、その意思が最大限実現できるようにすることが重要である。

2　権利擁護の定義

(1)　権利擁護の狭い定義と広い定義

権利擁護を狭く解する場合には、「判断能力の不十分な人々、または判断能力があっても従属的な立場におかれている人々の立場に立って、それらの人々の権利行使を擁護し、ニーズの実現を支援すること」と定義することができる。ソーシャルワーカーの役割の例としては、認知症高齢者や障害者の意思形成・意思表明を支援するための相談援助、成年後見における身上保護、意思実現の支援のための苦情解決、虐待防止などがあげられる。

権利擁護を広く解する場合には、特定の人々に限らず、「社会福祉制度上に位置付けられた諸機関が、本人の意思を尊重しながら権利行使を擁護し、ニーズの実現を支援するための仕組み」であると解することができる。例としては、条件整備としての情報提供、個人情報保護、契約規制、第三者評価、意思実現の支援のための苦情処理、行政争訟などがあげられる。

第 2 部　総論

　本章では、主に判断能力の不十分な人々を対象とする上記の狭い定義に基づいて説明するが、より広い範囲の人々に対する権利擁護のための仕組みも意識しつつソーシャルワークを進めることが重要である。

(2) 権利侵害への対応と権利実現への対応、ケースアドボカシーとクラスアドボカシー

　権利擁護について別の分類をすると、権利侵害への対応は、個人的な権利が現に侵害されている場合に、権利侵害者とたたかって権利を回復するための支援である（権利回復支援）。虐待や財産上の不当取引への対応の場面である。一方、権利実現への対応は、個人的な権利を制度利用に結び付けていくため、意思を明確にして権利を実現していくための支援である（権利獲得支援）。意思決定支援の多くがここに含まれる。

　また、権利擁護の対象は、個別のケースである場合と、一定範囲の同様のニーズを抱えた人々の集合である場合がある。個別のケースを対象としたものは、ケースアドボカシーと呼ばれ、一定範囲の同様のニーズを抱えた人々の集合を対象としたものは、クラス（コーズ）アドボカシーと呼ばれる。

(3) 事実行為と法律行為の支援

　権利擁護は、法律行為の支援にとどまらず、事実行為の支援にも及ぶことに注意する必要がある。何らかの権利を実現するためには（たとえば、商品の購入や福祉契約など）、法律行為（意思決定）が必要であるが、その前提としては事実行為（たとえば情報収集など）が存在する。主には、法律行為を支援するのが法的支援であり、事実的行為を支援するのが福祉的支援であるといえるが、ソーシャルワークは、この両方を合わせたものであるといえる。ソーシャルワークによる権利擁護にかかわるものを分類してみると、図表1のようになる。

図表1　法律行為と事実行為の支援

第14章　ソーシャルワークと権利擁護

Ⅱ　権利擁護とソーシャルワーク

1　権利擁護（意思決定支援）のプロセスと法・ソーシャルワークのかかわり

　ここでは、何らかの意思決定を行い、その意思を実現していくプロセス「条件整備⇒意思形成⇒意思表明⇒意思実現」に沿って、権利擁護のためにソーシャルワークと法がどのようにかかわっているかについて説明していく[1]。

　まず、意思決定の前提としての条件整備の段階がある。情報提供、個人情報保護、契約規制、第三者評価制度などがこれらにあたる。

　次は、意思形成過程・意思表明過程の支援（狭義の権利擁護）である。意思決定の最初の段階は、意思形成の過程である。たとえば、知的障害者のBさんは、もっと自由に生活したいという漠然とした希望を持っているが、どうしていいか分からないというような場合がある。また、重度障害者のCさんの身体介助を行っているホームヘルパーが、Cさんが時々発する声の意味が分からなくて困っているというような場合もある。このような場合は、意思疎通支援や、相談援助によって本人の意思の形成を支援することが必要になる。

　意思形成が行われた後は、意思表明の過程がある。たとえば、認知症高齢者のDさんは、年金が少なく困窮しているが生活保護を受けるつもりはない、訪問販売で不要な高級羽毛布団を買わされたが解約するつもりがない、別居する息子の経済的虐待を受けているというような場合がある。このような場合、関係者と話すなどの相談援助によって本人の意思決定を支援する、生活保護などの制度を受けるように説得するほか、民法上の契約解除、成年後見、虐待防止などの法的な制度を用いることも必要になる。

　さらに、意思の表明が行われた後は、意思の実現過程がある（広義の権利擁護）。たとえば、認知症の高齢者のEさんは、アルコール依存症で、肝臓

1）本節の記述は、秋元美世＝平田厚『社会福祉と権利擁護——人権のための理論と実践』（有斐閣、2015年）163頁以下を参考にした。

197

第2部　総論

が悪いが、週1本くらいはビールを飲みたいと話しているというような場合がある。また、知的障害者のFさんは、就労している事業所で賃金の一部を強制的に預けさせられている、死亡した親の借金の返済を求められているというような場合がある。このような場合、相談援助によって取り返しのつかない判断でない限り本人の意思をできるだけ実現できるように支援するとともに、労働法上の賃金請求や相続放棄、訴訟などの法的権限行使を用いることの支援も必要になる。

2　意思決定支援とソーシャルワーク
(1)　意思決定支援とは何か

　ソーシャルワークの中には、「保護的介入」と「意思決定支援」の両方があり、ソーシャルワークの法的規律は、この両方に対し行われている。保護的介入とは、必要なときには専門的観点から利用者の最善の利益を考えて保護的措置として代理代行決定を行うものであり、意思決定支援とは、利用者本人の自律的意思決定を支援するものである。この両者を極として、実際にはグラデーションとなっていて、ケアプランの策定や家族支援、人生の最終段階における意思決定支援（アドバンス・ケア・プランニング）などは、意思決定支援の面が強く現れ、成年後見による代理代行決定、児童の一時保護や親権停止のための手続などは、保護的介入の面が強く現れていると解することができる（図表2）。意思決定能力がある成人→意思決定能力に不安がある成人→児童の順に保護的介入の度合いが強くなると考えられる。

　ソーシャルワークにおいては、本人意思を最大限尊重するように支援することが重要である。本人の意思決定能力が欠けている場合でも、「何ができないか」ではなく「何ができるのか」を見て、できるだけ本人が意思決定できるように支援し（これを「支援付き意思決定」という）、支援してもどうしても本人が意思決定

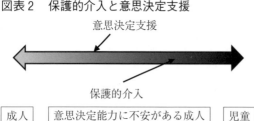

図表2　保護的介入と意思決定支援

できない限りにおいて、
代理代行決定が行われる
べきである。この場合、
財産やサービス利用の契
約時のみならず、日常生
活における意思決定が重
要であることにも注意が
必要である（**図表3**）。

図表3　代理代行決定と意思決定支援

代理代行決定	意思決定支援
・能力がないと推定する ・本人は保護の客体 ・社会の一般的な価値観が基準 ・支援者が代わりに決定し保護する ・パターナリズムで正当化される	・能力があると推定する ・本人は権利行使の主体 ・本人の主観的価値観が基準 ・本人の決定を支援者が支える ・自己決定権で正当化される

⑵　意思決定ガイドラインと意思決定支援プロセス

　現在わが国では、5つの意思決定ガイドラインが厚生労働省から公表され
ている。

- ・障害福祉サービス等の提供に係る意思決定支援ガイドライン（2017年）
- ・人生の最終段階における医療・ケアの決定プロセスに関するガイドライン（2018年）
- ・認知症の人の日常生活・社会生活における意思決定支援ガイドライン（2018年）
- ・身寄りがない人の入院及び医療に係る意思決定が困難な人への支援に関するガイドライン（2019年）
- ・意思決定支援を踏まえた後見事務のガイドライン（2020年）

　これらのガイドラインを踏まえた意思決定支援プロセスとは、次のような
ものである。まず、意思決定能力は存在すると推定することから始まる。こ
の推定は、全体としてではなく行為ごとに行われ、支援者の能力によって意
思決定能力が変わりうることに注意しなければならない。次に、本人による
意思決定のための実行可能なあらゆる支援の提供がなされなければならない。
これには、支援者の態度、信頼関係、時間的ゆとりなど、人的・物的環境の
事前整備や、前述の意思形成支援、意思表明支援、意思実現支援が含まれる。
その際には、不合理に見える意思決定であっても尊重されるように留意する
必要がある。ただし、他者を害する場合や本人に重大な影響を生じる場合は

第2部　総論

例外とされる。

　本人の意思が分からないときは、まず、明確な根拠に基づく意思の推定がなされなければならない。意思と選好に基づく最善の解釈を旨とし、理解、記憶保持、比較検討、表現の能力に基づく意思能力アセスメントが、表情や感情、行動記録、生活史や人間関係等の明確な根拠に基づいて行われなければならない。

　それでもどうしても必要な場合にはじめて、本人の最善の利益のための代理代行決定（成年後見制度などに基づく）と必要最小限度の介入が行われることになる。

(3)　アドバンス・ダイレクティブからアドバンス・ケア・プランニングへ

　医療の領域におけるインフォームド・コンセントとは「医療行為についての適切かつ十分で分かりやすい医療者の説明と、それによる患者の理解・納得・選択を経たうえでの合意」とされ、「説明と同意」と略される。現在、検査や手術をはじめ、多くの医療行為において説明と同意の手順がとられるようになった。

　終末期医療においては、リビングウイル・事前指示（AD：Advance Directive）から人生の最終段階における事前医療・ケア計画（ACP：Advance Care Planning、厚生労働省は「人生会議」という愛称をつけている）へ、という動きが見られる。AD（事前指示）とは、意思決定能力のある本人が、意思決定能力を失ったときに備えて、医療処置に関する自分の希望について、あらかじめ指示をするか、代理判断者を指名しておくことである。一方で、意思が変化することに対応できない、指示内容が曖昧である、いざというときに見つからない、強制される危機感などの問題点も指摘されていることから、人生の最終段階における医療・ケアについて、本人が家族等や医療・ケアチームと事前に繰り返し話し合うプロセスであるACP（人生会議）が注目されている。診療報酬（入院基本料など）の算定要件にもなり、医療・介護の現場での普及が見られる。ソーシャルワーカーがかかわる場面も多い。

第14章　ソーシャルワークと権利擁護

Ⅲ　成年後見とソーシャルワーク

1　成年後見制度とは

　成年後見制度とは、判断能力が欠けているか不十分な場合に、あらかじめ後見人等を定め、代理権や取消権・同意権を付与しておくものである（図表4）。親族等の申立に基づき、家庭裁判所が審判の上、後見人等を選任することによって、本人による契約は一定程度制約される一方、本人が不十分な判断能力に基づき絡んでしまった不適切な契約から保護される。

　被後見人等は、女性は80歳代以上、男性は70〜80歳代以上で6割強、また認知症が6割強を占めている。申立動機としては、預貯金等の管理・解約が31.1%、不動産の処分11.8%と財産関係が多いが、身上保護24.3%、介護保険契約14.3%と、医療・介護・生活支援関係も多くなっている（最高裁「成年後見関係事件の概況」〔令和5年1月から12月〕による）。

　申立人となれるのは、本人、配偶者、四親等内の親族、市町村長などとなっているが、身寄りのない高齢者が多くなっていることを反映して、市町村長（地方自治体の福祉部局）が23.6%と最も多くなっている。市町村長の申

図表4　成年後見制度の概要

	後見	保佐	補助
能力	判断能力が欠けているのが通常の状態の人	判断能力が著しく不十分な人	判断能力が不十分な人
同意権・取消権	すべて（日常生活行為・身分行為以外）	民法13条に定める重要な法律行為（借金等）	審判で定める特定の法律行為
代理権	財産に関するすべての法律行為※	審判で定める特定の法律行為（本人同意が必要）	審判で定める特定の法律行為（本人同意が必要）

※　後見人が居住用不動産を処分する場合は、家裁の許可を要する

第2部　総論

立に当たっては、ケアマネジャー、地域包括支援センター、病院その他のソーシャルワーカーが行政につなぐなど大きな役割を果たしている。また、家庭裁判所への申立にあたっては、戸籍、診断書とともに、支援者等による本人情報シートを提供することになり、ここでもソーシャルワーカーに大きな役割がある。

　成年後見人等として選任された人のうち、親族等は18.1%にすぎず、利益相反を避けるため親族以外の専門職後見人が81.9%を占める。また、専門職後見人は、司法書士（35.9%）、弁護士（26.8%）、社会福祉士（18.4%）の順で多くなっており、社会福祉士が後見人等に選任されるケースも多い。

　成年後見人等の事務は、財産管理事務（財産の保存、利用、処分を含む）と身上保護事務（身上監護ともいう。生活および療養看護に関する事務で、介護、住居確保、施設入所、医療等に関するもの。介護などの事実行為、本人の身体に対する強制を伴う事項や一身専属的な事項は含まれない）がある。義務には、善良なる管理者の注意義務（善管注意義務）と、本人の意思の尊重義務・身上配慮義務がある。

2　成年後見制度の利用促進

　成年後見制度は、利用者数が少なく、社会生活上の大きな支障が生じない限り利用されていないと指摘されており、利用しやすくするため「成年後見利用促進法」と同法に基づく「成年後見制度利用促進計画」に基づく利用促進策が進められている。この中では、①必要な人の発見・支援、②早期段階からの相談・対応、③意思決定支援・身上保護を重視した成年後見支援体制の整備のために、権利擁護のための地域連携ネットワークづくりが最大の課題とされている。市町村単位で、①本人を取り巻く関係者の「チーム」、②専門職団体・関係機関による「協議会」、③市町村による「中核機関」を設け、「本人中心の権利擁護支援チームを支えるための機能」と「地域の体制づくりの取り組み」を果たそうとするものである。利用促進のためには、市町村長申立、成年後見制度利用支援事業に基づく報酬助成などの市町村による制度の利用促進も重要である。この中で、関係機関のソーシャルワーカーの役割は重要である。

第14章　ソーシャルワークと権利擁護

3　身上保護とソーシャルワーク

　ソーシャルワークとの関係で最も重要なものとなるのは、身上保護である。受診・治療・入院、住居確保、施設入所、介護・生活維持に関する契約の締結及び費用の支払い等を行うもので、単なる財産管理を超えて、生活支援のためにその必要性が高まっている。

　これまでの成年後見人等は、不正防止の観点から第三者（専門職）後見人が大部分を占めているが、身上保護には限界があることから、親族後見を増やしていく方向にある一方、社会福祉士による後見人等の受任が注目されている。身上保護事務は生活支援であって、ソーシャルワークに近く、法律のみに詳しい他の専門職よりも社会福祉士にふさわしい面があるためである。

　また、社会福祉協議会の行う日常生活自立支援事業は、判断能力が十分でない人が、契約によって福祉サービスの利用手続や金銭管理において支援を受けるサービス（契約による）である。生活支援員（ソーシャルワーカー）による見守り機能を生かし本人に寄り添った支援が可能なものであり、利用者には年金や生活保護受給者が多く、成年後見制度との併用や移行の促進も重要である。

Ⅳ　虐待防止・差別禁止とソーシャルワーク

1　虐待防止・差別禁止法制

(1)　虐待防止法制

　児童・高齢者・障害者に対する虐待が後を絶たない。虐待に対しては、それぞれの対象者別の虐待防止法があり、全国民に通報義務、とくに医療・福祉関係者の早期発見努力義務を課しているものもある（次頁図表5）。虐待通報を受けた行政機関は、安全確認措置をとらなければならず、その後必要に応じて一時保護、立入検査、警察署長への援助要請、保護措置等をとることになる。

(2)　DV防止法と困難女性支援法

　DV防止法は、配偶者（元配偶者、事実婚、生活を共にする交際相手を含む）からの身体に対する暴力（準ずるものを含む）を対象とし、接近禁止命令（6

203

第 2 部　総論

図表 5　3 つの虐待防止法

	児童虐待防止法	高齢者虐待防止法	障害者虐待防止法
虐待の種類と割合（2022年度）	保護者による①心理的虐待（60％）、②身体的虐待（23％）、③ネグレクト（16％）、④性的虐待（1％）[※1]	養護者および養介護施設従事者による①身体的虐待（65％）、②心理的虐待（39％）、③ネグレクト（20％）、④経済的虐待（15％）、⑤性的虐待（0.4％）（数字は養護者）	養護者、障害者福祉施設従事者および使用者による①身体的虐待（69％）、②心理的虐待（32％）、③経済的虐待（17％）、④ネグレクト（11％）、⑤性的虐待（3％）[※2]（数字は養護者）
通報義務	発見した者（医療・福祉関係者は早期発見努力義務）	生命又は身体に重大な危険が生じている場合、発見した者（それ以外の場合は要介護施設従事者等に通報義務・その他の者に通報努力義務）	発見した者
通報先	市町村・福祉事務所又は児童相談所	市町村	市町村（使用者による虐待の場合は市町村又は都道府県）

※1　乳児院、児童養護施設、障害児入所施設、児童自立支援施設等の職員や里親による虐待については、児童福祉法に規定されている（被措置児童等虐待の防止）。
※2　学校、保育所、医療機関においても、障害者に対する虐待を防止するため必要な措置を講ずるものとするとされている。

か月）、退去命令（2 か月）、電話等禁止命令などの裁判所の保護命令が出せる仕組みのほか、都道府県の配偶者暴力相談支援センターの設置などを定めている。DV は、単なる暴力事件ではなく、生活保護や生活困窮者に関する複合的なケースも多い。

　困難な問題を抱える女性のための支援の仕組みとしては、従来は売春防止法の枠組みによって行われてきたが、困難な問題を抱える女性への支援に関する法律（困難女性支援法：2022年制定）が2024年 4 月に施行され、新しい仕組みで行われることになった。都道府県の女性相談支援センター（旧名：婦

人相談所)、女性相談支援員（旧名：婦人相談員）、女性自立支援施設（旧名：婦人保護施設）が役割を果たすこととされている。暴力被害は、婦人相談所の来所相談のうち半分強、一時保護のうち85％、婦人保護施設の入所理由のうち3分の2を占めている（2022年度、厚生労働省女性支援室調べ）。

(3) 障害者差別解消法

障害者権利条約（2006年国連総会採択、2014年日本が批准）の批准に向けて、2011年の障害者基本法改正で「差別の禁止」が基本原則として規定され、2013年に障害者差別解消法が制定された。障害者差別解消法では、行政機関等および事業者に対し、不当な差別禁止の取り扱いを禁止するとともに、障害者から現に社会的障壁の除去を必要としている旨の意思の表明があった場合において、その実施に伴う負担が過重でないときは、障害者の権利利益を侵害することとならないよう、当該障害者の性別、年齢及び障害の状態に応じて、社会的障壁の除去の実施について必要かつ合理的な配慮をしなければならないこととなっている。ここで社会的障壁とは、障害がある者にとって日常生活又は社会生活を営む上で障壁となるような社会における事物、制度、慣行、観念その他一切のものをいう（障害者差別解消2二）。

2　虐待対応におけるソーシャルワーカーの役割

これらの虐待や困難女性の支援については、ソーシャルワーカーが大きな役割を果たすことが期待されている。まず、医療や福祉サービスにおいて利用者とかかわる中で、虐待や支援の必要性をいち早く発見し、行政機関への通報や、支援機関につなぐ役割が期待される。虐待通報があったあとの法的対応についても、児童相談所や市町村のソーシャルワーカーは、警察など関係機関の協力のもとに、中心的な役割を果たすことになる。

また、ソーシャルワークとしての虐待防止と虐待家庭に対する介入・支援である。虐待や困難は、単純なケースではなく、貧困・家族関係・障害など多様な要因がからんだ複雑な事例であることが多い。広範な関係者との連携によるソーシャルワーク的な対応が必要になる。

障害者差別禁止の関係では、合理的配慮に対し、障害者が適切に意思表明をできるよう支援するとともに、事業者等が合理的配慮が行うことができる

第 2 部　総論

よう、障害者本人と事業者の間に立って支援を行うことが必要である。

コラム　イギリスの意思決定支援法

　イギリスの意思決定能力法（Mental Capacity Act 2005）は、本人が意思決定能力を有することを前提に、それを支援する仕組みを設けたものとして、日本でも注目されている[2]。同法では、「意思決定能力存在の推定の原則」「エンパワメントの原則」により、人は、自ら意思決定を行うべく可能な限りの支援を受けた上で、それらが功を奏しなかった場合のみ、意思決定ができないとされるとともに、「最善の利益の原則」「必要最小限の介入の原則」により、意思決定能力がないと法的に評価された本人に代理する場合は、本人の最善の利益に適うように、かつ本人の権利や行動の自由を制限する程度が最小限になるように行わなければならない、としている。

　ソーシャルワーカーが、介護、住居、金銭面の必要性などに関し、利用者の意思決定能力を評価し、ケアや支援において問題になるような場合には、この法律に基づく。意思決定支援の手法がガイドラインにおいて定められているに過ぎない日本においても、法と専門的実践の関係のあり方として大いに参考になるものと思われる。

〈参考文献〉
・秋元美世＝平田厚『社会福祉と権利擁護——人権のための理論と実践』（有斐閣、2015年）
・上山泰「わが国の成年後見制度と権利擁護支援」社会福祉研究142号（2021年）36-44頁
・西村淳「ソーシャルワークの法的規律」社会保障法39号（2023年）169-181頁
・日本社会福祉会編『ソーシャルワーク実践における意思決定支援——ミクロ・メゾ・マクロシステムの連鎖的変化に向けたエンパワメント』（中央法規出版、2023年）

---

2 ）三輪まどか「成人の意思決定支援におけるソーシャルワークと法」社会保障法39号（2023年）141-154頁、菅富美枝『イギリス成年後見制度にみる自律支援の法理——ベスト・インタレストを追求する社会へ』（ミネルヴァ書房、2010年）参照。

第15章
ソーシャルワークの資格と人材

事例

　福祉系大学を卒業した後社会福祉士の資格を取得したＳさんは、病院で医療ソーシャルワーカーとして10年勤めたあと、家庭の都合もあって居宅介護支援事業所のケアマネジャー（介護支援専門員）に転職した。その後、独立型社会福祉士事務所を開業し、認知症の人の財産管理・身上保護など成年後見人の受任や社会福祉協議会の仕事をしている。資格取得にあたって学んだ法の知識を生かして仕事をしているほか、権利擁護、個人情報保護、手続きを守ることなどを心掛けて仕事をしている。社会福祉士会の研修では、社会福祉施設の施設長や公的機関のワーカーなど、それぞれの分野のリーダーとして活躍している人々と交流して学びを得ている。地域での仕事にあたっては、住民の助け合い活動をしている人々が行った相談や見守りから情報を得て、連携して仕事をしている。

Ⅰ　ソーシャルワーカーとは

1　ソーシャルワーカーの仕事

　ソーシャルワーカーは、日常生活を営むのに支障がある者を対象に、相談に応じて助言・指導を行うとともに、福祉関係者などとの連絡調整を行う。ソーシャルワークの担い手であり、医療・福祉の施設・事業所や行政機関、地域など多様な場所に存在する。個人の生活を支援する重要な仕事であるが、ソーシャルワーク自体は資格を有しないとできない業務ではないため、専門性の度合いは職場や個人によってかなり異なっている。専門的なソーシャル

第2部　総論

ワークは、制度・技術としては「相談援助」とされているが（その中でも資格を有する者と有しない者がある）、より広くソーシャルワーク的な仕事は「相談支援」としてボランティアや地域住民を含め広く担われている。本章ではまず専門職として仕事を行う者をソーシャルワーカーとして論じ、次にそのうち社会福祉士等の資格を有する者について述べていく。

　ソーシャルワーカーは、制度に規定され制度の枠組みの中で仕事を行うこと、倫理的価値を実現することを目的としていること、専門的行為と法的な権限行使の両方を行う者であることから、法との密接な関わりの中で仕事を行っている（⇒**第13章**参照）。

　冒頭の**事例**は、施設や事業所など多様な職場で仕事をしてきたソーシャルワーカーが、社会福祉士の資格と経験で培ってきた専門性を生かして開業し、個別支援や地域支援を行っている例である。成年後見制度の受任による報酬が個人の社会福祉士でも得られることから（⇒**第14章**参照）、近年このような独立型社会福祉士[1]も増えてきた。

2　ソーシャルワーカーはどこにいるのか

(1)　ソーシャルワーカーの職場

　専門的な業務を行うソーシャルワーカーは、多様な場所で仕事を行っている。行政機関においては、福祉事務所の現業員（ケースワーカー）、児童相談所の児童福祉司、市町村の障害・高齢・児童担当のケースワーカーなどが代表的なソーシャルワーカーである。国における家庭裁判所調査官、保護観察官などもソーシャルワーカーであるといえる。近時、これらの部門の重要性の増加にともない公務員の福祉職採用を行う自治体が増え、専門性の高まりが期待されている。

　医療機関における医療ソーシャルワーカーは、専門職としての歴史も古く、近時退院支援や生活支援のニーズの高まりから増加している職種である。各種資格職の連携によってチームで医療が行われるという特性や診療報酬上の

1）日本社会福祉士会の研修修了等を要件として同会に届出を行う「独立型社会福祉士名簿登録制度」が運用されている。

208

各種加算には社会福祉士の配置を求められることから、社会福祉士（または精神保健福祉士）の資格を有することが事実上の任用資格になりつつある。

　社会福祉施設や事業所においても多くのソーシャルワーカーが配置されている。社会福祉施設や事業所には相談員（主に高齢関係における職名）・支援員（主に障害関係）・指導員（主に児童関係）の一定数の配置が施設の最低基準において義務付けられており、レジデンシャル・ソーシャルワーカーとして、施設の入退所や施設内での生活支援に関しての業務を行っている（介護保険施設では介護支援専門員［ケアマネジャー］が別途配置されている）。在宅サービスのアレンジ（ケアマネジメント）にあたる介護支援専門員（高齢）、相談支援専門員（障害）の仕事も、ソーシャルワークの業務であるといえる。

　地域福祉においては、個別支援のみならず、地域の資源の開発や連携の役割をソーシャルワーカーが果たしている。地域包括支援センター、社会福祉協議会（コミュニティソーシャルワーカー、日常生活自立支援事業の生活支援員や生活資金貸付事業の相談員など）、生活困窮者自立支援の自立相談支援機関の相談支援員、成年後見で身上保護の業務を行う独立型社会福祉士などがこれにあたる。

　このほか、近時は司法、教育、就労支援などの分野におけるソーシャルワーカーの配置が広がっている。刑務所などの刑事施設や検察庁などにおける福祉専門官、学校におけるスクールソーシャルワーカー、障害者就業・生活支援センターや地域障害者職業センターの職業相談員、福祉事務所やハローワークの就労支援員などへの広がりを見せている。

(2)　ソーシャルワーカーの立場

　これらのソーシャルワーカーの多くは、自治体や民間事業者に雇用され、それぞれの機関の立場でその役割を果たしている（独立型社会福祉士を除く）。また、地域および関係機関との連携においては、支援会議などに所属機関を代表して参加するとともに、関係の諸サービスや機関の活動を取りまとめる立場になることも多い。

　ソーシャルワーカーは、機関に所属する者として、その権限や予算の制約のもとに仕事を行わなければならないため、専門職として利用者に寄り添った対応を行うとき、法や組織の論理とのジレンマを生じることがある。

第 2 部　総論

　地域においては、専門職以外の者が行う多様な相談支援が、民生委員、住民助け合い団体、ボランティア、NPO、協同組合などによって行われている。これら専門的なソーシャルワーク以外のものは、その継続性や責任の所在も含め限界があるため、ニーズを有する者の発見、専門的サービスへのつなぎ、見守りなどにその役割がある。地域において各種の協議会などネットワークがつくられており、その中での情報連携も行われるようになっている。相談支援を担う者には専門職であるソーシャルワーカーとそれ以外の両方が必要で、両者の適切な役割分担と連携のもとに行われることが重要である。

Ⅱ　専門性と資格制度

1　ソーシャルワークの専門性

　ソーシャルワークの専門性の内容については、これまで社会福祉学を中心に検討が蓄積されてきた。ソーシャルワーク専門職の定義としては、国際ソーシャルワーカー連盟のグローバル定義（2014年）がよく言及される。

　　「ソーシャルワークは、社会変革と社会開発、社会的結束、および人々のエンパワメントと解放を促進する、実践に基づいた専門職であり学問である。社会正義、人権、集団的責任、および多様性尊重の諸原理は、ソーシャルワークの中核をなす。ソーシャルワークの理論、社会科学、人文学、および地域・民族固有の知を基盤として、ソーシャルワークは、生活課題に取り組みウェルビーイングを高めるよう、人々やさまざまな構造に働きかける。」（国際ソーシャルワーカー連盟、2014年）

　専門性の内容としては、知識・技術・価値から成るとされ、専門職とは一般に①体系的な理論、②伝達可能な技術、③公共の関心と福祉という目的、④専門職の組織化（専門職団体）、⑤倫理綱領、⑥テストか学歴に基づく社会的承認という条件を満たした職業（このうち制度化されたものが資格）であるとされる[2]。わが国のソーシャルワーカーには、社会福祉士と精神保健福祉士という国家資格があり、日本ソーシャルワーカー連盟などの専門職団体も

210

第15章　ソーシャルワークの資格と人材

あることから、現場でソーシャルワーク実践を行っている者の中には、専門職であるソーシャルワーカーが相当数存在しているといえる。

ソーシャルワークの専門性は、相談援助によって利用者のニーズをアセスメントし、「寄り添う」ことと、必要なサービスや支援との連絡調整をする「つなぐ」ことの両方にある。前者においては、コミュニケーションスキルやカウンセリングを含むソーシャルワークの技術が重要であり、後者においては、広く支援に役立つ公私の制度・資源について熟知していることが重要になる。また、ソーシャルワーク専門職の性格は、権威を持って決定し要援護者を保護する者から、利用者の意思決定を支援する者となりつつある（⇒**第14章**参照）。

わが国における実態と評価としては、ソーシャルワーカーは、看護職や介護職と異なり、直接的なケアを担う者ではないこと、とりわけ介護職とは異なることが十分理解されておらず、現場ごとに異なる名称で呼ばれていることもあり、わが国における業務としての定着と社会的理解は遅れていたといわざるを得ない。しかし、近年多様な生活支援のニーズが増大し、対応がなされるようになってきたことから、ようやく業務の定着と社会的な理解が進み、その資格の有用性や必要性についての理解も広がっているといえよう。一方で、専門性は養成や資格において得られるものか、経験によって得られるものかという点については、養成や資格に寄らず経験によって専門性を得た者が現場で大きな役割を果たしていることや、ソーシャルワーカー自身も経験による部分が多いと認識している者が多いことから[3]、専門職の養成についてはなお課題が多い。

2　ソーシャルワーカーの資格制度の歴史

わが国においては、戦後の社会福祉事業法（1951年、現在の社会福祉法）において、福祉事務所に社会福祉主事を置くこととされた。大学等で指定科目を修めたまたは講習を終えたことを要件にしており、この任用資格は民間の

2）秋山智久『社会福祉専門職の研究』（ミネルヴァ書房、2007年）89、109頁参照。

3）後掲注4）の調査結果参照。

第2部　総論

社会福祉施設においても準用された。戦後すぐの時代に原則として大学を卒業した者がケースワーカーになるようにしたことは、資質の向上のためには意義があったといえる。しかし、指定科目の範囲は広く、「3科目主事」といわれるように文科系の大学を卒業すればほぼ満たせるなど、福祉の専門資格としては不十分なものであった。

　その後、社会福祉制度の拡充や高齢化によるサービスの拡大の中で、福祉専門職の必要性についての議論が高まり、地方自治体における独自の取り組みや中央社会福祉審議会における提案などがあったが、実現には至らなかった。1980年代になって、在宅サービスや民間サービスの拡充により、措置制度以外の福祉サービスの質の確保が求められるようになったことを背景に、当時の厚生大臣の強いイニシアティブがあり、1987年の社会福祉士及び介護福祉士法で介護福祉士と同時に、かつ分離したものとして社会福祉士の資格制度が創設された（1990年施行）。これは、①各分野のソーシャルワークの共通資格とし、また介護とは異なるソーシャルワークの資格として、②一定の資質を確保するための国家試験を必須として、③名称独占資格、つまりソーシャルワーカーの全員が有するべき資格ではなくリーダーを養成するものとして作られたという意義を有している。一方で、措置制度であった施設職員や行政機関の職員はそれぞれの枠組みの中で養成するとして対象としない、医療機関のソーシャルワーカーは対象としない（別途医療資格として創設する動きがあった）ものとして、限定的な形でのスタートであった。

　その後、主に政治的理由から、精神領域のみのソーシャルワーカーが独立する形で精神保健福祉士が創設され（1997年）、また、介護保険創設時にソーシャルワークの技術の一部であるケアマネジメントを高齢者領域のみで行う介護支援専門員が創設される（1997年）という分離の動きの一方、当初除外されていた医療ソーシャルワーカーに社会福祉士資格を付与し統合することも行われた（2006年）。また、行政職員についても、国家公務員の福祉職俸給表の創設（2000年）と生活保護受給者や児童虐待対応の必要性の増加を契機に、地方自治体に福祉専門職採用が広がった。さらに、2006年介護保険法改正で地域包括支援センターに社会福祉士が必置となり、また医療ソーシャルワーカーの事実上の任用資格化や司法や学校における配置が広がるなど、

212

第15章　ソーシャルワークの資格と人材

ソーシャルワーカーの基礎資格としての広がりを見せて現在に至っている。

3　ソーシャルワーカーの資格制度の法的統制

以下では、ソーシャルワークの専門職に対する法的統制について、規制法、給付法、それ以外の支援法に分けて論じたい（社会福祉の法体系については⇒**第13章**参照）。

まず、規制法としては、資格規制と任用規制がある。資格規制は、社会福祉士及び介護福祉士法（1987年）に基づく社会福祉士と、その後の精神保健福祉法（1997年）に基づく精神保健福祉士がある。社会福祉士の業務は、相談・助言・指導・連絡及び調整その他の援助（相談援助）を行うこととなっており、その業務の性格から、医療関係に多く見られるその資格がないと業務が行えない業務独占資格ではなく、無資格者にその名称の使用制限がかかっているのみの名称独占資格となっており、業務の規制ではなく名称表示の規制となっている。

任用規制（その資格を有していることが一定の職種の任用の条件になっているもの）についていえば、社会福祉主事が任用要件となっている職種（福祉事務所の現業員・児童福祉司・身体障害者福祉司や、社会福祉施設の施設長・生活指導員・生活相談員など）は社会福祉士も任用されるが、社会福祉主事でなく社会福祉士を必ず配置しなければならないとされている職種は、現在のところ地域包括支援センターのみであり（介保則140の66）、業務独占でないことと相まってその普及は限定的になっている。

一方、給付法としては、診療報酬などの要件として社会福祉士の配置を求めているものが増えている。医療保険の診療報酬では、病床再編と地域包括ケアシステムの構築のため、退院支援を進める入退院支援加算の要件として社会福祉士等の配置を求めており、このことが医療機関の医療相談室や地域連携室における社会福祉士の配置の普及をもたらしている。また、障害等サービス報酬にも福祉専門職員配置等加算が設けられている。ただし、介護報酬には、介護支援専門員についての記述はあるが、社会福祉士配置に関する加算は2024年現在まだ存在しない。

以上のような直接の規制や給付についての専門職に関する法的統制のほか

第2部　総論

に、資質向上の支援としての専門職の意義にも着目すべきである。社会福祉士が名称独占資格として設けられたのは、直接の業務規制や任用規制ではなく、資格保有者が名称を表示することによって業務の質の向上を担保したり、資格保有を目指すことで相談援助担当職員の資質向上を図ろうとするためのものであった。国家試験の合格率も低く（司法試験レベルであり、4割程度）、ソーシャルワーク業務の職員における社会福祉士の割合が低いことは、極めて限定した高いレベルの資格とし、職員全員が取得するのではなくリーダーを養成するための資格を目指したものであることをあらわしている。事業所の現場の職員のうち社会福祉におけるより高い資格として社会福祉士を目指す者や、資格保有を表示して独立する社会福祉士が増えていること、成年後見の専門職受任者に社会福祉士が多く、3専門職の1つとされるようになっていること、医療ソーシャルワーカーや児童福祉司など一定の職種では事実上任用資格化しつつあることなどは、このねらいが一定程度実現してきているものと評価してよいと思われる。

　ほかに、公務員における福祉職採用の普及があげられる。2000年に国家公務員に福祉職俸給表ができて以来、生活保護受給者や児童虐待件数の増加による業務の増加を背景に、地方公務員における福祉職採用が増加している。社会福祉士を要件とする採用は必ずしも多くなく、社会福祉主事を要件とするものが多いものの、福祉系大学で学んだ社会福祉士資格取得者も多く、採用後の配置により専門性を高めており、専門職に対する法的統制として大きな意味を持ちつつあるといえる。

4　ソーシャルワーカーの資格制度の評価と課題

　ソーシャルワーカーの資格制度が創設されて20数年が経過し、専門性を向上させるものとして一定の定着と成果を見たものといえる。一方で、引き続きの課題として、なお専門職としての確立が不十分といえる面があることがあげられる。まず、現場において教育・養成課程が想定している専門職として現実に機能しているかどうか。ソーシャルワーク専門職であるが、現実には施設を中心に介護職と同様の仕事をしている場合も多く見受けられるといわれる。当事者や管理者が経験者と資格者の違いについて十分自信を持ち切

214

れていない面もある[4]。また、社会福祉士という資格の社会的な認知度は十分高いとはいえず、処遇面でも医療資格より低く、無資格者や介護従事者との差がさほど大きくないことも課題である。

　もう1つの大きな課題は、社会福祉士と各分野の専門性との関係である。社会福祉士は、ソーシャルワークの基礎（ジェネリック）資格として創設されたため、各分野の専門性（スペシフィック）は上乗せとして構成されるべきものである。しかし、精神保健福祉士は、同じソーシャルワーク専門職でありながら、社会福祉士とは並列（試験の共通科目が半分程度あるが）のものとして、別の資格が創設された。一方で、2022年の児童福祉法改正による「こども家庭ソーシャルワーカー」の創設は、現在の資格を有しない実務者のための資格として主に構成し、社会福祉士など現在の資格を有する場合は、上乗せの研修を受けることにより得られるものと整理された。現在、各分野の上乗せの専門性は、資格でなく社会福祉士会の独自研修である認定社会福祉士制度で行われているが、今後他の分野でも専門性を高めるために個別分野の資格を創設すべきという議論が生じてきた場合に、整合性のとれた整理ができるかどうかは検討課題である。

5　ソーシャルワーク専門職の法教育

　ソーシャルワーカーは法に基づく実践が必要であること、司法介入や権利擁護など法実践と密接なかかわりがあることなどから、ソーシャルワーカーに対する法教育は重要である。一方で、ソーシャルワーカーの多くは、ソーシャルワークの技術に対しての関心に比べ、法制度に関する関心は低く、制度についての必要性は認識しているものの、苦手意識を持っているのが現状である[5]。

　社会福祉士の養成カリキュラムにおいては、当初「法学」という科目があり、ソーシャルワーカーにとっての法の意義なども出題基準には含まれていたが、2007年のカリキュラム改正で「権利擁護と成年後見制度」という科目

4）筆者らが所属大学の社会福祉学科の卒業生に対して2018年12月～2019年1月に行った調査（N＝163）による（西村淳＝中村美安子＝大島憲子＝吉中季子＝中越章乃「社会福祉専門職の専門性に関する意識──卒業生調査の結果から」神奈川県立保健福祉大学誌17巻1号〔2020年〕121頁）。

第2部　総論

に変わって、成年後見制度を中心とし、それを理解するための憲法・民法・行政法の基礎知識のみをカバーするものになった。2021年度からは「権利擁護を支える法制度」という科目になり、権利擁護として成年後見だけでなく意思決定支援、虐待・差別防止、苦情解決なども含め、そこで直面する諸問題としてインフォームド・コンセントや個人情報保護なども取り扱うことになったが、法実践とソーシャルワーク実践の違いと連携を踏まえたうえで、ソーシャルワーカーとして十分な法知識と実践方法を教育するものになっているとはいえない。ソーシャルワーカーの法教育はより充実していく必要性があるといえよう。

Ⅲ　社会福祉士と精神保健福祉士

1　社会福祉士の資格制度と養成課程

社会福祉士は、以下のように定義されている。

「登録を受け、社会福祉士の名称を用いて、専門的知識及び技術をもつて、身体上若しくは精神上の障害があること又は環境上の理由により日常生活を営むのに支障がある者の福祉に関する相談に応じ、助言、指導、福祉サービスを提供する者又は医師その他の保健医療サービスを提供する者その他の関係者（第四十七条において「福祉サービス関係者等」という。）との連絡及び調整その他の援助を行うこと（第七条及び第四十七条の二において「相談援助」という。）を業とする者をいう。」（社会福祉士及び介護福祉士2①）

資格取得方法としては、福祉系大学等において指定科目を修めて卒業する「福祉系大学ルート」と、それ以外の大卒者や4年以上実務経験がある者が養成施設で修学する「養成施設ルート」があり、いずれも年1回の国家試験

5）筆者が所属大学の社会福祉学科の学生を対象に行った2018年および2021年の調査（n＝191）による。

第15章　ソーシャルワークの資格と人材

に合格し、登録することによって社会福祉士の資格を得る（業界の認定資格ではなく、国家資格である）。国家試験は精神保健福祉士との共通科目が12科目、専門科目が7科目の計19科目となっている。2020年度大学入学者からの新カリキュラムにおいては、地域への対応を重視する観点から実習時間が従前の180時間から240時間に1.5倍となった。

2　配置・業務・処遇の実態

まず配置実態を見ると、社会福祉士の77.4％が福祉・介護・医療の分野の仕事についていて、分野別では高齢者福祉関係が39.3と最も多く、施設・事業所別では「病院・診療所」が14.4％、「介護老人福祉施設」が10.0％と割合が高くなっているが、司法福祉などその職場は広がっている（社会福祉振興・試験センター「社会福祉士就労状況調査」〔2020年〕による）。経営者・施設長・管理者が12.3％と多いのは、リーダーのための資格であることを示しているともいえる。また、一部の者が得るべき資格とされていることから、職場における有資格率は、医療ソーシャルワーカーはほぼ100％である以外は、生活保護の現業員で14％、社会福祉施設の相談援助職員の6〜33％程度であり（厚生労働省「令和3年介護サービス施設・事業所調査」「令和3年社会福祉施設等調査」などによる）、稀少価値のある資格であるが、普及率が低いともいえる。

処遇の実態としては、上記試験センターの調査によると、年収の平均は403万円で、資格手当のある割合は37.4％となっている。現在の仕事の満足度は「普通」とした人が31.2％と最も高く、「仕事の内容・やりがい」「職場の雰囲気や人間関係」の項目は「普通」より満足度が高くなっていた。

3　精神保健福祉士の制度と現状

精神保健福祉士は、以下のように定義されている。

「登録を受け、精神保健福祉士の名称を用いて、精神障害者の保健及び福祉に関する専門的知識及び技術をもって、精神科病院その他の医療施設において精神障害の医療を受け、若しくは精神障害者の社会復帰の促進を図

217

第2部 総論

ることを目的とする施設を利用している者の地域相談支援の利用に関する相談その他の社会復帰に関する相談又は精神障害者及び精神保健に関する課題を抱える者の精神保健に関する相談に応じ、助言、指導、日常生活への適応のために必要な訓練その他の援助を行うこと（以下「相談援助」という。）を業とする者をいう。」（精神保健福祉士2）

　資格取得方法は、社会福祉士とほぼ同様である。60.9%が社会福祉士資格を保有しており、実質的にはかなり社会福祉の上乗せ資格としての面があることがわかる。
　配置実態としては、障害福祉関係が27.8%であるほか、医療関係が26.5%となっており、精神科医療への従事者が多いことが特徴である。
　処遇については、社会福祉士とほぼ同様となっている。

コラム　イギリスのソーシャルワーカーと資格制度

　日本のソーシャルワーカーの多くは民間事業者に勤務し、社会福祉サービスの提供に関わっているが、イギリスのソーシャルワーカーの基本的な配置を見ると、そのほとんどがサービス給付に関わる自治体職員である点で大きく異なっている。イギリスでは、生活困窮者を対象とした公的扶助制度は、国の機関により実施されており、基本的にソーシャルワーカーは存在しないことになっている（公的扶助の要件確認と就労支援を行うパーソナルアドバイザーは、専門的ソーシャルワーカーとは認識されていない）。高齢者介護・障害者福祉の分野におけるサービス給付は、自治体職員であるケアマネジャーによるケアマネジメント（アセスメントとケアプラン作成）に基づき、自治体が民間事業者に対しサービス提供を委託（commissioning）する形でおこなわれる。児童分野では、自治体児童福祉部で児童虐待への対応などの児童福祉行政をソーシャルワーカーが担当している（日本の児童相談所の児童福祉司の仕事に近い）。医療の分野では、自治体職員であるソーシャルワーカーがNHS（国営の保健サービス）の病院に配置されており、退院促進と地域移行のため大きな役割を果たしている。

イギリスのソーシャルワーク専門職の資格制度の歴史は長く、認定された大学のコースを終了し（学位 Degree in Social Work）、登録機関に登録することでソーシャルワーカー（名称独占資格）になる仕組みとなっている。認定コースにおいては法教育が積極的に位置づけられており、Qualifying Assurance Agency Subject Benchmark Statement（学生向け）、Standards of Proficiency（卒業時の基準）、Professional Capabilities Framework（キャリアを通じて求められるガイドライン）などの中で法教育が重視されている。

〈参考文献〉
・秋山智久『社会福祉専門職の研究』（ミネルヴァ書房、2007年）
・社会福祉振興・試験センター「社会福祉士就労状況調査」（2020年）
・白澤政和『ソーシャルワーカー養成教育の回顧と展望』（中央法規出版、2023年）
・西村淳「第4章・ソーシャルワーク実践と法――ソーシャルワークの原理・制度・人材の法的分析」菊池馨実編『相談支援の法的構造』（信山社、2022年）

第16章
ソーシャルワークの倫理と規範

事例

　障害のあるＡさん（女性・40歳）には、３年前から指定特定相談支援事業所（相談支援センター）の相談支援専門員 S_1 さんが担当になって地域での１人暮らしの支援を行ってきた。Ａさんは人見知りが強い性格であるが S_1 さんとはコミュニケーションが上手くとれている。

　あるとき、S_1 さんが家族のため介護休業を３か月取得するというので、同僚の S_2 さんがこの期間Ａさんを担当することになった。S_2 さんがサービス等利用計画の定期的な見直しのためにＡさん宅を訪問したところ、立派な仕出し弁当が用意してあったが、S_2 さんは「会社でダメと言われているので」と断った。Ａさんからは「S_1 さんは喜んでいっしょに食べてくれたのに。S_1 さんに迷惑がかかるかもしれないからこのことは会社に言わないで。」と距離をおかれてしまった。S_2 さんは、Ａさんとの信頼関係や S_1 さんの仕事の仕方を尊重することは大事だと思いつつも、事業所の社会的な信頼という点からこのことを上司に相談し、Ａさんが負担する飲食は今後受けないよう S_1 さんにも注意することになった。

I　ソーシャルワークの倫理と法の関係

　これまでの各論で見てきた法制度は、国の制度として対象者に法的権利を与え、あるいは地方自治体等に義務を課して個々人の生活を守る仕組みであり、ソーシャルワーカーはその利用を支援するものとして位置づけられていた。各法制度は誰に対しても平等に開かれているが、そのうちの１つあるい

第16章　ソーシャルワークの倫理と規範

は複数を用いるようソーシャルワーカーが利用者を援助するということは、その根底に利用者の生に対して何らかの介入をするということでもある。ソーシャルワーカー自身が、具体的な場面で利用者あるいは環境に働きかけて、利用者の生活を向上させようとするとき、専門職としてどのような行為が正しく、あるいは間違っているのかをどのようにして知るのだろうか。

　「○○すべき」というように社会生活における人の行動基準となるものは、社会規範と呼ばれ、その中には慣習、倫理（道徳）、法が含まれる。このうちの倫理とは、社会の中で長く守られてきた行動様式である慣習の中でも、特に重要な内心の規範であると説明されている。ソーシャルワークの分野は、医学や看護等に比べると1つの職業としてのアイデンティティーを持つことが容易でなかったという経緯を持ちつつも、それを乗り越えるために経験的に蓄積された実践とその理論化が進められ、ソーシャルワークの倫理を確立させてきた。

　倫理が人の内心のあり方を規制し、価値判断の基準となるものであるのに対して、法は、明確な形をとり、国家による強制力を伴う点に特徴がある。「法は倫理の最低限度」という法格言があるように、法と倫理は重なり合う部分があるといえるが、社会におけるルールが全て法で定められているわけではなく、社会秩序の維持のためにどうしても守らせたい最低限度の規範が法として定められているといえる。

　ところで、ソーシャルワーカーが最善の利益を図ろうとする直接の相手は利用者であるが、ソーシャルワークの実践の場では、利用者に対して、機関に対して、専門職に対して、社会に対して、重層的に働きかけ関係を持つことになる。そして、専門職として、複数の権利、対立する利害、多様な価値の間でバランスをとることが求められる[1]。また、個々のケースとのかかわりでは複数の価値が対立する形（ジレンマ）で現れ、どれを優先するか決断しなければならないこともある。つまり、ソーシャルワーカーがどのような価値や原則を内在化し、目的志向を持っているかが実際の実践を決定づける。

1）田川佳代子「ソーシャルワークの価値と倫理をめぐる諸問題」愛知県立大学文学部論集第53号
　（2004年）90-106頁。

第2部　総論

この意味で、ソーシャルワークの倫理という社会規範は、ソーシャルワークの専門性・アイデンティティーをまさに支えるものであるといえよう。

　ソーシャルワークの専門性が社会的に認知されるようになると、制度の中にソーシャルワーカー（担い手）や専門的技術が法的に位置づけられたり、ソーシャルワーカーの法的義務が定められたりすることも増えている。しかし、全ての倫理を強制力の伴う法的なものとしているわけではなく、専門性の発揮のためには法的に定めない部分が存在することも重要である[2]。倫理に委ねるべき場面はどこか、法で規律すべき部分はどこか、という境界は固定しているわけではなく、ベストミックスを見つけることが求められる。また、近年では、ソーシャルワーカーへの倫理的要請を、当事者の主体的な判断を尊重しつつ、強制力を伴わない「努力義務」として定めているものもある。たとえば、児童虐待防止法に定められている、児童福祉に職務上関係ある者の児童虐待の早期発見の努力義務などがそれにあたる。このような努力義務は、法的強制になじまないことを前提にしつつ、立法の基本理念に沿った当事者の努力を促す機能を果たしている。

Ⅱ　ソーシャルワークの倫理綱領

1　倫理綱領はなぜ必要か

　医師をはじめとする医療職、弁護士、会計士、保育士、社会福祉士などの専門職は、高度な教育と訓練を受けて、専門的知識と技術を持つという特性を持っている。この専門職に要する知識や技術は、多くは国家資格という形で法により担保されている。ただし、専門職が知識や技術を社会の重要な場面で活用するためには、高い倫理性も求められる。このため、専門職集団は、社会からの信認を獲得するために、専門職自らの行動を律するための倫理原則や倫理基準を定めている。ソーシャルワーカーも福祉専門職として自分たちが守るべき行動規範（「社会福祉士の倫理原理」、「精神保健福祉士の倫理原理」、「社会福祉士の倫理基準」、「精神保健福祉士の倫理綱領」）をつくり、これを社会

2）秋元美世『社会福祉政策と権利保障』（法律文化社、2007年）3-16頁。

222

第16章　ソーシャルワークの倫理と規範

に公表している。

2　わが国における倫理綱領

　倫理綱領は単に、専門職の行動の指針として役立てられるだけでなく、専門職の持つ意図や理想を公に宣言する外部的な意味とともに、職業集団の中で、共通の同一性の感覚を育て、価値を共有するのに役立てられるとされる[3]。

　わが国では、ソーシャルワーカーの職能団体として、日本社会福祉士会、日本精神保健福祉士協会、日本医療ソーシャルワーカー協会、日本ソーシャルワーカー協会の４つがあり、それぞれが倫理綱領を策定していた。2005年に「ソーシャルワーカーの倫理綱領」[4]を策定して、基本的綱領を統一し、2020年には、社会環境の変化に伴うソーシャルワーク専門職の役割の多様化と国際的な倫理綱領を踏まえた改正が行われた（資料１）。その中では、「価値と原則」を「原理」（普遍的で例外が認められない）と変更し、もともと規定されていた「人間の尊厳」と「社会正義」のほかに、新しく「人権」「集団的責任」「多様性の尊重」「全人的存在」の項目を追加している。

資料１　ソーシャルワーカーの倫理綱領（抜粋）

原理
Ⅰ人間の尊厳　Ⅱ人権　Ⅲ社会正義　Ⅳ集団的責任　Ⅴ多様性の尊重　Ⅵ全人的存在
倫理基準
Ⅰクライエントに対する倫理責任
１クライエントとの関係　２クライエントの利益の最優先　３受容
４説明責任　５クライエントの自己決定の尊重　６参加の促進
７クライエントの意思決定への対応　８プライバシーの尊重と秘密の保持

3）小山隆「福祉専門職に求められる倫理とその明文化」月刊福祉86巻11号（2003年）16-19頁。
4）社会福祉士会は、この倫理綱領のうちソーシャルワーカーの語を社会福祉士と置き換え、「社会福祉士の倫理綱領」というタイトルにしている。

第2部　総論

　9記録の開示　10差別や虐待の禁止　11権利擁護

12情報処理技術の適切な使用

Ⅱ　組織・職場に対する倫理責任

　1最良の実践を行う責務　2同僚などへの敬意　3倫理綱領の理解の促進

　4倫理的実践の推進　5組織内アドボカシーの促進　6組織改革

Ⅲ　社会に対する倫理責任

　1ソーシャル・インクルージョン　2社会への働きかけ

　3グローバル社会への働きかけ

Ⅳ　専門職としての倫理責任

　1専門性の向上　2専門職の啓発　3信用失墜行為の禁止　4社会的信用の保持

　5専門職の用語　6教育・訓練・管理における責務　7調査・研究　8自己管理

Ⅲ　ソーシャルワークの倫理と法の重なり

1　どのように規定されているのか

　ソーシャルワークの倫理をどのように法に取り込むかは、国や社会状況によって様々である。わが国の場合、ソーシャルワーカーという職・職能団体が社会的に認知された歴史はまだ浅いものの、社会福祉基礎構造改革以降、その役割は拡大しており、専門職集団として倫理を定着・発展させることが強く求められている。以下では、社会福祉士を中心に、ソーシャルワーカーの倫理綱領で示された内容が、法にどのように反映しているか、見ていこう。

(1)　資格に関する法における倫理責任

　社会福祉士の資格について定める「社会福祉士及び介護福祉士法」では、免許の要件や名称の使用等の具体的な義務とは別に、専門職倫理の一部というべき「社会福祉士の義務」を定めている。その内容としては、誠実義務（44条の2）、信用失墜行為の禁止（45条）、秘密保持義務（46条）、連携（47条）、資質向上の責務（47条の2）の5つがあり、倫理綱領との対応は**図表1**のように整理できるだろう。

　それでは、この規定に違反した場合はどうなるのか。同法が設けている制

第16章　ソーシャルワークの倫理と規範

図表1　社会福祉士及び介護福祉士法で定める社会福祉士の義務と倫理綱領との対応関係

社会福祉士及び介護福祉士法	社会福祉士の倫理綱領
44条の2　社会福祉士及び介護福祉士は、その担当する者が個人の尊厳を保持し、自立した日常生活を営むことができるよう、常にその者の立場に立って、誠実にその業務を行わなければならない。	人間の尊厳 クライエントとの関係
45条　社会福祉士又は介護福祉士は、社会福祉士又は介護福祉士の信用を傷つけるような行為をしてはならない。	信用失墜行為の禁止
46条　社会福祉士又は介護福祉士は、正当な理由がなく、その業務に関して知り得た人の秘密を漏らしてはならない。社会福祉士又は介護福祉士でなくなった後においても、同様とする。	プライバシーの尊重と秘密の保持
47条　社会福祉士は、その業務を行うに当たっては、その担当する者に、福祉サービス及びこれに関連する保健医療サービスその他のサービスが総合的かつ適切に提供されるよう、地域に即した創意と工夫を行いつつ、福祉サービス関係者等との連携を保たなければならない。	――――――
第47条の2　社会福祉士又は介護福祉士は、社会福祉及び介護を取り巻く環境の変化による業務の内容の変化に適応するため、相談援助又は介護等に関する知識及び技能の向上に努めなければならない。	専門性の向上

裁は、登録の取消しおよび社会福祉士の名称使用の停止（32条）と罰則（1年以下の懲役または30万円以下の罰金・50条）の3つがある。登録取消しおよび名称使用の停止の対象となるのは、信用失墜行為（45条）および秘密保持義務違反（46条）であり、罰則の対象となるのは、秘密保持義務違反のみである。ほかの3つの義務に対し、同法は制裁を予定していない。45条および46条が「してはならない」行為を定め、義務違反を画定できるのに対して、他の3つの義務は訓示的なものという性質の違いがあるためだろう。

(2) 各福祉法における倫理責任

　社会福祉法および対象者別の福祉法では、大きくは2つの形でソーシャルワークの倫理が提示されている。

第2部　総論

㈦　組織に関する定め

　各法では、「基本理念」「基本原則」や「地方公共団体の責務」にのっとり、地方公共団体等が設置する社会福祉の専門機関（児童福祉法の例では、児童相談所、こども家庭センター等）や福祉の業務を担う職員（児童福祉司、児童指導員）が、相談援助や福祉の措置（例：要保護児童の保護）を実施する。実際の業務の方法は、基本理念を踏まえた「運営指針」「運営要綱」（「児童相談所運営指針」）等の国が定める通達や地方自治体が定める細則に細則が示されている[5]。運営指針は組織の運営や活動のマニュアルであり、組織の業務分担や業務の手順などを定めているほか、組織あるいは業務の根拠となる理念や活動の理念など倫理的内容を示している場合もある（資料2）。

　前述したソーシャルワーカーの倫理綱領（資料1）には、原理の1つに「人権」を挙げているが、これをソーシャルワーカーが属する組織で実践するためには、社会福祉の各法で定められている「基本理念」を理解することが不可欠なのである。

資料2　児童相談所運営指針（児発第133号）（抜粋）

第1章　児童相談所の概要

　第1節　児童福祉法の理念

……児童相談所における子どもや家族への相談援助活動の実施に当たっては、業務の全ての段階において、常に子どもの権利（生きる権利、守られる権利、育つ権利、参加する権利）が保障されているかを確認しながら遂行されることが求められている。ともすると、強い声である大人の理論に流される危険があることを認識し、児童相談所職員は子どもの権利の擁護者であることを強く意識しなければならない。加えて、児童相談所には、子どもの権利擁護のため、一時保護等の措置を行う権限が付与されている。つまり、子どもの権

5）通達・要綱・細則といった行政規則は、行政組織の内部に効果を持つものであり、一般国民に対しては裁判規範として作用しないというのが伝統的な説明である。ただし、行政庁が処分をしようとする際に裁量をどのように行使するか行政規則で定めておきながら、それを適用しないと、平等原則に反し違法と解釈されることがあるなど、行政規則の外部化が指摘される性質のものもある。

226

第16章　ソーシャルワークの倫理と規範

利擁護の最後の砦であることを意識し、子どもの権利擁護のためにその権限を適切に遅滞なく行使する責任がある。……

　第2節　児童相談所の性格と任務
……児童相談所は、この目的を達成するために、基本的に次の4つの条件を満たしている必要がある。
① 子どもの権利擁護の主体者である明確な意識を持っていること
② 児童家庭福祉に関する高い専門性を有していること
③ 地域住民や子どもに係る全ての団体や機関に浸透した信頼される機関であること
④ 児童福祉に関係する全ての機関、団体、個人との連携が十分に図られていること

㈡　相談支援等の業務に関する定め

　社会福祉の各法では、ソーシャルワークについて相談支援の事業として定めることもある（例：生困法上の「生活困窮者自立相談支援事業」、障害総合支援法上の「地域生活支援事業」「地域相談支援事業」「計画相談支援事業」[6]）。介護保険制度や障害者総合支援制度に見られるように相談支援が給付メニューの1つとなっていて、指定事業者がそれを提供する場合、「人員及び運営基準」という省令レベルで必要な事項を定めていることも多い。このような事業に関する定めは、相談支援を担当する者等の人員に関する基準や事業の内容・手続等の運営に関する基準のほか、事業を行う者に求められる倫理が含まれている（資料3）。

資料3　障害者の日常生活及び社会生活を総合的に支援するための法律に基づく指定地域相談支援の事業の人員及び運営に関する基準（平成24年3月13日厚生労働省令第27号）（抜粋）

---

6) 2025年10月からの実施を予定されている就労選択支援もこの類型に入る。

第2部　総論

第1節　基本方針

第2条　指定地域移行支援の事業は、利用者が地域において自立した日常生活又は社会生活を営むことができるよう、当該利用者につき、住居の確保その他の地域における生活に移行するための活動に関する相談その他の必要な支援が、保健、医療、福祉、就労支援、教育等の関係機関との密接な連携の下で、当該利用者の意向、適性、障害の特性その他の状況及びその置かれている環境に応じて、適切かつ効果的に行われるものでなければならない。

2　指定地域移行支援の事業は、利用者の意思及び人格を尊重し、常に当該利用者の立場に立って行われるものでなければならない。

3　指定地域移行支援の事業を行う指定一般相談支援事業者は、自らその提供する指定地域移行支援の質の評価を行い、常にその改善を図らなければならない。

4　指定地域移行支援事業者は、利用者の人権の擁護、虐待の防止等のため、必要な体制の整備を行うとともに、その従業者に対し、研修を実施する等の措置を講じなければならない。

2　守秘義務と個人情報の保護

(1)　守秘義務

守秘義務とは、一般に一定の職業や職務に現在従事している者や過去に従事した者等に対して、職務上知った秘密を守る義務とされている。これは倫理上の義務としてだけでなく法的義務ともなっている。代表的なものとして、刑法134条（秘密漏示）があり、「医師、薬剤師、医薬品販売業者、助産師、弁護士、弁護人、公証人又はこれらの職にあった者が、正当な理由がないのに、その業務上取り扱ったことについて知り得た人の秘密を漏らしたときは、6月以下の懲役又は10万円以下の罰金に処する。」と定めている。この文中にはソーシャルワーカーの職は含まれていない。しかし、社会福祉士及び介護福祉士法46条（秘密保持義務）でも同様に、「社会福祉士又は介護福祉士は、正当な理由がなく、その業務に関して知り得た人の秘密を漏らしてはならない。」と定め、罰則（1年以下の懲役または30万円以下の罰金）を置いている。したがって、同法46条で定める秘密保持義務が具体的な事案でどう解釈され

第16章　ソーシャルワークの倫理と規範

るかは、刑法134条の解釈が参考にされるということになる。

　それでは、刑法上の解釈を確認してみよう[7]。刑法ではあらゆる罪に共通の原則について、総則規定が置かれている。総則規定では「故意」と刑罰について定めており、38条は「罪を犯す意思がない行為は、罰しない。ただし、法律に特別の規定がある場合は、この限りでない。」としているため、刑法134条も故意犯以外は処罰されない。また、秘密漏示罪は「親告罪」とされ、犯罪が成立し、かつ刑罰権が発生したとしても、告訴があることが事件を裁判所に起訴するために必要な条件となっている。

　次に、法律の文言にある「秘密」がどこまでの範囲を意味するのかについて、「特定の小範囲の者にしか知られていない事実であって、これを他人に知られないことが、客観的にみて本人の利益と認められるものをいう」とされている。したがって、ソーシャルワーカーや利用者の主観だけで秘密かどうかが決まるわけではない。

　また、秘密を第三者に開示するにあたっては、常に「正当な理由」があるかないかが検討され、正当な理由がある限りは処罰されることはない。

　刑法134条に基づく守秘義務違反について、同法が挙げられる専門職（医師、看護師、弁護士等）に刑事責任を問う事例は極々少数である。これは、「秘密」や「正当な理由」などの文言の解釈にあたっては、刑事処罰を最後の手段とする刑法の謙抑性を踏まえているためである[8]。実際には、守秘義務違反に対する制裁について、社会福祉士及び介護福祉士法は、登録取消しや期間を定めた名称使用の停止といった他の手段を用意しており、違反の程度にあわせてこれらの手段が用いられることになる。これらの制裁手段の選択にあたっては、社会福祉士としての倫理が判断の重要な要素となっており、法と倫理が連携しながら実際の問題に対応しているといえる。

(2)　個人情報の保護

　個人情報保護法は、個人情報の有用性に配慮しつつ、個人の権利利益を保

---

7 ）井田良『講義刑法学・各論［第3版］』（有斐閣、2023年）191-195頁。

8 ）児玉安司「医療介護のリスクマネジメント」https://www.wam.go.jp/content/wamnet/pcpub/top/fukushiiryokeiei/iryokaigonoriskmange/iryokaigonoriskmanage005.html（2024年8月1日閲覧）

第2部　総論

護することを目的とする法律である。主に、個人情報等を取り扱う場合のルールについて規定し、個人情報・個人データ・保有個人データというように、情報の性質ごとにルールを設定している。個人情報保護法において義務が課せられているのは「事業者」であり、ソーシャルワーカーは事業者の手足としての従業員としてだけでなく、利用者のプライバシーを現代的な形で守るために、この法律を遵守する必要がある。

　個人情報保護法では「個人情報データベース等」上の「個人情報」のみを保護の対象とするのに対し、守秘義務は、職務上知ることとなった秘密の「全て」が保護の対象である。　したがって、個人情報保護法と守秘義務とでは、その保護の対象が異なり、守秘義務の方が対象となる範囲がより広く定められていることになる。また、守秘義務が、抽象的な条文を置き、個別事例への対応には解釈に委ねられるのとは対照的に、個人情報保護法は、以下の通り、要件をかなり明確に法定している。

　個人情報保護法において「個人情報」とは、生存する個人に関する情報で、氏名、生年月日、住所、顔写真などにより特定の個人を識別できる情報をいう。個人情報の中には、他人に公開されることで、本人が不当な差別や偏見などの不利益を被らないようにその取扱いに特に配慮すべき情報がある。これを「要配慮個人情報」として、取扱いに特に配慮しなければいけないとしている。「要配慮個人情報」には、人種、信条、社会的身分、病歴、犯罪の経歴、犯罪により被害を被った事実のほか、身体障害・知的障害・精神障害などの障害があること、医師等により行われた健康診断その他の検査の結果、保健指導、診療・調剤情報、本人を被疑者又は被告人として逮捕等の刑事事件に関する手続が行われたこと、非行・保護処分等の少年の保護事件に関する手続が行われたことの記述などが含まれる。

　この個人情報を取り扱うに当たっては、どのような目的で個人情報を利用するのか具体的に特定する必要がある。個人情報の利用目的は、あらかじめ公表するか、本人に知らせなければならず、特に「要配慮個人情報」を取得するときはあらかじめ本人の同意が必要となる。また、取得した個人情報は、利用目的の範囲で利用しなければならず、これを特定した利用目的の範囲外のことに利用する場合、あらかじめ本人の同意が必要となる。

第16章　ソーシャルワークの倫理と規範

　また、個人データを保管・管理するときは、個人データの漏えい等が生じ
ないように、安全に管理するために必要な措置を講じなければならない。個
人データを本人以外の第三者に提供するときは、原則として、あらかじめ本
人の同意が必要である。ただし、法令に基づく場合（警察、裁判所、税務署
等からの照会）、人の生命・身体・財産の保護に必要で本人の同意取得が困難
な場合、公衆衛生・児童の健全育成に必要で本人の同意取得が困難な場合な
ど、本人の同意を得なくてもよい例外が定められている。

Ⅳ　倫理的ジレンマと法

　ソーシャルワーカーは、利用者やその家族、地域住民、自分が属する組織
の同僚や責任者、連携する他の機関など、様々な人や機関と関わり合いなが
ら、ソーシャルワークを実践する。この中で、ソーシャルワーカーは「価値
を具体化した倫理を遵守する責任があるが、全ての倫理責任を同時に果たす
ことが困難な場合がある。このように複数の相反する倫理責任が存在し、そ
のどれもが重要だと考えられる場合に倫理的ジレンマが生じる」[9]とされる。
　リーマーは、ソーシャルワーカーの倫理的ジレンマを(a)プライバシーや守
秘義務と通報の義務のジレンマ　(b)自己決定と専門職としての父権主義（パ
ターナリズム）の間でのジレンマ　(c)現在あるいは過去のクライエントから
贈り物や招待を受けた場合の、関係の曖昧さや二重性でのジレンマ　(d)「法
律、政策、規則ありき」に対するジレンマ　(e)内部通告についてのジレンマ
(f)限られた資源の分配についてのジレンマ　(g)性と生殖に関する権利や終末
期の決定等について個人的な価値観と専門職としての価値とのジレンマ、と
いう７つの例を示している[10]。**事例**では、S_2さんは、Ａさんとの関係では(a)
および(c)のジレンマ、同僚のS_1さんとの関係では(e)のジレンマをもつ可能
性があると考えられる。また、S_1さんから見れば、利用者の個性などをみて
例外的に食事という方法を採ったことを事業所の責任者から注意されたこと

---

9 ）日本社会福祉学会辞典編集委員会編『社会福祉学辞典』（丸善出版、2014年）。
10）空閑浩人＝白澤政和＝和気純子編著『ソーシャルワークの基盤と専門職』（ミネルヴァ書房、
　　2022年）120頁。

第 2 部　総論

について、就業規則に関し(d)のジレンマを感じたかもしれない。

　ドルゴフとローウェンベルグは、「倫理原則のスクリーン」において倫理原則間の優位性について、①生活・生命、②平等、③自律と自由、④危害の予防、⑤生活の質、⑥プライバシー保護と守秘義務、⑦誠実と情報の開示、としている。ただし、現実には価値判断や客観的な解釈が伴うものであり、倫理原則間での優位性が逆転する場合もありうるとされる[11]。

　このようなジレンマに対して、法は社会の要請という意味で、一部の争点については倫理間の優位性を示す。

　たとえば(a)のうち、守秘義務と利用者の生命・健康・財産権については、虐待防止法制で通告義務を定め、守秘義務については「刑法の秘密漏示罪の規定その他の守秘義務に関する法律の規定は、第一項の規定による通告をする義務の遵守を妨げるものと解釈してはならない」（児虐 6 ③、同様の規定は、高虐 7 ③、21⑥、障害者虐待防止 7 ②、12③、22③）と定めている。

　このほか、(b)については、Ⅲ 1 (2)で述べたように、各福祉法で示される「基本理念」や「基本原則」によって、優先事項が明らかになり、ジレンマが解消されることもあるだろう。たとえば、生活保護法は原則「申請主義」をとり生活保護を申請するか否かは本人の自己決定を尊重する（生保 7 ）が、「職権」で保護を行う余地も残しており（同19⑥）、同法では生命や健康を優先したパターナリズムを認めているということになる。

　法の中に最終的な価値の優先順位が示されている例を挙げたが、法は最終的な結論、すなわち誰にどのような責任や義務があるかという結論の部分しか示すことはできない。ソーシャルワークの役割としては、ジレンマという最終段階に至るまでに、いかにして十分に利用者の意思を表出させ、ソーシャルワーカーとともに考える機会を持つかということが重要になるだろう。

〈参考文献〉
・秋元美世『社会的人権の理論──社会保障と人権に基づくアプローチ』（信山社、2023年）
・椋野美智子『福祉政策とソーシャルワークをつなぐ』（ミネルヴァ書房、2020年）
・フレドリック・G・リーマー『ソーシャルワークの哲学的基盤』（明石書店、2020年）

11）空閑ほか・前掲注10）122頁。

索 引

－ あ行 －

アウトリーチ型 ……………………………… 23
アセスメント ………… 41, 82, 95, 142, 156, 190
アドバンス・ケア・プランニング …… 198, 200
医学モデル …………………………………… 31
意見聴取措置 ………………………………… 10
意見等表明支援員 …………………………… 27
意見表明等支援事業 ………………………… 27
意思確認 …………………………………… 108
意思決定ガイドライン …………………… 199
意思決定支援 ………… 185, 195, 198, 211
意思決定支援法 …………………………… 206
意思決定能力 ……………………………… 198
意思の推定 ………………………………… 200
１号被保険者 ……………………………… 76
一時保護 …………………………… 9, 15, 187
一時保護ガイドライン …………………… 10
一部負担金 ………………………………… 48
一般就労（移行支援）………………… 33, 143
一般相談支援事業所 ………………… 64, 69
一般法 ……………………………………… 170
入口支援 …………………………… 116, 121
医療観察法 …………………………… 64, 65
医療計画 …………………………………… 48
医療ソーシャルワーカー ………………… 51, 208
医療ソーシャルワーカー業務指針 ………… 52
医療提供施設 ……………………………… 47
医療扶助 …………………………………… 49
医療法 ……………………………………… 47
医療保護入院 ………………………… 61, 66, 72
医療保護入院者退院支援委員会 … 63, 70, 71
インテーク ………………………………… 82
運営基準 …………………………………… 78
永住権 ……………………………………… 104
ADR ………………………………………… 43
枝番号 ……………………………………… 174
援助計画 …………………………………… 190
援助指針（援助方針）……………………… 11
オーバーステイ …………………………… 104

－ か行 －

介護給付 …………………………… 35, 41
外国人労働者 ……………………… 109, 110

介護支援専門員➡ケアマネジャー
介護報酬 …………………………………… 78
介護保険施設 ………………………… 80, 81
介護保険法 ………………………………… 76
介護予防・日常生活総合支援事業（総合事業）
……………………………………………… 88
皆保険 ……………………………………… 48
学習支援 …………………………………… 25
過失 ………………………………………… 178
過重な負担 ………………………………… 43
家族再統合 ………………………………… 13
家族出産育児一時金 ……………………… 49
課長通知 …………………………… 136, 141
家庭裁判所 ………… 10, 13, 118, 187, 201
家庭裁判所調査官 ………………………… 208
家庭支援相談員（ファミリーソーシャル
ワーカー）………………………………… 5
稼働能力 …………………………… 140, 144
勘案事項 …………………………………… 36
鑑定 ………………………………………… 65
基幹相談支援センター …………………… 69
棄却 ………………………………………… 180
規制法 ……………………………… 191, 213
規則 ………………………………………… 134
基本相談支援 ……………………………… 63
基本報酬 …………………………………… 44
却下 ………………………………………… 180
求職者給付 ………………………………… 105
給付法 ……………………………… 190, 213
教育委員会 ………………………………… 23
強行規定 …………………………………… 171
行政計画 …………………………………… 95
矯正施設 …………………… 67, 115, 120, 123, 124
強制退去手続 ……………………………… 111
強制入院 …………………………………… 61
矯正保護施設 ……………………………… 123
局長通知 …………………………… 135, 141
居住確保給付金 …………………………… 149
居住支援 …………………………… 34, 35
居宅介護サービス計画（ケアプラン）……… 82
居宅介護サービス計画費 ………………… 82
居宅介護支援事業所 ……………………… 80
拠点校配置方式 …………………………… 23
クリーブランド事件 ……………………… 16
グループホーム …………………………… 69
グローバル定義 …………………………… 183
訓練等給付 ………………………… 34, 42
ケアプラン ………………………… 83, 92, 185
ケア法 ……………………………………… 85
ケアマネジメント ……… 63, 77, 79, 84, 188, 209

233

ケアマネジャー …… 79-83, 89, 92, 202, 209, 212
計画相談支援（事業）……………………… 63, 227
継続的な支援事業 …………………………………… 91
刑務所出所者等総合的就労支援対策 ……… 121
契約 ……………………………………………… 187
ケースアドボカシー ………………………… 196
ケース会議 ……………………………………… 24
ケースワーカー（現業員、現業を行う所員）
………………………… 133, 138-139, 144, 208
権利回復支援 ………………………………… 196
権利獲得支援 ………………………………… 196
権利擁護 ………………… 32, 194, 195, 215
故意 …………………………………………… 178
公益通報者保護法 …………………………… 176
高額療養費 ……………………………………… 49
拘禁刑 ………………………………………… 129
後見人 ………………………………………… 201
更生緊急保護 ………………………………… 122
更生支援計画 ………………………………… 126
更生保護 …………………………………… 118-120
更生保護施設 ………………………………… 120
更生保護法 …………………………………… 117
更生保護法人 ………………………………… 123
控訴 …………………………………………… 180
行動基準 ……………………………………… 221
公費負担医療 ……………………………… 48-50
公法 …………………………………………… 169
合理的配慮 ………………… 32, 33, 41, 43, 205
高齢者虐待防止法 …………………………… 175
コーディネート業務 ………………………… 125
国際ソーシャルワーカー連盟のグローバル定義
……………………………………………… 210
国民保健サービス（NHS）……………………… 58
個人情報 ……………………………………… 330
個人情報保護法 ……………………………… 229
個人の尊厳 ……………………………………… 33
子育て支援事業 ………………………………… 25
子育て世代包括支援センター ………………… 21.22
子育てのための施設等利用給付 ……………… 21
孤独・孤立対策推進法 ………………………… 91
子ども・子育て支援制度 ……………………… 21
こども家庭支援員 ……………………………… 24
こども家庭センター ………………… 21, 22, 24, 25
こども家庭ソーシャルワーカー ………… 5, 215
子どもの意見表明権 …………………………… 27
子どもの権利条約 ……………………………… 27
子どもの最善の利益 ………………………… 10, 13
子どものための教育・保育給付 ……………… 21
個別支援 ……………………………………… 192
コミュニティソーシャルワーカー …… 93, 209
雇用促進住宅 …………………………………… 15
孤立 …………………………………… 116, 152
困難な問題を抱える女性への支援に関する法律
（困難女性支援法）……………………… 204

- さ行 -

サービス担当者会議 ………………………… 37, 83
サービス等利用計画（案）………………… 37, 63
財産管理（事務）………………………… 202, 203
最善の利益 ………………………………… 200, 221
最低限度の生活 ……………………………… 133
債務不履行 …………………………………… 177
在留資格 ………………………………… 100, 101
里親 ……………………………………………… 5
里親支援事業 …………………………………… 11
里親支援専門相談員 ………………………… 5, 11
参加支援事業 …………………………………… 91
ジェネリック ………………………………… 215
シェルター …………………………………… 127
支援会議 ……………………………………… 155
支援決定 ……………………………………… 156
支援体制 ……………………………………… 154
支援調整会議 …………………………… 155, 156
支援付き意思決定 …………………………… 198
支援法 ………………………………………… 191
次官通知 ……………………………………… 141
市区町村子ども家庭総合支援拠点 ……… 21, 22
仕事・子育て両立支援事業 …………………… 21
施設内処遇 …………………………………… 116
実施要綱 ……………………………………… 152
実施要領 ……………………………………… 152
指定一般相談支援事業所 ……………………… 38
指定医療機関 …………………………………… 50
指定居宅介護支援事業者 ……………………… 81
指定児童相談支援事業所 ……………………… 38
指定特定相談支援事業所 ……………………… 38
指導・指示 …………………………………… 145
児童委員 ………………………………………… 8
児童虐待の防止等に関する法律 ……………… 3
指導教育担当児童福祉司 ……………………… 4
指導指示 ………………………………… 134, 139
児童自立支援施設 ………………………… 10, 12
児童心理治療施設 ………………………… 10, 12
児童相談所 ……… 3, 8, 9, 11, 13, 24, 25, 27, 118
――運営指針 ……………………………… 7, 10
児童手当 ………………………………………… 21
児童福祉機能 …………………………………… 24
児童福祉司 ………………………………… 4, 5, 208
児童福祉指導等 ………………………………… 14
児童福祉審議会 ………………………………… 12
児童福祉法 …………………………………… 3, 20
児童養護施設 ……………………………… 5, 10, 187
私法 …………………………………………… 169
司法介入 ………………………… 183, 187, 215
司法ソーシャルワーカー …………………… 124

234

索引

司法判断 ······················ 183
事務次官通知 ···················· 135
JICE ························· 110
社会的障壁 ············ 31-33, 115, 205
社会的処遇 ····················· 117
社会的処方 ····················· 73
社会的入院 ····················· 72
社会福祉協議会 ········· 90, 93, 95, 153
社会福祉士
  ···· 4, 5, 51, 52, 80, 124, 125, 126, 127, 141, 208,
  209, 212, 216, 222, 224, 229
社会福祉主事 ··············· 139, 211
社会福祉法 ····················· 139
社会復帰 ······················ 116
社会復帰援助 ···················· 53
社会復帰調整官 ··············· 65, 67
社会法 ························· 169
社会保険 ······················· 76
社会モデル ······················ 31
住居確保給付金 ·················· 153
出産育児一時金 ··················· 49
重層的支援体制整備事業 ········· 87, 162
就労移行支援事業 ················· 34
就労移行支援事業所 ········· 34, 39, 41
就労継続支援事業Ａ型 ·············· 34
就労継続支援事業Ｂ型 ········· 34, 127
就労継続支援事業所 ··············· 39
就労支援 ······················· 35
就労支援員 ····················· 154
就労支援計画 ··················· 141
就労指導 ······················ 127
就労阻害要因 ··················· 144
受診・受療援助 ··················· 53
出入国在留管理庁 ················ 101
主任相談支援（専門）員 ········· 38, 154
守秘義務 ··············· 228, 229, 330
条・項・号 ····················· 173
障害者基本法 ···················· 32
障害者権利条約 ·········· 31, 32, 73, 205
障害者雇用義務制度 ··············· 40
障害者差別解消法 ················ 205
障害者就業・生活支援センター ······· 39
障害者職業カウンセラー ············ 38
障害者人権条約委員会 ·············· 44
障害者総合支援法 ········· 33, 34, 63, 227
障害者手帳 ······················ 40
障害者の雇用の促進等に関する法律 ····· 33
小規模住宅型児童養育事業 ······· 10, 11
小規模多機能型居宅介護 ············ 84
傷病手当金 ······················ 49
約約 ························· 169
省令 ··············· 134, 152, 168, 227
条例 ························· 168
処遇実施計画 ···················· 65

職業訓練 ······················ 127
職業指導員（ジョブコーチ） ······ 39, 42
職業紹介 ······················ 127
職業リハビリテーション ············· 41
助言・指導 ····················· 207
自立 ······················ 133, 158
自立訓練 ······················· 35
自立訓練事業所 ··················· 69
自立更生センター ················ 120
自立支援医療 ········· 35, 49, 63, 64
自立支援医療受給者証 ·············· 64
自立支援計画 ··········· 11, 12, 156
自立支援プログラム ··············· 141
自立準備ホーム ············ 120, 125
自立相談支援機関 ··········· 154, 159
自立相談支援事業 ··········· 153, 154
自立の助長 ····················· 134
事例検討会議 ···················· 12
人員基準 ······················· 78
親権停止 ······················ 187
人権モデル ······················ 32
身上保護事務 ·············· 202, 203
人生の最終段階における医療の決定プロセス
  に関するガイドライン ············· 56
身体障害者手帳 ··················· 63
身体障害者福祉司 ················· 37
身体障害者福祉法 ················· 32
診療所 ························· 47
診療報酬 ······················· 50
スーパーバイザー（査察指導員） ····· 138
スクールソーシャルワーカー ·········· 22
生活環境（の）調査 ··········· 65, 67
生活環境の調整 ············ 67, 120
生活困窮 ·········· 95, 105, 118, 151
生活困窮者住居確保給付金 ·········· 105
生活困窮者自立支援法 ····· 118, 125, 149, 227
生活困窮者自立相談支援事業 ········· 227
生活支援員（ソーシャルワーカー）·39, 42, 203
生活支援コーディネーター（地域支え合い
  推進員） ··············· 89, 90, 93
生活支援体制整備事業（体勢整備事業）·· 89
生活福祉資金制度 ················· 15
生活保護 ······················ 124
生活保護手帳 ··················· 137
生活保護法 ·············· 132, 133
制作過程参加支援 ················ 192
精神医療審査会 ··················· 61
精神科病院 ············· 61, 65, 66
精神障害 ······················ 116
精神障害者 ············· 61, 64, 72
精神障害者保健福祉手帳 ········· 63, 64
精神保健 ······················· 27
精神保健参与員 ··················· 65
精神保健審判員 ··················· 65

235

精神保健福祉士 …… 51, 66, 68, 69, 72, 124-127, 141, 209, 212, 217, 222
精神保健福祉センター ……………………… 61, 68
精神保健福祉法 …………………………… 32, 60, 64
成年後見 ……………………… 195, 201, 208
成年後見人（等） ……………………… 81, 202
成年後見利用促進法 …………………………… 202
政令 ……………………………………………… 168
専門里親 …………………………………………… 10
専門的実践 ……………………………………… 185
捜索 ………………………………………………… 9
相談援助 …………………… 187, 188, 208, 226
相談及び助言 ……………………………………… 144
相談支援 …………………………… 63, 188, 227
相談支援員 ……………………………………… 154
相談支援業務 …………………………………… 125
相談支援事業所 …………………………… 39, 63
相談支援専門員 ……………………… 36, 38, 69
ソーシャルアクション ………………………… 185
ソーシャルワーカー➡生活支援員
ソーシャルワーカーの倫理 …………………… 183
ソーシャルワークプロセス …………………… 188
措置制度 …………………………………… 76, 195
措置入院 …………………………… 50, 61, 66
損害 ……………………………………………… 178
損害賠償責任 …………………………………… 179

地域づくり事業 ………………………………… 91
地域定着支援 …………………………………… 63
地域福祉コーディネーター …………………… 93
地域包括ケアシステム ……… 56, 73, 78, 87, 93
地域包括支援センター …………… 80, 81, 83, 202
地域密着型介護老人福祉施設 ………………… 81
知的障害者福祉司 ……………………………… 37
中小企業外国人材雇用支援事業 …………… 110
調停 ……………………………………………… 43
通告義務 …………………………………… 6, 7
定期巡回・臨時対応サービス ………………… 84
DV 防止法 ……………………………………… 203
出来高払い ……………………………………… 51
出口支援 …………………………………… 115, 119
同意 …………………………… 142, 158, 331
同意見 …………………………………………… 201
統括支援員 ……………………………………… 24
特定医療費 ……………………………………… 50
特定技能 …………………………………… 104, 111
特定機能病院 …………………………………… 47
特定疾病 ………………………………………… 77
特定相談支援事業者 …………………… 37, 64
特別調整 …………………………… 121, 124, 127
特別療養費 ……………………………………… 49
取消権 …………………………………………… 201

- た行 -

退院援助 ………………………………………… 52
退院後生活環境相談員 …………… 61, 66, 69, 71
代理権 …………………………………… 81, 201
代理代行決定 …………………………………… 200
多職種の連携 ……………………………………… 66
脱施設 …………………………………………… 44
多文化ソーシャルワーカー ……… 104-106, 110
単独校配置方式 ………………………………… 23
地域移行支援 …………………………………… 63
地域医療支援病院 ……………………………… 47
地域援助事業者 …………………… 61, 70, 71
地域活動支援センター ………………………… 69
地域協議会 ……………………………………… 97
地域共生社会 …………………………………… 91
地域ケア会議 …………………………………… 93
地域子ども・子育て支援事業 ………………… 21
地域支援（事業） ………………………… 88, 192
地域障害者職業センター …………… 39, 40
地域障害者職業カウンセラー ………………… 38
地域生活支援事業 …………………… 35, 227
地域生活定着支援センター ……… 121, 125, 127
地域生活定着促進事業 ………………………… 121
地域相談支援（事業） …………………… 63、227

- な行 -

２号被保険者 …………………………………… 76
28条承認 ………………………………………… 13
ニーズアセスメント …………………………… 185
2014年ケア法 ………………………………… 28
2014年子どもと家族に関する法律 ………… 28
日本国憲法 ……………………………………… 167
入院者訪問支援事業 …………………… 63, 71
乳児院 …………………………………… 10, 12
乳幼児健診 ……………………………………… 23
任意規定 ………………………………………… 170
妊娠健康診査 …………………………………… 20
妊娠の届出 ……………………………………… 19
任用資格 ………………………………………… 139

- は行 -

パーソナル・アシスタンス …………………… 44
配置加算 ………………………………………… 44
パターナリズム ………………………………… 332
罰則 ……………………………………………… 144
発達障害者支援法 ……………………………… 32
バリアフリー …………………………………… 32

236

索引

ハローワーク ……………………………… 39
犯罪少年 …………………………………… 118
犯罪をした者 …………………… 114, 115
伴走型支援 …………………… 155, 185
──としての相談 ……………………… 188
判断能力 …………………………………… 201
判例 ………………………………………… 171
ビクトリア・クリンビエ事件 ………… 17
非経済的困窮 …………………………… 161
非行少年 …………………………………… 118
被保険者就労支援事業 …… 143, 144, 134, 142
被保護者就労準備支援事業 ………… 143
秘密保持義務 …………………………… 228
平等取り扱い …………………………… 33
ファミリーソーシャルワーカー ……… 14
ファミリーホーム ……………………… 11
フォローアップ …………… 42, 125, 143
福祉事業所 …………………… 135, 138, 140
福祉専門官 …………………… 123, 124
福祉的就労（就労系障害福祉サービス）…… 33
福祉的ニーズ …………………………… 183
附則 ………………………………………… 172
舞台装置 …………………………………… 186
負担が過重 ……………………………… 205
不法行為 …………………………… 177, 179
不利益取り扱い ………………………… 33
不利益変更処分 ………………………… 144
紛争解決 ………………………………… 43
別冊問答集 …………………… 137, 141
包括的支援事業 ………………………… 94
包括的相談支援事業 …………………… 91
法規命令 …………………… 134, 168
法教育 …………………………………… 215
法実践 …………………………………… 215
法的権利 ………………………………… 183
法的実践 ………………………………… 185
法に沿った意思決定 …………………… 184
法律行為（意思決定）………………… 196
保健師 …………………………… 24, 80
保健所 …………………………………… 68
保護観察 …………………… 120, 124
保護観察官 …………………… 124, 208
保護観察所 ……………… 66, 67, 123, 124
保護司 …………………………………… 124
保護的介入 ……………………………… 198
母子保健機能 …………………………… 24

母子保健サービス ……………………… 20
母子保健手帳 …………………………… 20
母子保健法 ……………………………… 19

- ま行 -

身元保証 …………………………………… 54
民生委員 …………………………… 90, 93
名称独占 …………………… 212, 214
モニタリング …………………… 83, 190

- や行 -

ヤングケアラー ………………………… 27
養育里親 …………………………………… 10
養育支援訪問事業 ……………………… 25
要介護状態 ……………………………… 76
要介護認定 …………………… 76, 81
要綱 ………………………………………… 156
養子縁組里親 …………………………… 10
要支援認定 ……………………………… 89
要配慮個人情報 ………………………… 330
要保護児童 ………………………………… 6
要保護児童対策地域協議会（要対協）…… 14, 24
予防給付 ………………………………… 77

- ら行 -

療育手帳 …………………… 63, 127
療養担当規則 …………………………… 50
療養の給付 ……………………………… 48
臨検 ………………………………………… 9
臨床研究中核病院 ……………………… 48
倫理 …………………………… 221, 229
倫理綱領 …………………… 222-224
倫理的ジレンマ ………………………… 331
レジデンシャル・ソーシャルワーカー …… 209
連絡調整 …………………… 37, 154, 207
労働者災害補償保険法 ………………… 54

237

〈編著者〉

西村 淳（にしむら・じゅん）　神奈川県立保健福祉大学保健福祉学部社会福祉学科教授
[第13章・第14章・第15章]

丸谷浩介（まるたに・こうすけ）　九州大学大学院法学研究院教授
[第9章・第10章・第12章]

〈執筆者〉

橋爪幸代（はしづめ・さちよ）　日本大学法学部法律学科教授
[第1章・第2章]

国京則幸（くにきょう・のりゆき）　静岡大学人文社会科学部法学科教授
[第4章・第5章]

三輪まどか（みわ・まどか）　南山大学総合政策学部総合政策学科教授
[第7章・第8章]

平部康子（ひらべ・やすこ）　佐賀大学経済学系経済学部経済法学科教授
[第3章・第6章・第16章]

林 健太郎（はやし・けんたろう）　慶應義塾大学法学部法律学科専任講師
[第11章]

ソーシャルワーク法——法制度と実践

2025年3月10日　第1版第1刷発行

編著者――西村　淳・丸谷浩介

発行所――株式会社　日本評論社

〒170-8474 東京都豊島区南大塚 3-12-4

電話　03-3987-8621（販売）　03-3987-8592（編集）

FAX　03-3987-8590（販売）　03-3987-8596（編集）

https://www.nippyo.co.jp/　振替　00100-3-16

印　刷――精文堂印刷株式会社

製　本――牧製本印刷株式会社

装　丁――冨澤　崇（EBranch）

© 2025　J.Nishimura, K.Marutani　　検印省略

ISBN978-4-535-52795-9　　Printed in Japan

JCOPY 〈（社）出版者著作権管理機構 委託出版物〉

本書の無断複写は著作権法上での例外を除き禁じられています。複写される場合は、そのつど事前に、（社）出版者著作権管理機構（電話03-5244-5088、FAX03-5244-5089、e-mail：info@jcopy.or.jp）の許諾を得てください。また、本書を代行業者等の第三者に依頼してスキャニング等の行為によりデジタル化することは、個人の家庭内の利用であっても、一切認められておりません。